ALBUM
DU DAUPHINÉ.

Quatrième Année.

GRENOBLE, IMPR. DE PRUDHOMME.

ALBUM
DU DAUPHINÉ

RECUEIL DE DESSINS

REPRÉSENTANT

LES SITES LES PLUS PITTORESQUES, LES VILLES, BOURGS ET PRINCIPAUX VILLAGES; LES ÉGLISES,

CHATEAUX ET RUINES LES PLUS REMARQUABLES DU DAUPHINÉ

AVEC

LES PORTRAITS DES PERSONNAGES LES PLUS ILLUSTRES

DE CETTE ANCIENNE PROVINCE

Ouvrage accompagné

D'UN TEXTE HISTORIQUE ET DESCRIPTIF

PAR MM. CASSIEN ET DEBELLE

et une Société de gens de lettres.

GRENOBLE,

PRUDHOMME, IMPRIMEUR-LIBRAIRE, RUE LAFAYETTE.

—

1839.

ALBUM

DU DAUPHINÉ.

MOUNIER.

Il est des hommes que la destinée appelle à figurer long-temps sur la scène politique, et dont le nom se trouve, par conséquent, souvent répété, sans qu'il éveille l'idée de leur influence. On peut dire qu'ils ne sont que de simples instruments, qui reçoivent et ne donnent point l'impulsion. Comme le soldat est entraîné dans le mouvement de l'armée, sans connaître l'objet des opérations, de même ces hommes suivent le torrent des évènements bien plus qu'ils ne le dirigent. D'autres, au contraire, moins exposés aux regards, découvrent, développent ou défendent les vérités qui, jetées au milieu des peuples, prennent racine dans les esprits, et, surmontant tous les obstacles, finissent par triompher. Souvent leur action n'est pas moins puissante alors qu'ils ne sont pas aperçus. L'historien ne doit rechercher la mesure de l'importance réelle de leur rôle, ni dans sa durée, ni même dans son éclat : il doit la chercher dans les résultats des principes qu'ils ont soutenus, et dans l'autorité des convictions morales qui survivent à leur existence. C'est parmi ceux-ci que se range notre compatriote Mounier. A peine les fastes de la révolution, dont les suites agitent encore le monde, retracent-ils ses efforts pendant deux années, son nom n'en est pas moins inséparablement lié à tous les généreux élans de ces beaux jours qui précédèrent de déplorables discordes et de funestes catastrophes, ainsi qu'à la création des nobles institutions où la France s'est reposée après de si cruelles épreuves. Mounier l'avait prévu avec une rare sagacité : « La France, disait-il, ne se reposera que quand elle aura conquis la liberté, garantie par la stabilité de la monarchie. » Atteindre ce but a été la constante pensée de sa vie. Un cœur droit et un esprit lumineux la lui avaient donnée pour guide dès ses premiers pas dans la carrière, avant même que l'expérience eût pu l'éclairer. Elle ne l'abandonna jamais, ni lorsque tant de fureurs et de crimes faisaient désespérer de la liberté, ni lorsque la nation lassée se courbait sous la gloire. Ce sont là des titres à l'estime publique qui seront de plus en plus appréciés, à mesure que l'équité de l'histoire, distinguant la véritable influence de chacun, de même que les motifs qui l'ont animé, lui assignera sa part dans le bien et dans le mal de cette époque, si féconde en graves enseignements.

Jean-Joseph Mounier est né à Grenoble le 12 novembre 1758 (1). Son père, descendu de cette contrée de nos montagnes connue sous le nom de *Trièves*, exerçait la modeste profession de marchand drapier, qu'il relevait par la plus rigoureuse probité. Une piété vive et sincère, une volonté ferme, distinguaient sa mère (2). L'économie la plus sévère permit de donner à ses fils une éducation libérale. Si l'aîné avait apporté peu d'ardeur dans l'étude du latin, qui remplissait alors presque exclusivement les années consacrées au collége, il développa ses dispositions naturelles dès qu'il put les appliquer à des sujets où son cœur et son esprit étaient intéressés. Un médecin, dont la mémoire n'est point encore éteinte (3), se plut à l'encourager. Il lui ouvrit sa bibliothèque, et le jeune Mounier, en étudiant les lettres, y puisa un goût durable pour les sciences naturelles. Il s'agissait de choisir un état qui lui assurât des moyens d'existence. Le commerce, dont les soins étaient trop étrangers à ses études favorites, ne lui offrait aucun attrait. Il éprouvait le besoin de s'ouvrir une carrière qui lui permit de mettre en œuvre les forces qu'il sentait en lui. La guerre et ses chances séduisent toutes les jeunes imaginations, enflammées par la lecture de l'histoire qui, presque toujours, réserve ses louanges pour la gloire des armes ; mais les rangs des officiers étaient fermés à ceux que leur naissance ne classait pas dans la noblesse. On proposa à Mounier de passer au service de l'Espagne. Il lui répugna de vouer sa vie au service d'un pays étranger. Ses idées s'étaient, d'ailleurs, de plus en plus dirigées vers l'étude de la législation. Elle ne pouvait manquer de saisir fortement un esprit aussi judicieux, et il se décida à entrer au barreau. Après avoir pris ses grades à l'université d'Orange, il travailla

(1) Par les soins d'un maire (M. Berriat-Saint-Prix) occupé avec un zèle remarquable de tout ce qui peut contribuer à l'embellissement et à la gloire de la cité, comme au bien-être de ses habitants, des tables de marbre désignent les maisons où sont nés les hommes dont les talents et les services ont honoré la ville de Grenoble. On lit sur une de celles de la *Grande-Rue*, l'inscription suivante :

A LA MÉMOIRE DE MOUNIER (JEAN-JOSEPH), PRÉSIDENT DE L'ASSEMBLÉE NATIONALE, NÉ DANS CETTE MAISON LE 12 NOVEMBRE 1758.

(2) Elle était originaire de Lyon et se nommait *Priez*.

(3) Gagnon.

dans le cabinet d'un des avocats les plus distingués (1) de Grenoble, qui, en tout temps, a possédé de savants jurisconsultes et de dignes interprètes des lois (2).

Par une singulière combinaison des privilèges, restes de l'organisation féodale, et de l'extension de la puissance royale, l'exercice de la justice était divisé dans cette ville entre l'évêque et le monarque : un juge épiscopal et un juge royal prononçaient, en alternant annuellement, sur les affaires civiles et sur les affaires criminelles. La charge de juge royal fut achetée par Mounier (3). Il n'était âgé que de 25 ans, mais il se fit bientôt remarquer par son impartialité et par sa fermeté, autant que par son discernement. On a écrit que le parlement n'avait réformé qu'une seule de ses sentences.

A peine installé dans ces honorables fonctions, Mounier unit son sort à celui d'une personne vers laquelle l'avait entraîné une inclination approuvée par la raison (4). Ce sont les années qui s'écoulèrent dans le charme de cette union, et dans les plaisirs tranquilles d'une vie partagée entre le travail et les délassements de la campagne, de la musique et des lettres, qu'il se plaisait à rappeler comme les plus heureuses qui lui eussent été accordées. Deux enfants avaient bientôt étendu le cercle de ses affections et de ses jouissances.

Cependant, les circonstances dirigèrent ses méditations vers ces questions ardues qui touchent aux fondements de l'ordre social. L'origine des gouvernements, les droits des peuples, les limites de l'obéissance, questions qui sommeillaient depuis long-temps en Europe, s'étaient réveillées à l'occasion de la lutte de la Grande-Bretagne contre ses colonies. Un puissant intérêt s'y était attaché. Mounier les avait étudiées avec ardeur, et en avait suivi avec attention les développements et les applications. Un incident particulier favorisa son penchant pour l'étude des institutions de l'Angleterre, alors la seule grande nation dont la constitution eût pour but la liberté politique. Ces institutions, célébrées par notre illustre Montesquieu, et décrites par le genevois Delolme, étaient néanmoins peu connues de nos magistrats, dont elles blessaient les préventions, et de notre barreau, trop absorbé par l'étude des lois compliquées et des coutumes confuses qui régissaient la France. Beaucoup de grands seigneurs s'étaient engoués de l'Angleterre; mais cet engouement, qu'on avait si bien qualifié d'*anglomanie*, ne dépassait guère la capitale. Les moyens de communication étaient rares et bornés. La *Gazette de France* ne publiait que les nouvelles de la

(1) Anglès, devenu conseiller au parlement, et premier président de la cour royale.
(2) Mounier fut reçu avocat au parlement à l'âge de 21 ans.
(3) En 1783.
(4) Mlle Borel, fille d'un procureur au parlement.

cour. Les journaux de nos voisins, qui ont servi de modèle à ceux dont nous nous sommes fait une habitude et même un besoin, ne parvenaient pas dans les provinces, quand il se trouva qu'un Anglais (1), poussé par le hasard, fit un assez long séjour dans la belle vallée du Graisivaudan. Il se lia avec Mounier, lui facilita l'étude de la langue anglaise, lui procura des livres et des journaux, et lui fit part de sa connaissance pratique du jeu des rouages constitutionnels.

Pendant ce temps, les évènements se mûrissaient. L'antique édifice de la monarchie chancelait. Richelieu avait détruit l'autorité de la noblesse. Louis XIV avait transformé en courtisans ces fiers gentilshommes qui avaient si long-temps dominé les provinces, et forcé la royauté à négocier avec eux. Le spectacle de la régence avait encouragé les excès de la dépravation des mœurs. Louis XV avait avili la dignité royale, tandis qu'une philosophie téméraire avait tout scruté et tout attaqué. Les opinions les plus justes, les croyances les plus salutaires partageaient le sort des préjugés les plus nuisibles. Ces sentiments, qui cimentent la puissance par la vénération du passé et l'affection du présent, étaient partout ébranlés. La nation était comme frappée d'une inquiétude vague, mais générale. Tous les corps étaient mécontents, toutes les classes étaient agitées. On demandait, de toutes parts, des changements et des innovations. Les motifs les plus nobles poussaient les uns; d'autres, alléguant le bien public, ne cherchaient qu'à accroître leur influence ou leurs richesses. C'est au milieu de ces difficiles conjonctures que Louis XVI avait été appelé à régner, roi que ses vertus privées devaient rendre cher à son peuple, et qui aurait pu sauver l'état, si des intentions pures et généreuses suffisaient sans la force de la volonté ! Le désordre des finances accéléra l'orage. Le parlement de Paris devait défendre l'édifice; il devint le levier qui en souleva les fondements. Ce grand corps, si puissant par son autorité judiciaire, par le rôle politique qu'on lui avait fait jouer, par la masse des intérêts réunis sous sa protection, donna le premier signal d'une résistance, précurseur de l'insurrection. Il proclama (2) un *énorme déficit*, tout en repoussant les impôts que le gouvernement voulait établir pour le combler. A la vérité, le parlement réclamait, en même temps, la convocation des états généraux, ce grand conseil auquel la nation avait eu recours dans les périls extrêmes de la patrie.

Les parlements des provinces secondèrent à l'envi celui de la capitale; et parmi eux, le parlement de Grenoble fut un des plus ardents. Les ministres crurent vaincre l'opposition de la magistrature, en instituant une *cour plénière*, qui rassemblerait en un faisceau les forces aristocratiques dont ils pouvaient

(1) M. Byng, devenu membre du parlement, où il représente encore le comté de Middlessex.
(2) Au mois d'août 1787.

disposer, et qui appuierait de son assentiment les édits du gouvernement. Une pareille innovation irrita tous les esprits ; la magistrature y voyait la destruction de son action politique combinée avec l'amoindrissement de son autorité judiciaire, tandis que la noblesse, le clergé et la bourgeoisie y reconnaissaient l'intention de se passer de leurs députés. Les parlements protestèrent. Quelques-uns firent plus : à Grenoble comme à Rouen, ils déclarèrent *traîtres au roi et à la nation* tous ceux qui siégeraient dans la *cour plénière*. L'archevêque de Sens (1), qui se trouvait alors à la tête du ministère, voulut faire prévaloir sa volonté ; il eut recours aux mesures de rigueur. Les membres du parlement de Grenoble reçurent des lettres de cachet qui les exilaient dans leurs terres.

A l'approche du départ des magistrats qu'il était accoutumé à respecter, le peuple s'émut ; une sédition éclata. L'hôtel du commandant de la province, le duc de Clermont-Tonnerre (2), fut forcé et saccagé. Il consentit, au milieu de ce tumulte, à retirer les lettres de cachet, soit qu'il reculât devant l'idée d'une résistance qui ferait verser le sang d'hommes égarés, soit que les troupes, dont les officiers partageaient, pour la plupart, le mécontentement général, se montrassent peu disposées à obéir à des ordres sévères (3) ; mais il faut s'empresser de rappeler que les magistrats ne crurent pas que le devoir leur permit de profiter du triomphe de leurs défenseurs. Peu de jours après, ils sortirent de la ville, à la faveur de la nuit, et ils se rendirent aux lieux d'exil qui leur avaient été assignés.

Grenoble était ainsi privé du corps qui faisait sa richesse et sa gloire. La municipalité craignait que le gouvernement ne voulût punir la sédition, et que les libertés de la cité ne fussent compromises. Elle invita les habitants notables à délibérer. Mounier se trouva le régulateur de cette assemblée (4). En rappelant au respect des droits de la couronne, garants des droits des citoyens, il proposa de supplier le roi de retirer les nouveaux édits, de rendre à la province son parlement, et de convoquer ses états particuliers ; enfin de convoquer les états généraux du royaume. La délibération qu'il présenta fut adoptée tout d'une voix.

On y demandait, en même temps, l'égalité du nombre des membres du tiers

(1) Loménie de Brienne.

(2) Le duc de Clermont-Tonnerre était *lieutenant général du roi et commandant en chef dans la province du Dauphiné*. Le titre de *gouverneur de la province* appartenait au duc d'Orléans.

(3) Cette sédition eut lieu le 7 juin 1788. Elle est restée connue à Grenoble sous le nom de *journée des tuiles*, parce que, du haut des toits, les soldats furent accablés de tuiles. La date en est remarquable : c'est la première scène du grand drame de la révolution, où le peuple ait mis en jeu sa force matérielle.

(4) Réunie le 14 juin 1788.

état, et de ceux du clergé et de la noblesse, ce qui impliquait la réunion des ordres et le *vote par tête*, que la nation devait embrasser avec tant d'ardeur (1). Mounier, convaincu de la nécessité de réformer de nombreux abus et d'obtenir la liberté politique dont la France était privée, regardait comme une condition indispensable la fusion des trois ordres dans une délibération commune. Il pensait que si les ordres restaient séparés, chacun d'eux opposerait toujours une barrière insurmontable aux améliorations qui blesseraient ses priviléges. L'histoire de la nation montrait que les mesures les plus utiles au bien public avaient trop souvent échoué dans nos états généraux, composés de corps divisés d'intérêts et guidés par des vues différentes. C'était donc des inspirations généreuses des membres des états, votant individuellement, que Mounier attendait l'établissement d'une constitution sagement combinée, qui réglât tous les droits et garantît à chaque citoyen toute la liberté conciliable avec l'intérêt général de la patrie.

Les notables se séparèrent en invitant les trois ordres à élire des députés qui se réuniraient pour délibérer sur les droits et sur les intérêts de la province.

L'impulsion était donnée. Les plus nobles sentiments fermentaient dans tous les cœurs. Les gentilshommes dauphinois ne voulurent pas céder aux citoyens de la ville en zèle pour le bien public. Ils se réunirent à Grenoble, et ce fut à Mounier qu'ils eurent recours pour rédiger les mémoires que trois d'entre eux portèrent à Versailles (2). Ils s'y présentèrent comme députés de la noblesse. Le ministre (3) refusait de leur reconnaître le droit de parler au nom de leur ordre. Ils répliquèrent que comme les barons anglais, lors de la mémorable époque de la grande charte, ils stipulaient pour toute la communauté, et suppliaient en son nom le roi de rendre au Dauphiné ses anciens états; mais telle était la marche des idées, telle était, dans tous les esprits, la disposition à modifier les institutions du pays, que le prélat-ministre, reprochant aux états du Dauphiné d'être entachés de cette féodalité où le peuple ne comptait pour rien, proposait d'en former de nouveaux sur les principes de ceux de la Provence.

Toutefois, le gouvernement n'entendait point tolérer l'assemblée des trois ordres que la ville de Grenoble avait, pour ainsi dire, convoquée (4). Les députés de la noblesse revinrent chargés de promesses, tandis que des troupes, comman-

---

(1) Il est digne de remarque que ce fut un gentilhomme qui, le premier, en fit la proposition. Du reste, ce système avait déjà prévalu dans la formation des assemblées provinciales.

(2) Le marquis de Viennois, le comte de la Blache, le comte de Virieu.

(3) Loménie de Brienne.

(4) Une nouvelle assemblée des notables de Grenoble, tenue le 2 juillet, avait indiqué pour le 21 celle des trois ordres.

dées par un vieux guerrier que la sévérité distinguait autant que la valeur (1),
s'avançaient vers la vallée de l'Isère. Ce général arriva à Grenoble la veille
même du jour où les états devaient se rassembler. Ses instructions lui prescrivaient de s'opposer à une réunion que le roi n'avait ni ordonnée, ni autorisée ;
mais il jugea que l'entrainement était trop violent. Il s'effraya des malheurs que
pourrait faire naître l'emploi de la force. Les troupes étaient d'ailleurs ébranlées,
et il crut que la prudence conseillait de céder au torrent. Il se borna à interdire
la cocarde particulière (2), qui déjà était arborée, comme pour rappeler que le
Dauphiné avait une existence politique propre et distincte, qu'il était annexé à
la France, plutôt qu'englobé dans la monarchie. La réunion des états était le
point capital ; il était obtenu : on abandonna facilement cet emblème d'un
patriotisme exclusif et restreint.

Les trois ordres se rassemblèrent donc à Vizille, le 21 juillet (3), dans la vaste
salle du château construit par Lesdiguières. Plus de cinq cents ecclésiastiques,
gentilshommes, notables et députés des villes et villages, se trouvèrent réunis pour
réclamer du trône les libertés de la province (4). Ils élurent le comte de Morges
pour président, et Mounier pour secrétaire. Celui-ci fut l'ame et l'interprète de
l'assemblée.

Dans de respectueuses représentations au roi, elle le supplia de convoquer les
états généraux et ceux de la province, et de rappeler les cours de justice. Elle
arrêta, de plus, que les députés du troisième ordre, aux états de la province,
seraient en nombre égal à ceux des deux premiers ordres, et que toutes les places
dans les états seraient électives. Cette dernière résolution fut la seule qui causa
quelque dissidence. Toutes les autres furent prises *unanimement* (5).

Une seule séance, à la vérité de plus de douze heures, suffit à ces importantes
délibérations, et on se sépara, en s'ajournant au 1er septembre, à Grenoble.

. Une pareille union, un pareil concert de suffrages, dans une assemblée où le
clergé et la noblesse siégeaient en nombre égal au tiers état, donnaient une preuve
irrécusable de la force de l'opinion publique. Le ministère crut qu'il était indis-

---

(1) Le maréchal de Vaux, mort à Grenoble, le 14 septembre 1788.

(2) Cette cocarde était jaune et noire.

(3) 1788.

(4) On doit citer, comme une preuve honorable des sentiments de justice et de désintéressement qui dominaient alors, que *les membres du tiers état de la ville de Grenoble, étant en
grand nombre*, demandèrent eux-mêmes, afin de laisser toute liberté de suffrages aux députés
des autres lieux, de n'avoir *que dix voix dans l'assemblée*, ce qui fut accepté. (Procès-verbal
de l'assemblée de Vizille, p. 27.)

(5) Procès-verbal, p. 36.

pensable de satisfaire à ses vœux. Les parlements étaient toujours exilés ; mais un arrêt du conseil convoqua les états généraux au 1ᵉʳ mai de l'année suivante (1). En même temps, les états du Dauphiné étaient convoqués dans la ville de Romans (2), sans, toutefois, que la forme délibérée à Vizille fût approuvée.

La noblesse, d'abord, puis le clergé et le tiers état protestèrent. Les gentilshommes, rassemblés en grand nombre à Grenoble (3), déclarèrent qu'aux *trois ordres de la province, réunis en corps d'assemblée, appartenait le droit imprescriptible de statuer sur la forme d'en convoquer les états, de les organiser et de fixer le nombre de leurs représentants ;* et ils invitèrent les trois ordres à se réunir le 5 septembre à Romans. Le gouvernement voulut sévir ; le commandant de la province reçut l'ordre de faire emprisonner Mounier et six des gentilshommes qui s'étaient fait le plus remarquer dans ces mouvements politiques. Ils allaient être arrêtés, dans la nuit même, lorsque la nouvelle du changement du ministère parvint à Grenoble, qui l'accueillit avec de vives démonstrations de joie (4). D'autres conseils avaient prévalu ; et cette fois, ce fut avec l'autorisation du roi que, le 5 septembre, les trois ordres de la province se réunirent à Romans. Les membres de la noblesse s'y trouvèrent au nombre de cent quatre-vingt-dix ; ceux du clergé de quarante-huit seulement. Le tiers état y comptait un nombre beaucoup plus considérable de députés des *villes, bourgs* et *communautés*. On décida, pour rétablir l'équilibre entre les ordres, qui devaient voter réunis et *par tête*, que les membres du clergé auraient double suffrage, et que les députés du tiers état se réduiraient, par la voie du scrutin, à 286, nombre égal à celui des suffrages des deux autres ordres.

L'assemblée formée ainsi fut ouverte, le 10 septembre, dans l'église des Cordeliers, par les commissaires du roi. Ils déclarèrent que le roi avait réuni les états pour les consulter sur la constitution à donner au Dauphiné. Le roi avait nommé l'archevêque de Vienne (5) pour président. D'unanimes acclamations désignèrent Mounier pour secrétaire (6).

Mounier rédigea, de concert avec Barnave, qui alors partageait ses opinions, et s'honorait de le seconder, la lettre remarquable par l'élévation des pensées et la noblesse du style, que les trois ordres adressèrent au roi (7); et c'est lui qui

(1) Arrêt du 9 août 1788.
(2) Au 30 août 1788.
(3) Le 27 août 1788.
(4) L'archevêque de Brienne quitta le ministère le 25 août.
(5) Lefranc de Pompignan.
(6) Séance du 10 septembre, procès-verbal, p. 80.
(7) Séance du 13 septembre.

présenta le plan d'organisation des états de la province, que l'assemblée adopta presque sans modification (1). Les états ne devaient être composés que de cent quarante-quatre députés, dont vingt-quatre seraient élus par le clergé, quarante-huit par la noblesse et soixante-douze par les communes; ces cent quarante-quatre députés délibéreraient ensemble, et les suffrages seraient comptés par tête.

Après une session de vingt-deux jours, qui offrit le touchant spectacle de la plus parfaite union entre les trois ordres, dont les intérêts et les vues avaient été si long-temps opposés, l'assemblée décida que le plan pour *la nouvelle formation des états du Dauphiné* serait soumis au roi, et qu'il serait supplié de les convoquer sans délai. Persuadée que son vœu serait exaucé, elle crut devoir désigner immédiatement le président et le secrétaire des états. L'archevêque de Vienne fut nommé président et Mounier secrétaire par acclamation. L'assemblée se prorogea ensuite au 2 novembre.

Dans l'intervalle, des lettres patentes sanctionnèrent le plan présenté par Mounier (2). La France entière s'émut en voyant approuver par le roi une organisation fondée sur les principes d'une sage liberté. Toutes les parties du royaume réclamèrent soit la restauration des anciens états, soit la création d'assemblées provinciales, à l'instar des états que le Dauphiné venait de se donner. C'est alors que Mounier dut ressentir une bien vive satisfaction. Ses travaux étaient couronnés du succès qu'il avait ambitionné. Les droits de ses concitoyens étaient reconnus. Un avenir que rien n'obscurcissait lui montrait tous les Français participant aux mêmes avantages. Jeune encore (il n'avait pas trente ans), il exerçait une immense influence. On demandait, de toutes parts, aux états du Dauphiné, qui n'étaient pas réunis, des conseils et des directions. Mounier était le centre où tout aboutissait, et il suffisait à tout. On a dit qu'à cette époque le Dauphiné régissait la France, et que Mounier régissait le Dauphiné : il n'y a point d'exagération. Tous ceux qui ont étudié une période si intéressante de notre histoire, et qui ont recueilli les souvenirs des contemporains, en rendent témoignage. Quand, au commencement de l'année suivante, Mounier fit un premier voyage à Paris, le roi ayant dit à l'archevêque de Vienne qu'il le remerciait d'avoir sauvé le Dauphiné, « Ce n'est pas moi » répondit le vertueux prélat, « c'est notre secrétaire général. »

Au terme de leur ajournement, les trois ordres reçurent avec reconnaissance les décisions royales (3). Une nouvelle adresse fut faite au roi pour exprimer ce

(1) Séance du 27 septembre.

(2) Il n'y fut introduit que quelques changements sans aucune importance. (Lettres patentes du 24 octobre 1788.)

(3) Séance du 6 novembre 1788.

sentiment; mais Mounier, qui en fut l'auteur, ne laissa point échapper l'occasion de revendiquer pour la France entière les droits que sa province avait si heureusement recouvrés. Trois grands principes sont proclamés dans cette adresse : l'élection libre des représentants, l'égalité du nombre entre les députés des communes et ceux des deux autres ordres, les délibérations prises par les trois ordres réunis, et les suffrages comptés par tête (1). Elle ajoute ensuite que lorsque les états généraux seront établis sur des bases larges et stables « les provinces pourront faire le sacrifice de leurs priviléges particuliers pour s'assurer la jouissance des droits nationaux. »

La session fut close, le 8 novembre, par les commissaires du roi. On trouve dans le discours de l'un d'eux (2), cette phrase digne d'être relevée comme une preuve de la sagesse et de la modération qui avaient guidé les mandataires du Dauphiné : « La constitution qui va régir cette province a reçu de vos mains cette empreinte qu'on devait attendre de sujets également éclairés et fidèles. »

Les orateurs des trois ordres firent éclater à l'envi leurs sentiments de reconnaissance et de dévouement. Lacour d'Ambézieux, parlant au nom du tiers état, s'exprimait ainsi : « Par cet accord de vues, de principes et de sentiments, les trois ordres ont concilié la défense légitime des droits et priviléges de la province, avec l'amour, le respect et la fidélité dont ils n'ont jamais cessé d'être pénétrés pour le souverain (3). »

C'est dans la confiance de ces sentiments, de concorde et de désintéressement patriotique que le Dauphiné se livra à l'élection des députés qui devaient composer les états.

Convoqués de nouveau à Romans (4), ils délibérèrent assidûment de tout ce qui intéressait la province; mais les esprits étaient préoccupés de la formation des états généraux. D'après le plan adopté par les trois ordres, les députés qui représenteraient le Dauphiné devaient être élus par les membres des états, auxquels seraient adjoints des délégués, choisis en nombre égal et dans les mêmes formes. Le roi avait approuvé ce mode, en se réservant de fixer le nombre des députés, que les états avaient proposé de porter à trente (5); cependant la volonté royale ne se manifestait point, et l'impatience publique ne pouvait plus se contenir. On résolut de procéder à l'élection; mais les états voulurent

(1) Cette adresse fut approuvée et signée dans la séance du 8 novembre.
(2) Caze de la Bove, intendant du Dauphiné.
(3) Séance du 8 novembre 1788.
(4) Au 1er décembre.
(5) Séance du 9 décembre.

auparavant déterminer les pouvoirs de ceux qu'ils choisiraient. Mounier en rédigea le projet, qui fut adopté par acclamation (1). Ces pouvoirs défendaient aux députés de délibérer séparément, et leur prescrivaient de ne rien négliger pour que les députés du troisième ordre fussent en nombre égal à ceux des deux autres ordres réunis, et que les suffrages fussent comptés par tête. Ils leur enjoignaient, ensuite, de concourir de tous leurs efforts à procurer à la France *une constitution qui assurât la stabilité des droits du monarque et ceux du peuple français*, et qui ne permît pas qu'aucune loi fût établie sans l'autorité du prince et le consentement des représentants du peuple, réunis dans des assemblées périodiques.

Le chevalier de Murinais demanda que le rédacteur du projet fût élu par acclamation. Cette proposition fut accueillie avec les plus vifs applaudissements; mais Mounier, profondément ému, repoussa un honneur contraire au règlement. L'assemblée ordonna de faire mention dans le procès-verbal de ce qui s'était passé, en se réservant de soumettre la nomination au scrutin (2). On y procéda le surlendemain. Deux suffrages manquèrent à l'unanimité : celui de Mounier lui-même, et celui de son père (3), dont la modestie n'avait pas voulu s'associer au triomphe de son fils (4).

Les états se séparèrent le 16 janvier 1789, après avoir pourvu à la nomination de la commission intermédiaire qui devait siéger à Grenoble. Ils avaient entendu de la bouche des commissaires du roi cet hommage flatteur rendu à leurs travaux : « Une sagesse profonde a dirigé vos démarches; elle a présidé à vos choix; elle a dicté les résultats de vos délibérations; de toutes parts vous offrez des modèles et des exemples, et rien ne manque à votre gloire. »

Les états, sur la proposition de Mounier, avaient défendu à leurs députés de voter autrement que dans la réunion des ordres : qu'on ne suppose pas, néanmoins, que Mounier admît que la constitution n'établirait qu'une seule assemblée. Il avait toujours hautement exprimé sa profonde conviction de la nécessité de composer le corps législatif de deux chambres, qui se balanceraient l'une par l'autre. Il désirait que l'origine, que les intérêts de l'une de ces chambres, fussent tels qu'elle pût tempérer l'ardeur et régler les mouvements de celle que formerait l'élection populaire. Au commencement de l'année 1789, il offrit à la nation,

(1) Séance du 31 décembre.
(2) Séance du 31 décembre, procès-verbal, p. 118.
(3) Mounier père était député de la ville de Grenoble.
(4) Les trente députés venaient d'être choisis, lorsque la décision qui fixait le nombre de ceux du Dauphiné à vingt-quatre fut notifiée aux états. Ils arrêtèrent aussitôt que les six députés nommés les derniers ne seraient considérés que comme suppléants.

sous le titre de *Nouvelles observations sur les états généraux*, le tribut de ses recherches et de ses méditations. Dans cet ouvrage, qui produisit une grande sensation (1), Mounier démontrait l'avantage de la division du corps législatif en deux chambres; mais il voulait qu'avant de les instituer, on eût détruit tous les priviléges pécuniaires, abrogé les exclusions prononcées contre les citoyens non privilégiés, et soumis tous les sujets du prince à l'autorité des lois (2). En un mot, il voulait que la constitution fût réglée, établie, avant de mettre en jeu un pouvoir qui, assez fort pour contenir les autres dans de justes limites, pourrait entraver les profonds changements que réclamait l'intérêt public. C'est, comme nous l'avons déjà dit, de l'union des trois ordres dans une seule assemblée où triompheraient la raison et la justice, ainsi que les états du Dauphiné venaient d'en donner un si noble exemple, que Mounier attendait les grandes mesures qui restitueraient à la monarchie sa splendeur, et à la nation sa liberté.

Il partit animé de ces espérances, et entouré des vœux de la province, pour se rendre au poste où une carrière plus vaste et plus orageuse s'ouvrait devant lui. La faveur publique l'y accueillit; des applaudissements éclatèrent lorsque son nom fut entendu dans l'appel nominal de la première séance des états généraux (3). Mais nous resserrerons maintenant notre récit. Jusqu'ici il s'agissait de faits que les Dauphinois doivent avoir à cœur de connaître. Ces faits se sont passés sur leur sol; leurs pères y ont tous pris part. Ce sont pour eux des souvenirs de famille qu'ils doivent religieusement conserver, *domestica facta* (4). Dorénavant l'action de Mounier se mêlera à l'immense drame dont les délibérations de Vizille et de Romans avaient été en quelque sorte le prélude. Pour l'apprécier justement dans tous ses détails, il faudrait étendre cette narration au-delà des limites qui nous sont tracées. Nous nous bornerons donc à rappeler les traits principaux de la conduite de notre compatriote. Lancé au milieu des écueils, il suivit d'un pas ferme et assuré la route qu'il s'était proposée. Il avait été envoyé pour réformer la monarchie, et non pas pour la renverser. La mission que ses concitoyens lui avaient donnée était d'établir la liberté sur la justice et sur le

---

(1) La première édition, imprimée à Grenoble, fut aussitôt épuisée.
(2) Chap. 30.
(3) « Mounier et Lally, qui étaient les héros du peuple. » Thiers, *Histoire de la révolution*.
(4) On peut dire que ces évènements n'ont point encore eu d'historien. On n'en trouve que des esquisses rapides et souvent inexactes. Dans celle-ci, on a du moins cherché à présenter une analyse fidèle des actes authentiques des assemblées où les Dauphinois ont montré un caractère si digne d'estime.

respect de tous les droits légitimes (1). Toutes les fois que des obstacles furent élevés contre les justes prétentions du peuple, il combattit pour les écarter. Toutes les fois que le trône lui parut attaqué, il se rangea du côté de ses défenseurs. C'est ainsi qu'il employa ses efforts pour amener la réunion des ordres qu'il croyait, il faut encore le répéter, un préliminaire indispensable aux délibérations dont la France attendait une constitution; mais lorsque le tiers état, après avoir vainement pressé le clergé et la noblesse de se joindre à lui, discuta la qualification sous laquelle il agirait, Mounier repoussa celle d'*assemblée nationale*, qu'il jugeait inexacte et dangereuse; il craignait que ce titre n'induisît la nation à penser que tous les pouvoirs étaient concentrés dans la réunion des députés du troisième ordre, tandis que ceux-ci, enivrés, renverseraient de salutaires barrières. Peu après, quand, l'entrée de la salle de leurs séances se trouvant interdite, les députés se rassemblèrent dans *un jeu de paume*, ce fut lui qui proposa de s'engager, par la foi du serment, à ne point se séparer, tant que la constitution, réclamée par la nation entière, n'aurait pas été établie. Cette proposition fut accueillie avec d'unanimes transports. Un seul (2) refusa le serment prêté par tous. L'histoire gardera la mémoire de sa fermeté, à laquelle Mounier s'est plu à rendre hommage. Le cœur navré des longues douleurs de la patrie, il a souvent déploré l'extrémité où il avait été réduit de choisir entre le sacrifice des espérances de la France, et le danger d'enlever au roi le droit de dissoudre l'assemblée; et il en était même venu à penser qu'il eût été préférable de se soumettre plutôt que de priver le souverain d'une arme nécessaire pour la défense de la monarchie (3); mais ces regrets, exprimés avec une noble franchise, ne sont pas des remords. L'évènement trahit trop souvent les intentions les plus pures, et lorsque les périls se balançaient des deux côtés, comment oserait-on condamner celui-là même qui se serait trompé dans un choix si difficile?

Enfin la réunion des ordres s'était opérée. Mounier redoubla d'efforts pour que l'assemblée s'occupât avant tout de régler la constitution de l'état. Il fit décider (4) la nomination d'un comité qui proposerait l'ordre du travail. Mounier, nommé membre de ce comité, en fut le rapporteur. Malheureusement un nouvel orage ne tarda pas à s'élever. Des troupes se réunissaient autour de la capitale. La liberté des délibérations paraissait menacée. Mounier appuya la motion faite

---

(1) « L'assemblée charge expressément ses députés d'obtenir une constitution qui garantisse tous les genres de propriétés. » (Séance du 9 janvier 1789; procès-verbal, p. 132.)

(2) Martin d'Auch, député de Castelnaudary.

(3) *Recherches sur les causes qui ont empêché les Français de devenir libres*, t. 1er, p. 296.

(4) Le 6 juillet 1789.

par Mirabeau de demander au roi d'éloigner cet appareil de guerre. Necker fut
exilé. La vigilance de Mounier signala aussitôt à l'assemblée les projets funestes
à la monarchie dont la trame se dévoilait ; il proposa de supplier le roi de rappeler
le ministère disgracié, qui avait conservé la confiance de la nation. Le roi,
cédant à la force des circonstances, satisfit au vœu de l'assemblée ; elle désigna
quatre-vingts de ses membres pour annoncer aux Parisiens cet heureux changement, et Mounier fut compris dans ce nombre.

Tout en déplorant les scènes de désordre et les actes de cruauté qui avaient
flétri ces explosions de l'effervescence populaire, il se livrait avec joie à la confiance
inspirée par l'enthousiasme que l'immense cité faisait éclater pour la liberté et pour
la justice (1). Il se berçait encore de l'espérance que de l'union du monarque et
des députés de la nation sortiraient les institutions qui rendraient les Français
un peuple libre et prospère ; mais bientôt cette illusion s'évanouit. Les complots
des ambitions perverses, la licence des soldats, les crimes d'une populace
corrompue par le vice et par la misère, se déroulèrent en un sombre tableau,
et montrèrent les dangers qui menaçaient la patrie. Pour les conjurer, il fallait
relever l'autorité du souverain, et l'armer des moyens de comprimer les factions.
La France était assurée de la liberté si elle savait se préserver de l'anarchie.
C'était l'anarchie qu'on devait combattre. Un ami illustré par la piété filiale
autant que par l'éloquence, Lally-Tolendal, dont le nom est inséparable du
sien, demanda à l'assemblée de publier une proclamation qui rétablirait
l'exécution des lois. Mounier lui apporta le secours de toute sa conviction. Il
attaqua, peu après (2), la détention arbitraire de Besenval, en invoquant
les principes sacrés qui protègent la sûreté des citoyens ; et lorsque dans la
célèbre nuit du 4 août, l'assemblée se fut abandonnée à l'entraînement d'une
générosité irréfléchie, il eut le courage de défendre les droits de la propriété,
qu'on écrasait sous les ruines de la féodalité (3).

Au milieu de ces luttes orageuses, Mounier publia ses *Considérations sur le
gouvernement de la France* (4). Il y développait les principes qu'a consacrés,
un quart de siècle plus tard, la charte qui nous régit : le roi, investi de la
puissance exécutive et partageant avec les deux chambres le pouvoir législatif,

_____

(1) Mounier rendit compte à l'assemblée de la mission de sa députation, dans la séance du
16 juillet.

(2) Séance du 31 juillet.

(3) Séance du 6 août.

(4) Plusieurs éditions de ce petit ouvrage, plus important par le sujet que par l'étendue, se
succédèrent coup sur coup.

le roi sanctionnant les lois, convoquant et dissolvant la chambre élective.

On peut dire, avec pleine confiance, que le système de Mounier était celui de l'assemblée. Ses opinions, ses vœux n'étaient ignorés d'aucun de ses collègues; un comité avait été chargé de préparer le projet de la constitution de la France, et il avait été nommé le premier, à une immense majorité (1).

C'est le 31 août, qu'un rapport mémorable fut présenté au nom de ce comité, par Lally-Tolendal et Mounier, entre qui la tâche avait été divisée. Ils établissaient les fondements d'une véritable *monarchie représentative*. Ceux qui voulaient, non pas raffermir l'édifice social, mais le renverser, ceux dont l'ordre et la stabilité arrêtaient les projets, frémirent de colère. Mounier et les autres défenseurs les plus marquants de la sanction royale, ses amis Lally, Malouet, Clermont-Tonnerre, Virieu, etc., furent, dans d'atroces libelles, dévoués aux poignards. Mounier n'en fut point ébranlé, et son courage arracha des applaudissements, lorsque, commandant le silence, il s'écria : « Vous préparez à la France une longue et funeste anarchie, au lieu du bonheur qu'elle attendait de vous (2). » Telle est, cependant, la versatilité des esprits ébranlés dans les grandes commotions des empires, telle est la séduction qu'exercent les intérêts, l'égoïsme et la vanité, alors que le premier élan de l'enthousiasme s'est refroidi, que cette assemblée, qui, si peu de jours auparavant, avait couvert de ses suffrages Mounier et Lally-Tolendal, rejeta à la même majorité le plan qu'ils lui présentaient (3). Des vues et des intérêts diamétralement opposés n'empêchèrent pas que les sectateurs de l'aristocratie et ceux de la démocratie ne se trouvassent réunis dans un vote uniforme. Mounier avait dit à Maury : « Cette fois, vous voterez avec nous. — Non certes » répartit celui-ci, « si votre projet était adopté, *la constitution durerait.* »

On passa ensuite à la discussion de la sanction royale. Mounier soutenait avec force qu'elle devait être absolue. L'assemblée préféra un *veto* simplement suspensif (4).

Les bases sur lesquelles Mounier pensait que la constitution devait s'élever étaient donc renversées. Le lendemain, il donna sa démission du comité (5).

(1) Ce comité, composé de huit membres, avait été choisi dans la séance du 14 juillet.

(2) Séance du 5 septembre.

(3) Sur 1,200 députés il n'y en eut que 710 qui prirent part à la délibération : 89 seulement votèrent pour la division de la législature en deux chambres ; 122 s'abstinrent de voter, prétextant qu'ils n'étaient pas suffisamment éclairés. (Séance du 10 septembre.)

(4) Ce veto suspensif fut voté par 673 voix contre 385. (Séance du 11 septembre.)

(5) Lally-Tollendal et Bergasse donnèrent également leurs démissions. Clermont-Tonnerre suivit leur exemple.

L'estime que lui portaient ses collègues ne pouvait que s'accroître par cette consciencieuse renonciation à un poste honorable. Ils lui en donnèrent un noble témoignage en l'élevant à la présidence (1). Les évènements qui grondaient déjà et qui éclatèrent peu de jours après firent pour lui, de cette dignité, une difficile épreuve. Elle ne se trouva point au-dessus de ses forces. Lorsque les hordes de la populace envahirent l'enceinte des députés de la nation, Mounier continua à présider, au milieu du désordre et du danger, avec un calme et une fermeté auxquels tous les partis ont rendu justice (2). Fidèle à ses principes, et constamment animé du désir de concilier la liberté et la monarchie, il conseillait au roi de reconnaître, sans arrière-pensée, la constitution qu'appelaient les vœux de la France, mais de se tenir prêt, en même temps, à employer la force pour faire respecter les lois et défendre la société en péril. C'est dans la soirée de ce jour funeste, qu'ayant invité les députés à se rendre au château pour entourer le roi, il répliqua à Mirabeau, qui opposait la dignité de l'assemblée : « Notre dignité est dans notre devoir. » Noble réponse, où il résumait en quelques mots ce qui constitue la véritable dignité des hommes publics! Il avait répondu au même Mirabeau, qui lui conseillait de lever la séance, parce que le peuple de Paris s'avançait : « Tant mieux! qu'on nous tue tous, mais tous! les affaires de la république en iront mieux (3). »

Mais l'assemblée avait courbé la tête. Elle suivait le monarque entraîné dans la capitale. Mounier, l'ame déchirée, se persuada que dorénavant les efforts, pour résister au torrent de la démagogie seraient vains, et que l'assemblée ne voterait plus que sous le joug d'une populace, instrument des factions. Il ne voulait pas être spectateur des crimes qu'on laissait impunis, et, comme son ami Lally, il crut qu'il devait s'éloigner pour chercher d'autres moyens de sauver le trône et la liberté. Dans son opinion, le devoir des députés était de retourner auprès de leurs commettants, de les éclairer et de former une nouvelle assemblée, qui délibérerait loin de la tyrannie de la capitale. Cette résolution a été diversement et parfois sévèrement jugée; mais ceux mêmes qui l'ont blâmée n'ont pu en accuser

(1) Le 28 septembre 1789.

(2) « On peut dire qu'à aucune époque d'une vie pleine de courage et de vertu, il n'a mieux rempli l'idée qu'on avait de son caractère. » (Lally-Tollendal.)

« Mounier, qui, menacé d'une chute glorieuse, allait déployer une indomptable fermeté.» (Thiers, *Histoire de la révolution.*)

(3) Cette réponse, dont la sanglante ironie est dans le double sens du mot *république*, a été répétée par tous les historiens, mais avec des variantes. Elle est ici telle que Mounier l'a écrite, et que le récit de Mirabeau à l'assemblée (séance du 2 octobre 1790) la confirme. M. Labaume l'a déjà relevée dans son *Histoire de la révolution française*, t. 3, p. 503.

les motifs. Si Mounier avait obéi aux calculs d'une vulgaire ambition, il lui aurait été aussi facile qu'à tout autre de prendre la route des succès populaires (1). Beaucoup de ses collègues, on pourrait presque dire la majorité, partageaient ses impressions, sinon ses projets. Soit qu'ils eussent le dessein de suivre ses conseils, soit qu'ils voulussent seulement pourvoir à leur sûreté, plus de six cents d'entre eux lui demandèrent des passeports (2). Pour lui, quittant la ville (3) où quelques mois auparavant il était entré plein d'illusions si promptement détruites, il revint à Grenoble, heureux d'y retrouver l'affection et la confiance de ses concitoyens. La commission intermédiaire s'était empressée de seconder ses vues. Elle avait protesté formellement contre les actes d'une assemblée qui lui paraissait asservie, et elle convoqua les états de la province; mais le roi, croyant à force de soumission désarmer les vainqueurs, sanctionna le décret de l'assemblée qui interdisait toute réunion des états (4). Mounier n'avait donc plus qu'à se retirer de la scène politique, en attendant des temps plus favorables. Il profita de ce loisir pour expliquer sa conduite, dans un ouvrage qui eut immédiatement quatre éditions (5). Les faits y étaient racontés avec une courageuse franchise; le parti triomphant s'en irrita. On signala Mounier comme un déserteur de la cause de la liberté. L'exaltation populaire s'était accrue au point qu'une pareille accusation ne pouvait rester sans effet. Sa vie était menacée. Sa présence était une cause de troubles et d'alarmes; les instances de ses parents et de ses amis le décidèrent à chercher un asile sur une terre étrangère. « O mes concitoyens! s'écriait-il douloureusement, je n'ai donc pu espérer ni sûreté, ni liberté, dans la province même où j'ai vu tant de fois couronner mes travaux pour votre sûreté et votre liberté (6) !

Plusieurs amis dévoués accompagnèrent Mounier à travers les montagnes, et le conduisirent à Chambéry (7); sa femme et ses enfants l'y attendaient dans l'anxiété. C'est en Suisse, où il reçut des témoignages d'estime et de sympathie qui lui ont

(1) « L'assemblée, transportée à Paris par la force armée, ne jouit plus entièrement de la liberté. La révolution changea d'objet et de sphère. Mounier et Lally quittèrent l'assemblée. Une juste indignation leur fit commettre cette erreur. » (Mᵐᵉ de Staël, *Considérations sur la révolution française.*)

(2) « L'assemblée allait se dissoudre par le fait. » (*Mémoires* de Ferrières.) On sait comment ce plan fut renversé.

(3) Le 9 octobre 1789.

(4) Décret du 26 octobre, sanctionné le 27.

(5) *Exposé de ma conduite dans l'assemblée nationale, et motifs de mon retour en Dauphiné.*

(6) *Aux Dauphinois.* A Grenoble, 1790.

(7) Le 22 mai 1790.

toujours été chers, qu'il passa les premières années de son long exil. Il les consacra d'abord à faire connaître les évènements des déplorables journées des 5 et 6 octobre (1) ; puis, il publia, sous le titre de *Recherches sur les causes qui ont empêché les Français de devenir libres* (2), le fruit de ses réflexions sur la marche de la révolution. Cet ouvrage, écrit avec une rare modération et l'impartialité d'une conscience calme et éclairée, est resté un document important pour l'histoire de l'origine et des premiers développements de ce grand drame, dont, depuis un demi-siècle, les scènes fixent les regards du monde.

Cependant, la position de l'exilé s'était tristement aggravée. Les maux de la France étaient pour lui une source de douloureuses pensées ; et tandis que des lois de sang, brisant les liens de la famille et de l'amitié, défendaient de secourir ceux qui avaient cherché un refuge au dehors, le nombre de ses enfants s'était accru. Forcé de tirer de son travail les ressources que, jaloux de son indépendance, il refusait d'accepter des offres de plusieurs gouvernements, il se chargea de diriger un jeune Anglais dans ses voyages sur le continent (3). Lorsqu'ils furent achevés, le duc de Saxe-Weimar, qui agrandissait ses états par une généreuse hospitalité accordée aux talents et au mérite, mit un de ses châteaux (4) à la disposition de Mounier. Il y créa un établissement d'éducation, particulièrement destiné à compléter l'instruction de jeunes gens voués aux fonctions publiques. Au sortir des études classiques, la plupart sont lancés sur la scène des affaires sans y être préparés. Mounier se proposait de remplir cette lacune et d'initier ses élèves à la politique et à la diplomatie. Il en est plusieurs qui se sont fait remarquer dans des postes éminents.

Les soins qu'il s'était imposés (5) ne l'empêchèrent pas de livrer à l'impression un écrit où il discutait *l'influence attribuée aux philosophes, aux francs-maçons et aux illuminés sur la révolution de France* (6). Cet écrit, traduit aussitôt en anglais et en allemand, renferme, dans un cadre peut-être trop resserré, une appréciation claire et rapide des causes de cette grande catastrophe, et de la part qu'ont eue les doctrines philosophiques, ainsi que les associations secrètes, au cours des évènements.

---

(1) *Appel à l'opinion publique.* Imprimé à Genève en 1790. Il y en eut trois éditions.
(2) Genève (Paris, 1792). Traduit en allemand par le célèbre publiciste Gentz.
(3) Le fils aîné de lord Hawke.
(4) Le *Belvédère*, à une lieue de Weimar.
(5) Mounier professait lui-même la philosophie, le droit public et l'histoire.
(6) Tubingue, 1801, réimprimé à Paris en 1821, avec une notice biographique rédigée par M. Mahul, aujourd'hui préfet du département de Vaucluse.

L'heureuse révolution du 18 brumaire, qui rouvrit à tant d'exilés les portes de la patrie, trouva Mounier au milieu de ces occupations. Compris parmi les premiers dont les noms furent rayés de la liste fatale, il revit, après une absence de douze longues et pénibles années, son pays natal et son vieux père (1). Les passions étaient assoupies; l'expérience n'avait que trop justifié sa prévoyance. On s'empressa d'accueillir celui que le malheur et l'injustice n'avaient jamais aigri, et qui, inébranlable dans sa foi politique, reparaissait comme le confesseur des principes de la monarchie constitutionnelle. Il ne désirait point rentrer dans la carrière des emplois publics; mais d'anciens collègues, dont l'amitié avait résisté à de telles vicissitudes, le décidèrent à accepter la préfecture du département d'Ille-et-Vilaine. Ce département était un de ceux qui avaient été livrés aux horreurs de la guerre civile. Il fallait apaiser, rapprocher les esprits, et par l'ordre et la sécurité, rétablir la prospérité attaquée dans sa source. Deux années de l'administration de notre compatriote ont suffi pour y laisser des souvenirs durables. Sa sollicitude pour tous les intérêts de l'humanité, sa vigilance et sa fermeté, ont été souvent citées comme un modèle à imiter. A son début, il eut à déjouer un complot ourdi dans les troupes sous l'impulsion des principes démagogiques, qui avaient eu un triomphe trop éclatant pour que leurs fauteurs cédassent sans combattre. Mounier eut le bonheur d'obtenir que le gouvernement pardonnât à des hommes plus égarés que criminels. Plusieurs même, comme il arrive lorsque le calme a succédé aux orages, rentrèrent dans l'armée, et ont rendu d'utiles services à leur pays. Une autre circonstance lui permit de donner une nouvelle preuve de ce courage civil qui n'est pas le plus commun en France. Un aide de camp du premier consul, envoyé en Bretagne avec une mission spéciale, avait fait arrêter et faisait transporter à Paris des hommes soupçonnés de manœuvres contre l'état. Mounier requit la gendarmerie de se saisir de ces hommes, pour les remettre à la disposition de leurs juges réguliers. Une pareille rigidité de principes devait nécessairement déplaire, lorsque de tous côtés on s'empressait de plier au moindre signe de la volonté du guerrier qui, sous un titre républicain, affectait l'empire; mais le nom de Mounier avait trop d'éclat pour ne pas le préserver d'une disgrâce. Il fut appelé au conseil d'état, où l'indépendance de ses opinions et son inflexible rectitude pouvaient éclairer la discussion, sans entraver l'exécution des desseins de l'empereur. Sur ce théâtre éblouissant, qui a vu si complètement disparaître l'amour de la liberté que tant de zélateurs du nouvel empire avaient professé, Mounier resta lui-même, et ne renia aucune de ses premières convictions. Il fut toujours le défenseur de la

(1) Au mois d'octobre 1801.

monarchie tempérée, et rappelait, dans toutes les occasions, que le souverain qui règne sur les Français doit régner par les lois. L'empereur lui dit plus d'une fois : « Mounier, vous êtes encore l'homme de 1789. — Sans doute, répondait-il, « les temps changent; les principes ne changent pas. » Son ardeur pour le bien public, son zèle pour tout ce que commandent la raison et l'équité n'étaient pas moins remarquables. Un de ses collègues à l'assemblée nationale l'a dignement caractérisé par cette phrase heureuse : « Il avait soif de la justice (1). » Mais au milieu de ces travaux, la santé de Mounier déclinait rapidement. On peut dire que le coup mortel lui avait été porté à Weimar, dès 1795. C'est alors que sa femme, sa compagne inséparable dans l'une et dans l'autre fortune, lui avait été enlevée par une fluxion de poitrine. Le chagrin agit d'autant plus sur ses organes qu'il était obligé de comprimer sa douleur, pour vaquer aux soins dont dépendait l'existence de ses enfants. Une lésion du cœur, qui se manifesta peu à peu, fut suivie de souffrances qu'il supportait avec une imperturbable résignation, et finit par amener une hydropisie de poitrine à laquelle il succomba à l'âge de 47 ans (2). Il expira, entouré de ses enfants et d'amis fidèles, en conservant, jusqu'au moment suprême, un plein sang froid et une entière liberté d'esprit.

Napoléon pourvut au sort des enfants d'un magistrat, qui, sacrifiant tout à ses devoirs publics, n'avait pas même conservé son modeste patrimoine; et quand enfin la monarchie ayant été relevée sur les bases que, vingt-cinq ans auparavant, il avait indiquées, Louis XVIII voulut que les noms des premiers promoteurs des principes constitutionnels fussent réunis dans la chambre des pairs, celui de Mounier y fut représenté par son fils, dont l'éducation avait été l'objet constant de sa sollicitude.

Nous reproduisons un portrait de Mounier, fort ressemblant, peint en Suisse lorsqu'il était âgé de 34 ans.

On avait écrit, sous ce portrait, ce vers de Virgile, qui résume si bien sa carrière politique :

ILLUM NON POPULI FASCES, NON PURPURA REGUM
FLEXIT.

(1) Discours funéraire prononcé par Regnaud-de-Saint-Jean-d'Angely, l'un des présidents du conseil d'état.

(2) Le 26 janvier 1806.

VOREPPE.

VOREPPE, *Vorago Alpium*, fut ainsi vraisemblablement nommée par les Romains, à cause de sa situation au pied des Alpes, à l'ouverture de la grande vallée où coule l'Isère et qui forme l'une des principales issues de la partie montagneuse du Dauphiné.

Cette commune, qui se compose d'un gros bourg qui a porté le nom de ville, et de plusieurs hameaux, est aujourd'hui peuplée de trois mille cinq cents habitants, et doit quelque importance à la richesse de son sol, et à sa position, qui en fait la clé du haut pays dauphinois, et le lieu où viennent aboutir la plupart des routes qui, du nord et du midi, se dirigent sur Grenoble, dont elle est distante de deux lieues.

C'est peut-être à cette position que Voreppe doit aussi quelques souvenirs historiques qui méritent d'être recueillis, et qui peuvent avoir de l'intérêt pour l'histoire générale de la province.

En remontant au onzième siècle et aux temps contemporains des premiers documents positifs qui nous aient été conservés sur nos anciens dauphins, on voit que Voreppe était une terre qui leur appartenait, et sur laquelle ils exerçaient non-seulement le haut domaine et les droits juridictionnels inhérents à la souveraineté, mais encore une véritable propriété.

On trouve dans les archives de l'ancienne chambre des comptes de Dauphiné l'extrait de l'acte de donation que firent en l'an 1110 Guigues, dauphin, et Mathilde, sa femme, d'une étendue de terrain de plus de trois cents sétérées, pour la fondation du monastère de Chalais, dans la montagne qui domine le bourg de Voreppe, par des religieux de l'ordre de saint Benoît. Cette donation fut suivie de beaucoup d'autres de la part du même Guigues ou de ses successeurs, au profit de cette maison, qui passa en 1303 dans les mains des chartreux, au pouvoir desquels elle est demeurée jusqu'en 1792; les reconnaissances de ces derniers prouvent qu'ils avaient reçu en bois, pâquerages et terres, plus de douze cents sétérées.

4
4

Marchise, fille de ce Guigues que les historiens du Dauphiné appellent Guigues-le-Vieux, et de Mathilde qu'ils qualifient de *regina*, reçut en dot la terre de Voreppe et celle de Varacieux, en épousant Robert IV, comte d'Auvergne. C'est vraisemblablement par suite de ce mariage que la branche cadette de la maison d'Auvergne prit un peu plus tard le titre de dauphin d'Auvergne. Au moins voit-on que Guillaume V, petit-fils de Robert et de Marchise, est appelé dauphin d'Auvergne dans un acte à la date de 1169.

Guillaume V revendit les terres de Voreppe et de Varacieux au dauphin Guigues-André. L'acte de vente, qui est du 7 octobre 1225, se trouve rappelé dans un inventaire des titres du dauphin, fait en 1346, et qui est encore déposé aux archives de la chambre des comptes.

A ces divers actes qui semblent bien indiquer le droit de seigneurie universelle et patrimoniale des dauphins sur la terre de Voreppe, il faut ajouter un grand nombre d'albergements et de donations de diverses terres et possessions situées dans l'étendue du mandement de Voreppe, au profit de plusieurs particuliers, qu'on retrouve aussi dans les archives de la chambre des comptes; et enfin, les reconnaissances des habitants, et notamment la plus ancienne, qui date de 1262, où ils déclarent qu'ils sont tous hommes-liges du dauphin; que tout ce qu'ils possèdent, ils le tiennent de lui, et que même les fiefs et choses nobles de l'église et des nobles sont pareillement tenus du dauphin.

Cette tenure de la terre mérite d'être remarquée; elle était fort commune en France dans les pays situés au nord de la Loire, dans les temps qui suivirent l'établissement du régime féodal. La seigneurie universelle était presque partout présupposée, et les habitants considérés, même sans titre de la part du seigneur, comme de simples tenanciers soumis aux redevances féodales. C'est de là que tirait son origine la maxime *nulle terre sans seigneur*, devenue le droit commun du royaume, et que l'autorité royale chercha à maintes reprises à faire passer dans la législation.

Mais en Dauphiné et dans la plupart des provinces méridionales du royaume, les parlements résistèrent toujours et avec succès à l'introduction de la règle *nulle terre sans seigneur :* ils disaient que la tenure qui servait de base à cette règle n'existait dans le pays que pour quelques terrains limités et circonscrits (comme pouvait être en Dauphiné Voreppe et quelques autres terres), mais que la règle générale de la province était le franc alleu, et qu'à défaut de titre formel la tenure devait être présumée franche dans la main du possesseur.

Cette prétention, que le parlement de Dauphiné, notamment, maintint par plusieurs arrêts, et qui avait fini par être considérée comme l'un des fondements du droit public de la province, reposait en effet sur des documents historiques qui paraissaient plausibles. Lors de l'invasion des peuples qui apportèrent avec eux en France le germe de la féodalité, la conquête ne fut point en Dauphiné, comme ailleurs, le prétexte d'une dépossession générale des anciens habitants. Les Bourguignons comme les Visigoths, qui envahirent d'abord ce pays sur les Romains, se contentèrent de s'approprier une certaine partie du territoire : les Francs et d'autres peuples y pénétrèrent ensuite en plusieurs circonstances, mais sans y faire d'établissements permanents; en sorte que chaque possesseur de terre, dans les temps postérieurs, se trouva fondé à dire qu'il pouvait se considérer comme étant le représentant de ceux qui, de tout temps et depuis les Romains, avaient exercé un droit de propriété libre et respecté, à moins qu'il ne fût justifié contre lui, que lui ou ses auteurs avaient reçu cette terre de quelque seigneur la possédant par droit de conquête, sous les obligations féodales, ou bien que, sans avoir reçu de concession territoriale, il avait consenti à souscrire les soumissions féodales à quelque seigneur plus puissant que lui, comme il arriva souvent à l'époque où le système féodal commença à devenir prépondérant.

Mais Voreppe, ainsi que quelques autres terres en Dauphiné, formaient à ce système une exception reconnue; l'ancienne seigneurie universelle du dauphin, formellement avouée par la généralité des habitants, établissait dans ce pays la tenure française, et devait y faire admettre toutes les conséquences de la maxime *nulle terre sans seigneur.*

Il est bien vraisemblable que ce mode de possession de la terre de Voreppe se lie intimement à quelques évènements importants dont cette contrée aura été le théâtre au neuvième ou dixième siècle, car c'est généralement de cette époque que datent en Europe les diverses tenures territoriales qui ont exercé et exercent peut-être encore une si grande influence sur le sort des populations. Malheureusement l'histoire du Dauphiné, pendant ce temps, est encore enveloppée d'épaisses ténèbres, et si des efforts récemment tentés sont parvenus à soulever un coin du voile, ils sont loin encore d'avoir répandu une complète lumière.

Ce qui paraît jusqu'à présent ressortir avec le plus de certitude des travaux récents auxquels se sont livrés quelques-uns de nos compatriotes qu'un zèle auquel on ne saurait trop applaudir a poussé dans la carrière des études historiques pour la province, c'est le fait de deux invasions distinctes qui se seraient succédé pendant cette période du huitième au dixième siècle.

La première, placée sous le règne de Charlemagne ou de Pepin, son père, aurait été, suivant les uns, l'œuvre des Sarrasins; suivant d'autres, au contraire, elle aurait été formée de peuples venus du Nord, connus sous le nom de Hongres ou Avares; Grenoble aurait été alors soumis à un long siége; et enfin, une grande bataille aurait expulsé les envahisseurs; le lieu de ce combat mémorable aurait été le territoire de Voreppe, et les vainqueurs y auraient érigé une chapelle en l'honneur de saint Vincent, dont le nom, dérivé de *vincere*, leur paraissait convenable à invoquer pour la circonstance. Cette chapelle existait encore il y a peu d'années, et le lieu où elle est située porte en effet le nom de Saint-Vincent-du-Plâtre. Il y avait aussi, dans ce lieu, un vieux château dont les vestiges ont disparu.

La position de Voreppe, qui en fait un point militaire d'une grande importance, rend vraisemblable l'opinion qui fixe sur son territoire l'emplacement de cette bataille. M. Pilot, qui a émis cette opinion dans la *Revue du Dauphiné* (tom. 2, p. 137), l'appuie de l'autorité de manuscrits tirés de la chambre des comptes, et il entre dans le détail de traditions populaires qu'il aurait recueillies sur le lieu même, et qui prouveraient qu'à diverses époques on a trouvé à Saint-Vincent-du-Plâtre des armes enfouies, des amas d'ossements, des cadavres enterrés pieds contre pieds, quelquefois avec des chaînes aux pieds et aux mains, et le plus souvent ayant autour d'eux des signes symboliques, tels que de petits plats en terre cuite, des vases de formes bizarres, et principalement des têtes de chiens. M. Pilot annonce qu'il publiera plus tard d'autres résultats de ses recherches; il faut les attendre, et espérer qu'en plaçant ses assertions hors de toute controverse, elles fourniront, pour le point historique relatif à Voreppe, des documents de plus en plus importants.

La deuxième invasion, dont une critique moderne ait démontré l'existence en Dauphiné, à l'époque à laquelle nous faisons allusion, est celle des Sarrasins débarqués en Provence pendant le dixième siècle; celle-là est heureusement aujourd'hui beaucoup moins entourée de problèmes historiques : grâces à de savantes recherches, l'entrée des Sarrasins dans le pays, leur direction, leur séjour est à peu près constaté; il n'est resté de doutes que sur quelques détails accessoires. On sait que, pénétrant par le diocèse d'Embrun, les Sarrasins occupèrent successivement le Briançonnais, l'Oisans, et vinrent jusqu'à Grenoble.

Il serait curieux de savoir si, à cette époque, les comtes d'Albon, qui ne sont connus sous le nom de dauphins qu'à partir du dixième siècle, étaient déjà possesseurs de la terre de Voreppe. On comprendrait alors que la position de cette terre exposée à l'invasion, si déjà elle ne l'avait subie, eût été pour eux un puissant motif de joindre leurs efforts à ceux de l'évêque et des autres seigneurs du pays, coalisés pour repousser les envahisseurs, ennemis mortels du christianisme, et dont le clergé appelait à grands cris l'expulsion.

Ce fut une expédition de ce genre couronnée du succès qui, suivant l'opinion aujourd'hui généralement admise, fonda les droits temporels que l'évêque de Grenoble a long-temps exercés, ainsi que ceux de quelques seigneurs qui devinrent, à partir de cette époque, puissants dans la vallée du Graisivaudan, comme les Alleman et les Ainard; les droits du dauphin lui-même, sur les mandements de l'Oisans, du Champsaur et du Briançonnais, n'eurent peut-être pas d'autre source, et peut-être aussi sa qualité de seigneur de Voreppe en fut-elle une dérivation.

Toutefois, ce qui résiste beaucoup à cette supposition est la grande diversité des tenures territoriales à Voreppe et dans les autres lieux que j'ai cités : tandis qu'à Voreppe le dauphin agissait, comme on l'a vu, en qualité de seigneur direct de la terre qu'il concédait à son gré à ceux qui voulaient y habiter, il ne paraît pas que dans les autres territoires, à l'exception peut-être de celui de l'Oisans, il ait jamais exercé d'autres droits que ceux inhérents à la souveraineté et à la juridiction, sans s'attribuer la seigneurie de la terre et sans que les habitants aient eu à souffrir de dépossession; la distinction même des terres nobles et roturières est demeurée dans quelques-uns à peu près inconnue.

Quoi qu'il en soit de toutes ces conjectures, auxquelles donnent lieu des évènements qui intéressent à un si haut point l'histoire de la contrée, on peut dire que Voreppe n'eut point à se plaindre de la constitution féodale que les circonstances lui avaient donnée : l'élévation du dauphin à la souveraineté et la présence sur son territoire des chartreux, devenus possesseurs de la maison de Chalais et des grands biens dont cette maison se trouvait dotée, plaça ce pays sous l'action immédiate des plus grandes influences politiques et religieuses qui se fussent formées dans la contrée.

Le système féodal dut y être plus protecteur et moins oppressif qu'ailleurs, soit parce que dans les luttes où s'engageaient fréquemment les petits seigneurs du pays les terres du dauphin étaient toujours plus respectées à cause de sa prépondérance, soit parce que le pouvoir du dauphin, précisément à cause de sa supériorité, dut y être moins avare de concessions, et s'exercer plus modérément.

Le dauphin avait d'ailleurs des raisons particulières pour se montrer favorable aux habitants de Voreppe : dans ses longs démêlés avec le duc de Savoie, Voreppe était pour ses états une place frontière du premier ordre (1). Il faut se rappeler, en effet, qu'indépendamment de la gorge de la Placette, qui s'ouvre à Voreppe et conduit en peu d'heures sur les terres de Savoie, Voiron et tout son mandement étaient alors sous la domination savoyarde; ce n'est que postérieurement à la

____

(1) C'est à peu de distance des murs de Voreppe, que le dauphin Guigues XI, faisant en personne le siège du château de la Perrière, qui lui avait été enlevé par le comte de Savoie, fut atteint d'un coup d'arbalète dont il mourut dans sa tente le 26 août 1333.

cession du Dauphiné à la France, et en 1355, que Voiron a été acquis par échange avec le Faucigny.

Voreppe était donc une place d'armes importante, et l'affection des habitants autant que leur zèle pour la défense du pays méritaient d'être encouragés. C'est sûrement à ces considérations que les habitants doivent leur grande charte de 1314, dans laquelle le dauphin leur attribue les plus grands avantages dont aucune population voisine pût alors se flatter de jouir, et leur donne, dans ses immenses possessions en forêts et pâturages, des droits tellement étendus, qu'il dut y avoir un intérêt matériel et positif à devenir habitant de Voreppe (1).

C'est sûrement aussi par le même esprit de bienveillance, que, dans leurs concessions de territoire faites aux habitants, les dauphins érigèrent fréquemment des fiefs nobles, comme on le voit par les registres de la chambre des comptes : c'était donner aux possesseurs de ces fiefs la noblesse et l'exemption de toutes les obligations féodales portant un caractère servile ; les devoirs du feudataire se bornaient à celui d'accompagner le dauphin à la guerre, ou de lui fournir un ou plusieurs hommes armés pour ses expéditions, et au paiement de certaines redevances, principalement dans les cas de mutation de seigneur ou de vassal.

Lorsqu'Humbert II fit ensuite la cession du Dauphiné à la France, il stipula dans l'acte de transport, en faveur des fiefs nobles ainsi établis dans ses terres, qu'ils seraient à l'avenir possédés patrimonialement et en qualité d'alleux par

---

(1) A peu près vers le temps où se reporte cette charte, c'est-à-dire dans les premières années du quatorzième siècle, le bourg de Voreppe, qui n'occupait point alors sa position actuelle, mais celle plus au levant où est aujourd'hui situé le petit hameau de Gachetière, fut ruiné par une grande catastrophe : la tradition a conservé le souvenir de cet événement, attesté d'ailleurs par la qualification de *bourg vieux* que les parcellaires donnent au mas où était l'ancien Voreppe, et par les ruines d'un vieux château qu'on voit encore en cet endroit et que plusieurs actes apprennent avoir été l'ancien château féodal de la terre ; mais on ne trouve rien de bien précis sur les détails qui seraient aujourd'hui intéressants à rappeler. De profondes déchirures qui existent à cet endroit dans la montagne à laquelle l'ancien bourg était adossé, et qui forment aujourd'hui un large ravin, au fond duquel se précipitent avec fracas des eaux amassées sur un plateau supérieur lorsqu'elles sont grossies par les pluies, semblent indiquer un grand éboulement, dont il paraît que le bourg fut victime. Ce qui n'est pas douteux, c'est la part active que prit le dauphin au soulagement des habitants de Voreppe; dans cette circonstance, il désigna lui-même l'emplacement où fut rebâti le bourg actuel, et en paya de ses deniers le prix aux divers possesseurs : il voulut que le nouveau Voreppe prît le nom de *Villeneuve de Voreppe*, et concéda encore à cette occasion de nouveaux privilèges aux habitants. On trouve aux archives de la chambre des comptes la quittance passée au dauphin, le 25 avril 1316, par plusieurs particuliers, pour la valeur des fonds et héritages sur lesquels le nouveau Voreppe fut construit.

ceux qui les détenaient, de telle sorte que les possesseurs de ces biens, que les anciens parcellaires appellent *nobles et allodiaux*, parce qu'ils réunissaient en effet les prérogatives des fonds nobles à celles des alleux, ne relevèrent plus de personne, et firent eux-mêmes des concessions d'arrière-fiefs, à raison desquels ils eurent des terriers féodaux. Cet état de choses a duré jusqu'en 1789 ; il avait maintenu dans le pays l'existence de plusieurs familles nobles. Chorier, dans son *Nobiliaire*, en indique neuf.

Cette noblesse, ainsi fondée sur la tenure et la hiérarchie territoriale, mérite d'être distinguée de celle toute personnelle que l'autorité souveraine et surtout Louis XI prodiguèrent en Dauphiné, ou qui fut le résultat de l'exercice de quelques charges, mais qui était indépendante de la possession du sol. On a déjà remarqué qu'il existait en Dauphiné plusieurs cantons, tels, par exemple, que le Briançonnais, où il a sans doute existé beaucoup de familles nobles, mais où la distinction des terres nobles et roturières n'existait pas, ou n'existait que très-exceptionnellement.

L'organisation politique, ainsi imprimée à Voreppe, ne fut peut-être pas sans quelqu'influence sur la conduite des habitants au milieu des guerres civiles et religieuses qui éclatèrent avec tant de violence en Dauphiné vers le commencement du seizième siècle : on ne vit pas dans ce pays les esprits se passionner pour les innovations qui avaient mis les armes à la main à une grande partie de la province ; et, quoiqu'alors petite ville aussi importante que la plupart de celles du Bas-Dauphiné, qui jouent dans l'histoire de ce temps un rôle si déplorable, on n'a gardé la mémoire d'aucun excès particulier à la contrée, dirigé contre l'autorité royale ou la foi catholique.

Le pays dut aussi aux chartreux, qui, par la possession du couvent de Chalais, y étaient devenus grands propriétaires, de précieux avantages. Ces religieux, auxquels appartint dans le moyen âge le titre incontesté de premiers agriculteurs de l'Europe, y introduisirent de bonne heure toutes les pratiques d'une culture soignée, et contribuèrent ainsi, de la manière la plus efficace, au bien-être et à l'aisance des habitants. Obligés par état d'être les bienfaiteurs des pauvres, ils contribuèrent à y fonder des établissements destinés à les secourir. Il existait autrefois, dans une de leurs propriétés qui a conservé le nom de *la Maladière*, une léproserie, ainsi que l'atteste Guy-Allard dans son dictionnaire manuscrit ; plus tard, il y eut un hôpital dû à plusieurs fondations pieuses dont ils furent les instigateurs, et qui, ayant survécu aux orages des diverses révolutions, est encore aujourd'hui une des ressources les plus précieuses pour venir au secours de toutes les misères qui ne manquent jamais à l'humanité.

Lorsque vinrent les temps où la féodalité, presqu'entièrement absorbée par l'autorité royale, ne fut plus qu'un titre honorifique avec certaines prérogatives, la terre de Voreppe, qui, par suite de la cession du Dauphiné, était tombée dans le domaine du roi de France, fut aliénée, ou plutôt engagée à diverses reprises, moyennant une somme d'argent.

On trouve dans les registres de la chambre des comptes tous les actes successifs d'aliénation. Le premier est à la date de 1537 : l'engagiste de la terre exerçait tous les droits de haute justice et percevait tous les cens et droits féodaux réservés à l'ancien domaine du dauphin ; la châtellenie, érigée en titre d'office, avait d'abord été concédée indépendamment de la seigneurie ; mais l'un des engagistes finit par acheter aussi cet office, et devint ainsi le maître du choix du châtelain.

L'un des premiers engagistes de la terre fut un homme qui mérite d'être cité dans les annales dauphinoises ; nous voulons parler de Soffrey de Calignon, qui fut sous Henri IV chancelier du royaume de Navarre, et, plus tard, président au parlement de Grenoble.

Soffrey de Calignon, fils d'un procureur au parlement de Grenoble, prit une part active aux troubles dont la religion fut le prétexte ; dévoué aux protestants, il mit au service de leur cause une infatigable activité et de véritables talents, qui lui valurent la confiance d'Henri IV, qui l'employa beaucoup.

Après la pacification et le retour d'Henri IV à la foi de ses pères, il resta sujet dévoué, mais refusa toujours d'abandonner ses opinions religieuses : il dut à l'édit de Nantes, dont il fut l'un des rédacteurs, de conserver un rang dans l'état, malgré ces opinions, et devint président de la chambre de l'édit créée au parlement de Grenoble.

Le fils de Soffrey de Calignon fut conseiller au parlement de Grenoble ; il n'eut qu'une fille, Uranie de Calignon, qui porta, par son mariage, la terre de Voreppe dans l'une des branches de la famille d'Agoult, issue de Provence, et établie depuis long-temps dans le Bas-Dauphiné.

Les descendants de cette famille ont possédé la seigneurie jusqu'à l'époque de la révolution. Toutefois, quelque temps auparavant, ils avaient consenti à en partager les droits honorifiques avec les chartreux, qui prenaient le titre de coseigneurs.

Sous le point de vue matériel, qui offre un intérêt plus présent que les anciens souvenirs qui viennent d'être évoqués, Voreppe mériterait aussi d'occuper une plume exercée à la description des richesses naturelles, qui lui ont été départies avec abondance.

La partie de son territoire, située dans le fond du vallon où coule l'Isère, est presqu'entièrement formée des riches dépôts de cette rivière, et sur quelques points offre le spectacle d'une fertilité qui ne le cède pas aux parties les plus admirées du Graisivaudan. Sur d'autres points, le défaut d'écoulement des eaux arrête les progrès de la culture; mais cet obstacle cèdera bientôt devant les efforts intelligents des propriétaires. La production principale est celle du vin, qui y vient abondamment, et trouve, dans les cantons montagneux qui sont à proximité, de faciles débouchés. Le chanvre y prospère aussi; mais le défaut d'engrais restreint cette culture, et lui fait préférer l'entretien des terres en prairies naturelles, qui se forment presque partout d'elles-mêmes sur les dépôts d'Isère.

La partie montagneuse de la commune comprend les derniers anneaux de la chaîne de montagnes qui enveloppent les déserts célèbres de la Grande-Chartreuse; en les parcourant, on trouve encore à chaque pas des traces de ces beautés naturelles qui étonnent le voyageur dans ce pèlerinage si fréquenté : les tableaux ont moins de grandeur et de sévérité, mais ils offrent souvent, avec plus de grâces, le même luxe de végétation, des aspects plus variés, et appelant de toutes parts le pinceau du paysagiste. L'église de Voreppe, vue de quelque distance, le chemin de Pommier, les hameaux de Saint-Nizier et de Malossanne, et surtout l'ancien couvent chartreux de Chalais, parfaitement posé, comme la grande maison de l'ordre, au milieu d'un vallon de montagne bien vert, et ayant à peu de distance sa ceinture de bois noirs (1), sont autant de points qui valent la peine d'être visités.

Le sein de ces montagnes, couvertes de belles forêts et de gras pâturages, renferme aussi des richesses d'un autre ordre, qui sont depuis long-temps exploitées et qui contribuent à répandre l'aisance dans la contrée. On y a surtout ouvert plusieurs carrières de pierres pour les constructions; les principales donnent une

---

(1) Quoique veuf depuis bien des années de ses anciens maîtres, le couvent de Chalais et ses alentours si pittoresques n'ont pas subi de grandes dégradations; on doit au propriétaire actuel, M. François Sappey, avocat à Grenoble, d'y avoir fait des réparations dans lesquelles le souvenir de l'ancienne destination de l'édifice semble avoir été respecté; surtout l'église, qui renfermait un sanctuaire renommé de la Vierge, est bien conservée, ainsi que le clocher dont elle est surmontée; une promenade autrefois tracée par les chartreux au travers des bois dans la direction du pic élevé qui domine Voreppe, qu'on appele Bellevue, a été soigneusement entretenue. A l'extrémité de ce pic où M. Sappey a eu l'heureuse idée de construire un pavillon, qui sert de lieu d'abri et de repos, on découvre un horizon magnifique et qui n'est point trop acheté par la difficulté du trajet. Cette sommité a été prise pour un des points de raccordement de la carte de France.

Le couvent de Chalais était une obédience de la Grande-Chartreuse, avec un recteur particulier; on y plaçait en général les religieux à qui l'âge ou les infirmités ne permettaient pas de supporter les rigueurs du climat de la Graude-Chartreuse; ils y trouvaient une température plus douce, et un séjour beaucoup moins sévère.

4   5

pierre friable connue sous le nom de *molasse*, qui se durcit à l'air, et qui, pour la facilité de sa taille, sa légèreté et son prix peu élevé, est fort employée dans les constructions, surtout à Grenoble. L'abondante extraction à laquelle on s'est livré depuis quelques années a formé, dans l'intérieur de la montagne, de vastes galeries, qu'on parcourt sans danger à la lueur d'une lampe, et qui donnent l'idée d'une grande église souterraine.

On tire aussi des montagnes de Voreppe un sable recherché pour la fabrication des briques réfractaires, et qu'on transporte, par le moyen de la navigation de l'Isère et du Rhône, jusqu'à Givors et Rive-de-Giers.

Enfin, Voreppe est l'entrepôt d'un commerce de bois de construction des forêts de la Chartreuse, qui y sont embarqués sur l'Isère pour le midi de la France.

Tous ces avantages font certainement de Voreppe l'une des communes rurales du département de l'Isère, qui réunit le plus d'éléments de bien-être et de prospérité.

CHATEAU DE VALBONNAIS.

CE n'est point un manoir à ogives, à pont levis, à plate-formes et aux tourelles élancées, couronnées de créneaux, que le château de Valbonnais, situé à une demi-journée de marche après avoir quitté la petite ville de la Mure et en prenant à travers les montagnes la direction du Bourg-d'Oisans. Ses murs, qui sont recouverts d'une teinte grisâtre, n'ont point été frappés des cris de guerre des chevaliers, de la chanson de l'homme d'arme, et du son du cor des troupes de veneurs. Son vaste escalier, aujourd'hui détruit, n'a point retenti du bruit cadencé de l'éperon d'or du baron féodal; et jamais aussi, dans ses mystérieux appartements garnis de précieuses tentures, ne s'est fait entendre la voix enfantine du page, récitant sur son petit escabeau les litanies de la Vierge, en présence de sa jeune châtelaine rêveuse et attristée. Non, toutes ces scènes de la vie de château, qui en atténuaient la monotonie et en variaient et poétisaient les loisirs, ne se sont pas reproduites dans la demeure seigneuriale dont il est ici question. Elles se sont réalisées sans nul doute dans l'ancien château de Valbonnais, dont il ne reste à présent pas même des décombres. Il était, dit-on, situé en amont du village, sur la hauteur qui le domine. Sa ruine, suivie de l'abandon qu'en ont dû faire les propriétaires, ne paraît pas remonter à une époque fort éloignée, si l'on suppose que la nouvelle demeure des seigneurs de Valbonnais, où sont gravés ces chiffres MDCVIII, a du sa construction au délaissement de celle qui était précédemment habitée.

L'ensemble du château de Valbonnais, et surtout sa disposition intérieure ainsi que les ornements de ses salles nous rapportent donc au temps assez rapproché de nous, où la noblesse ne redoutait plus ni les grandes invasions étrangères, ni les combats que se livraient souvent des seigneurs voisins et rivaux, mais bien à celui où la volonté et la justice du roi s'exécutaient à la place de la volonté et de la justice féodale. Aussi, dans le château de Valbonnais comme dans tous ceux qui lui sont contemporains, les remparts sont remplacés par des enclos, les fossés par des viviers, et les donjons par des terrasses ou des observatoires.

C'est sur la pente douce du prolongement d'une colline couverte de bouleaux et de fayards aux troncs noueux, qu'est bâti le château de Valbonnais. De larges et belles prairies, vertes, unies comme le serait le tapis d'un billard, s'étendent dans le fond d'une vallée aussi riante que solitaire. Un torrent fougueux y trace ses longues et nombreuses sinuosités qui forment autant de petits îlots; et dans les derniers plans de ce tableau, qui réunit une âpreté sauvage à de gracieuses perspectives, on distingue les sommets de divers pics des Alpes. Leurs contours sont roides, allongés, et dans leur partie supérieure voilés sous un éblouissant manteau de neige, ou encore enveloppés de sombres nuages. En présence de ce site désert, lorsque la réflexion se joint à l'œil pour analyser les charmes et les rigueurs d'une vie écoulée au milieu de ces montagnes, ce n'est pas sans regret et sans une certaine émotion pénible, que vous vous laissez entraîner à admirer le spectacle imposant qu'offre une vallée dans les Alpes. La crainte de l'isolement, qui est le présage de l'ennui, vient aussitôt vous saisir et empoisonner vos jouissances : et alors le désir de les prolonger s'évanouit; car une distance immense semble vous séparer des villes et des lieux où la civilisation et votre bien-être résident; toute relation avec ceux dont vous vous êtes séparés vous paraît désormais impossible; vous vous croyez exilés sur une terre féconde, mais où personne ne vous tendra une main amie. Il est cependant une chose qui ramène votre esprit à de plus raisonnables conjectures; c'est l'enseigne qui se trouve placée sur le devant d'une petite maison, et qui ne porte que ces mots : *Percepteur des contributions*, réalité à la fois pénible et consolante.

Les salles du château de Valbonnais sont vastes, sombres et silencieuses; on n'est pas légèrement surpris, en y pénétrant, de trouver autant de précision et d'harmonie dans la manière dont elles sont encore décorées; les meubles, les tentures, les plafonds ont perdu leur fraîcheur, il est vrai, mais ils ne sont couverts d'aucune souillure et détérioration, si ce n'est une épaisse couche de poussière qui leur enlève le peu d'éclat qu'ils peuvent posséder. Sans contredit, l'ameublement, plus encore que la disposition des salles, est ce qui mérite la principale attention du touriste observateur qui s'est arrêté quelques instants à visiter le château de Valbonnais. Les tableaux, qui sont aussi fort soigneusement conservés, et qui s'y trouvent en grand nombre, ne doivent point être passés inaperçus; ils sont presque tous des portraits de famille; on y voit des chevaliers portant fièrement la cotte de mailles et l'écusson sur la poitrine; puis de graves magistrats avec la simare; des abbés, des moines, des cardinaux revêtus de la pourpre romaine et ayant une barbe longue et pointue, indice du caractère belliqueux qui, souvent dans les derniers siècles, se joignait aux prérogatives religieuses de ces derniers; ce sont encore des gentilshommes avec le costume brillant de la cour de Louis XIV; plus loin, des femmes gracieuses, poudrées, souriantes, et le buste droit et arrondi dans un étroit corset qui leur donne la forme d'un vase antique ou du calice d'une fleur; enfin, des médaillons et plusieurs tableaux représentant divers sujets de fantaisie complètent cette galerie et ne laissent pas d'ajouter à ce qu'elle a de curieux. Mais c'est en vain que vous chercheriez à y reconnaître le portrait du célèbre président de Valbonnais, dont un article publié dans le premier volume de cet Album a retracé l'aventureuse biographie. Il a été sans doute enlevé lorsque le château a passé des héritiers de ses anciens maîtres en des mains étrangères.

Sous le rapport de l'art, tout rappelle, dans les décorations des appartements du château de Valbonnais, des souvenirs mythologiques. Le dix-septième siècle, apogée de la puissance monarchique, n'avait cru mieux apposer à ses œuvres le cachet de sa grandeur, qu'en leur imprimant le caractère homérique de la splendeur de la cour du roi de l'Olympe. Aussi, les moindres détails d'ornements, de corniche ou de peinture, reproduisent-ils des sujets extraits de la fable. Ce ne sont partout que des faunes, des naïades, des Dianes chasseresses, Vénus traînée sur son char par des moineaux, ou bien Cérès, mélancoliquement assise au milieu d'un champ de blé. Des scènes pastorales décorent aussi les panneaux de la grande salle de réception. On y voit des bergers au frais visage et vêtus de ce costume de convention qui tient un peu de celui de tous les âges, offrir à leurs maîtresses, peu chastes dans leurs atours, ou un nid de fauvettes, ou le classique bouton de rose à peine épanoui. Pour tout homme qui se plaît à étudier les mœurs et les œuvres d'art de nos devanciers du dix-septième siècle, sans nul doute, l'intérieur du château de Valbonnais présente beaucoup plus d'intérêt et de sujets d'observation que l'on ne pourrait en rencontrer dans son architecture extérieure, d'ailleurs assez lourde et dont les proportions massives ne sont rien moins que grandioses. Quant à celui qui, dans ses voyages, recherche les sites peu fréquentés d'une nature pittoresque, vierge de tout émondement symétrique et de tout embellissement tracé au cordeau, qu'il parcoure le Dauphiné et visite la petite vallée de Valbonnais; il n'y rencontrera pas, comme en Suisse, des sentiers aplanis, un peuple d'efféminés cosmopolites qui gravissent les montagnes en voiture, et des chalets où l'on trouve d'excellents beefsteaks et son journal, mais bien des paysages dont la description n'est point froidement typographiée dans des manuels et des dessins à l'usage des voyageurs, ce qui atténue le charme et en enlève toute la surprise que jette en nous l'aspect des sites les plus beaux.

Cᴵˡᵉ S.

SAINT-GELIN-DE-RAS.

MORT DU DAUPHIN GUIGUES VIII DEVANT LE CHATEAU DE LA PERRIÈRE.

> Il est au dernier plan des Alpes habité
> Un village à nos pas accessible en été
> Et dont pendant six mois la neige amoncelée
> Ferme tous les sentiers aux fils de la vallée.
> (*Jocelyn*, 6ᵉ époque. DE LAMARTINE.)

La petite commune de Saint-Gelin (1) est assise sur le vaste plateau de Ras; cette montagne, escarpée de tous côtés, s'étend du nord au midi entre le village de Saint-Etienne-de-Crausset (2) et le bourg de Voreppe; ses flancs rapides

(1) Cette paroisse est désignée dans tous les actes publics, jusqu'en 1784, sous le nom de Saint-Gelin; c'est depuis cette époque seulement que, par corruption, elle a été appelée Saint-Julien.

(2) Crausset, improprement dit Crosset, diminutif de *Crau*, du celto-gallique *Graig*, qui

sont resserrés à l'est par une profonde vallée, et à l'ouest par le bassin de Voiron.

La surface de Ras présente une infinité d'accidents pittoresques : sa robe de verdure déchirée çà et là par des blocs granitiques et rongée par des ravins, retombe en lambeaux épars sur les balmes de Voreppe. Au nord, le chemin du Crausset semble creusé dans le sein aride et osseux de la montagne, pour montrer aux géologues ses couches calcaires. Quelques rares plantes sorties des rides profondes de ces assises primitives de notre globe, pendent tristement le long du rocher, pareilles à la fleur desséchée sur le marbre des tombeaux.

Pour aller de Voiron à Saint-Gelin on suit d'abord les chemins étroits et capricieux de Coublevie, qui courent, de la plaine, s'escarper tout pierreux au revers occidental de la montagne; la vue, quelque temps emprisonnée par les arbres, découvre un site nouveau à chaque mamelon où le sentier se replie. Arrivé au sommet de Coublevie, un horizon immense se développe. C'est là que tous les genres de végétation, tous les contrastes de la nature, sont réunis, et que le paysagiste peut varier ses tableaux sans cesser d'être vrai.

Le bruit des cascades de la Buisse révèle la position de ce village. Les toiles de ses blanchisseries couchées dans les prairies plaquent de leur éclatante blancheur la plaine verdoyante, et semblent une surprise de neige par un beau printemps; plus loin Mont-Haut, aux formes altières, veille à la porte des Alpes, et s'avancerait pour en fermer l'entrée, si le *serpent* de l'Isère ne l'enlaçait de toutes parts. D'un autre côté le poétique Voironnais, semé de jolis villages, se dessine avec une grâce infinie; sa petite ville est blottie dans un coin du vallon comme pour laisser plus d'espace à sa riche végétation. Quelques maisons s'échelonnent sur les pentes de Vouïse (1), que surmonte un petit arbre dont la vue fait battre le cœur de tout Voironnais rentrant dans ses foyers. Les chaumières de Tolvon éparses sur l'inclinaison de son riant coteau, ressemblent aux débris de son château fort, que le despote Richelieu fit violemment abattre en 1633, quand la royauté portait un dernier coup à la féodalité expirante. Laissant les vallons sinueux de Saint-Nicolas s'enfuir sous leurs vagues d'ombres et de lumières, le regard s'étend sur une plaine immense, et ne s'arrête qu'aux contours vaporeux des montagnes du Vivarais.

En reportant la vue sur la route qui reste à parcourir pour arriver à Saint-

---

signifie pierre ou rocher. De ce mot on a fait Graisivaudan, vallée dans les rochers, et Crau, plaine de la Provence qui est couverte de pierres. Dans la Bretagne, où le celtique s'est conservé, on dit Crau pour rocher.

(1) Vouïse formé de *Voïse*, vieux mot français, employé par Marot (ép. 49), qui signifie *je vois*. Les hauteurs de cette montagne offrent, en effet, la vue d'un immense panorama.

Gelin, l'aspect du paysage change subitement par une de ces transitions brusques qu'on ne trouve que dans les Alpes; la nature devient sévère dans ses formes et prend un caractère imposant; le chemin ne monte plus, mais, étroit et uni, il s'enfonce entre des montagnes escarpées dans le Bret (1). D'abord évasé à son entrée ce passage se resserre bientôt; quelques arbustes tristes et languissants surgissent encore parmi des fragments de rochers. A mesure qu'on avance dans ce labyrinthe, les montagnes rapprochées se dressent plus menaçantes, et la voix, réfléchie par leurs cavités, marche d'écho en écho; d'énormes quartiers de rocs détachés par les ébranlements de ces remparts formidables couvrent la route et brusquent ses ondulations. Au milieu de ce désordre, la nature alpestre, qui se plait dans les contrastes, a placé un vallon frais et paisible dont la chatoyante verdure apparaît comme le mirage du désert. Cet oasis, entouré d'une ceinture de rochers, est formé par le déchirement de la montagne; quelques blocs calcaires couchés sur le gazon ressemblent à des monuments élevés par la main des sombres génies qui ont présidé à ces bouleversements.

Une croix de bois placée dans ces lieux s'élève sur un autel rustique et semble là pour recevoir l'expression des sentiments religieux que font naître dans l'ame du voyageur ces scènes imposantes, empreintes de la puissance infinie de Dieu.

Pendant le calme d'une nuit d'automne, quand le Bret attristé de l'approche de l'hiver est éclairé par la lumière blafarde et indécise de la lune, on ne se hasarde pas sans émotion dans les détours de ce paysage. Les ombres fantastiques des nuages qui courent dans le ciel se glissent sur les rochers nus et bizarres, ou traversent silencieusement cette solitude en prenant des formes gigantesques; alors l'imagination, péniblement impressionnée par ces prestiges, se remplit de terreur.

En suivant le chemin ardu qui conduit à la *Fontaine du Vieilhomme*, les rochers se resserrent et s'élèvent en masses compactes, laissant couler, comme une sueur, quelques gouttes d'eau qui clapottent sur les cailloux. Plus loin la montagne se creuse en un vaste portique, une fontaine s'en échappe, et, fuyant de rocher en rocher, va se perdre dans la pente gazonnée du vallon.

De même que les pâtres, pour tromper leur solitude, ont peuplé les montagnes d'êtres imaginaires, ils ont aussi attribué aux sources et aux plantes des vertus surnaturelles, et par ces superstitions, qui parlent à leur imagination, ils s'attachent plus fortement aux lieux qui les ont vus naître. C'est ainsi que la *fontaine*

---

(1) Bret, vieux mot dauphinois, dit Paradin, employé pour désigner un passage étroit dans les rochers. Ce vieil historien cite, liv. II, chap. 67 de sa *Chronique de Savoie*, un passage de ce nom, qui existe dans les montagnes du Valais, près de Saint-Maurice.

du vieilhomme a reçu son nom de la fable qui lui attribue la propriété de prolonger la vie (1).

Lorsqu'on atteint au plateau de Ras, l'horizon s'agrandit, les bois et quelques rochers envahissent le sol mal cultivé; cette contrée agreste semble ne pouvoir se dépouiller de son âpreté sauvage; cependant un joli lac s'encadre dans une verte prairie, et frange parfois de sa blanche écume ses bords festonnés. Un bois de hêtres, au tapis velouté de mousse, se mire tout entier dans son onde limpide et la moire de sa sombre verdure. La montagne du Jussom, dont l'aspect majestueux se mêle à tous les sites pittoresques de Ras, avance, au-dessus du bois, sa face austère, et la projette dans le lac, pour former un fond imposant aux gracieuses images qui s'y reproduisent. Si la brise légère frôle de sa douce haleine la surface du lac, cet admirable tableau se mobilise et prend un aspect magique et toujours nouveau. Soit que les rayons du soleil en fassent scintiller les eaux, soit que les étoiles se multiplient dans ses rides, comme la lumière dans les mille facettes du cristal, ce lac offre un charme infini par la variété de ses effets.

Non loin de là on voit la petite église de Saint-Gelin entourée de son cimetière, comme d'une ceinture funéraire; ce champ du repos labouré par la mort a pour tout ornement quelques croix de bois, seuls monuments tumulaires que l'on y rencontre, seuls titres de famille restés de tant de générations oubliées. Sur un rocher élevé se trouve un calvaire, image simple et touchante du plus sublime sacrifice. La révolution de juillet avait placé sur ce point culminant et central de la commune un arbre au drapeau tricolore; parfois un souffle du ciel venait entourer le faîte de la croix de cette flottante banderole, comme pour rappeler tout ce qu'il y a de sympathique dans ces deux symboles de liberté. On eût dit qu'une haute pensée philosophique avait présidé à cette rencontre fortuite pour montrer la fraternelle origine de la croix du Christ et de l'arbre de 89.

Plus bas, au flanc de la grande montagne, une cascade à l'eau folle et légère suspend son écharpe; ondulée par le vent elle secoue sa poussière humide aux rayons du soleil qui prête les couleurs de l'iris à sa gerbe étincelante. Souvent

---

(1) Le culte druidique des fontaines, conservé par les Romains, subsiste encore dans le Voironnais : quelques-uns placent les sources sous la protection de la vierge Marie; d'autres, qu'une superstition grossière retient dans le fétichisme, pensent qu'un esprit veille auprès des fontaines, et donne à leurs eaux des vertus particulières. Les Romains avaient la fête *fontinale* qu'ils célébraient le 13 octobre; la cérémonie consistait à jeter des bouquets et des couronnes dans les fontaines, ou à les attacher sur les puits. Cet usage, resté dans nos campagnes, n'a subi d'autre changement que celui du jour de la fête, que l'on célèbre le premier du mois de janvier.

aussi ses eaux se glissent contre le rocher comme un serpent, et bondissent à leur chute en nuages de perles.

Le Jussom élève dans la sérénité d'un ciel d'azur son front dénudé et blanchi par les siècles; de vieux sapins balancent leurs noirs obélisques sur les profondes crevasses qui sillonnent la pente de cette montagne; de petits nuages, sortis de son sein, courent sur ses flancs, semblables aux brandons de guerre des clans écossais; parfois aussi des vapeurs chargées d'humidité montent pesamment du fond de la vallée, enveloppent la base de la montagne, et laissent ses pics planer au-dessus comme une île aérienne. L'immense et vague rumeur qui s'élève souvent au milieu des sapins pendant le silence de la nuit solennise ce beau paysage; cette voix sublime modulée par les vents semble rendre des oracles comme la forêt de Dodone; ce langage mystérieux est familier aux montagnards, qui savent interpréter les avertissements renfermés dans ces paroles augurales. On ne saurait dépeindre tous les phénomènes qui se reproduisent chaque jour sur les montagnes, c'est de leurs prestiges que l'imagination tire ses plus brillantes compositions.

Ces lieux n'offrent pas seulement le vif intérêt des sites pittoresques, ils attachent aussi par les souvenirs historiques qui, au travers des siècles, nous font assister aux derniers moments de l'un des plus grands princes qui ait régné sur cette province.

Les limites incertaines de la Savoie et du Dauphiné suscitaient depuis trois siècles des guerres incessantes entre les souverains de ces deux états. Le Voironnais, dont les comtes de Savoie s'étaient emparés en 1107, revendiqué par les Dauphins comme ayant fait partie de leur domaine, se trouvait plus particulièrement le théâtre du choc des deux armées. Le comte Amé V, voulant arrêter les excursions de l'ennemi fit bâtir plusieurs places fortes sur ses frontières. Le château de la Perrière (carrière de pierres) éleva alors ses tours crénelées sur une éminence du plateau de Ras, afin de garder l'étroite vallée de Voreppe à Saint-Laurent-du-Désert. Cette forteresse était protégée, à l'est, par une pente rapide qui descend jusqu'au fond de la vallée; au midi, par le bourg de Saint-Gelin, dont les épaisses murailles se rattachaient aux deux côtés du château; une grosse tour carrée et à quatre étages formait l'angle qui dessinait les remparts du nord et de l'ouest le long desquels s'ouvrait un large fossé. Ces nouvelles barrières n'arrêtèrent point les hostilités entre les deux pays rivaux.

La garnison de la Perrière ravageait, dans ses sorties, les terres voisines du Dauphin; quelques paysans, victimes de ces brigandages armés, formèrent le hardi projet de s'emparer de cette forteresse. Cette entreprise audacieuse sourit à l'esprit aventureux de Guigues VIII, il leur fit délivrer des instruments de guerre pour surprendre le château. Pendant que ces hommes entreprenants mon-

4

6

taient à l'assaut, au milieu de la nuit, leurs chevaux, qu'ils avaient cachés dans le bois, se détachèrent et « amenèrent si grande noise » que la garnison réveillée se précipita sur les remparts, et repoussa vigoureusement leur attaque. Cet échec n'ébranla point le courage des Dauphinois ; secourus de nouveau par leur prince, ils mirent le siége devant la place.

Le château de la Perrière n'ayant ni bailles ni braies qui en défendissent l'abord, il était facile aux assaillants d'approcher les murailles et d'en saper les fondations à l'abri de leurs muscules. Deux catapultes armées chacune d'un dard de trois coudées de longueur, menaçaient les assiégés qui se présenteraient à la défense, et les piétons, porteurs de targes ou pavois, offraient partout un rempart mobile aux archers dauphinois.

La garnison du château faisait bonne contenance devant ces préparatifs d'atta-que; elle avait foi dans son courage, comme dans la force de sa position; la grosse tour ainsi que les murailles étaient couvertes d'armes offensives et défensives : ici la catapulte était destinée à lancer des pierres, les mangonneaux, les balistes et les couillards chargés de gros quartiers de rocher et de dondaines, devaient en-foncer les muscules, rouler sur l'ennemi et emporter des files entières de piétons ou démonter les cavaliers (1); auprès des arbalêtes de traits on voyait des fais-ceaux de viretons. Les chaudières de graisse et de bitume fumaient de toutes parts, les dards enflammés et les falariques chauffaient aux fourneaux, et menaçaient d'incendier toute machine de bois qui s'approcherait de trop près des murailles. Une infinité d'armes plus simples achevaient de fortifier la place.

Telles étaient les dispositions prises par les combattants, quand le Dauphin, impatient des retards apportés dans l'attaque du château, se rendit à la Perrière accompagné de quinze cents cavaliers (2). Arrivé au camp, Guigues voulut visiter les fortifications de l'ennemi; ses capitaines essayèrent vainement de le détourner d'entreprendre cette reconnaissance, lui représentant qu'ils iraient eux-mêmes, mais qu'elle offrait trop de péril pour que leur prince dût s'y exposer. *Je suis venu, leur dit-il, pour partager vos dangers et non pas pour en être le spectateur,* et sortant à cheval, accompagné de Hugues Allemant de Valbonnais et d'Aimard de Clermont, il monte par un petit sentier jusques dans les fossés du châ-teau; oublieux de lui-même et indifférent aux traits qui pleuvent à ses côtés, le prince examine avec détail la défense de la place, et pendant qu'il indique du geste un côté accessible du fort, le garot d'une arbalête « le perce de part en

(1) On retrouve dans les ruines de la Perrière plusieurs débris de ces armes, et notamment un grand nombre de dondaines.

(2) Giovani Villani, *Chronique de Florence,* liv. X, chap. 124.

part » (1); *Ce n'est rien*, dit-il, en se relevant, *ne donnons pas à nos ennemis la satisfaction de croire qu'ils m'ont blessé;* s'appuyant sur Valbonnais et sur Clermont il redescendit jusque dans son camp.

A la vue de leur chef frappé d'un coup mortel, les troupes poussèrent un cri de douleur et de vengeance; Guigues refusa de se coucher en proférant ces paroles mémorables, qui rappellent celles d'un empereur romain : *Je veux tenir devant la mort, mes ennemis ne m'ont jamais vu abattu, et celui-ci est le moins terrible aux gens de cœur.* La tente du Dauphin se remplit d'officiers et de soldats éplorés; seul il semblait étranger à sa blessure. Ce héros, rappelant par un dernier effort tout ce qui lui restait d'une si noble vie, adressa des consolations à ceux qui l'entouraient, et donna les ordres nécessaires au succès du siége et au gouvernement de ses états. Les chirurgiens avaient déclaré que le Dauphin expirerait au moment où l'on retirerait le trait de sa poitrine, néanmoins Guigues, comme Epaminondas, ordonna cette fatale opération, qui lui arracha la vie sans un soupir de douleur. Ce prince, dont le mâle courage rappelle les plus beaux traits de l'histoire, mourut le 23 juillet 1333, à l'âge de 24 ans, dans une grange convertie depuis par son successeur en maison de chasse (2).

La mort de Guigues fut promptement vengée par ses troupes, car dès le lendemain s'étant jetées avec fureur contre le château elles enfoncèrent les murailles, mirent le feu à la principale tour, où s'étaient réfugiés les Savoisiens, et passèrent au fil de l'épée tout ce qui n'avait pas péri dans les flammes; « puis les Dauphinois « se prindrent à saccager et à piller le chastel et le bourg de Saint-Gelin, et par feu et autres moyens les ruinèrent de telle sorte qu'il n'y demeura pas pierres sur pierres. »

Les habitants de Saint-Gelin n'ont point relevé les ruines de leur bourg, les maisons sont maintenant éparses sur le plateau; elles ne se rencontrent plus groupées en village, et le laboureur indifférent mêle son grain à la poussière de ses pères. La tradition, qui répare les oublis de l'histoire, a marqué la place où s'élevait l'église du bourg en entourant d'une superstition prophétique la pierre sacrée de l'autel, seul reste de ce monument. Je laisserai parler Claude Expilly,

(1) Garrot ou garreau, trait d'arbalète armé d'un fer à pointe quadrangulaire dont on se servait aux treizième et quatorzième siècles. On appelle encore vulgairement *garot* un gros bâton comme celui qui servait de trait à la lance du garrot.

(2) La mort de Guigues VIII n'amena point de troubles dans ses états, mais elle détruisit toutes les espérances de prospérité que ses éminentes qualités avaient fait concevoir. La souveraineté du Dauphiné perdit tout son éclat sous le gouvernement de son successeur Humbert II, prince dévot, vaniteux et dissipateur, qui finit par vendre ses états pour payer ses dettes.

dans le style simple et naïf de son siècle, de l'usage religieux qui ramène chaque
année autour de cette pierre les populations des paroisses voisines :

« Il ne reste plus aujourd'hui (1623) du fort de la Perrière et du bourg de
Saint-Gelin que quelques masures cachées sous les buissons, et un pan de mur
avec une pierre d'autel au lieu où était l'église du bourg, qu'on nommait Saint-
Marcelin ; cette pierre est au milieu d'une terre appelée *Champ-du-Vas*. Les
paroissiens des environs y vont souvent en procession, principalement aux mois
de juin, de juillet et d'août, pour avoir la pluie ou la faire cesser ; ils disent
qu'en baissant la pierre, avec les cérémonies et les prières que font les prêtres,
la pluie cesse, ou quand ils y vont pour en avoir ils la haussent et la pluie
incontinent arrive. On a observé que quoique le prêtre et ceux qui assistent à
la cérémonie foulent le blé en passant et autour de la pierre, néanmoins les
épis se relèvent et n'en reçoivent aucun dommage. » L'usage de cette procession
subsiste encore, le but en est le même, mais la foi des fidèles s'étant refroidie on
ne consulte plus les mouvements de la pierre, et le blé foulé ne relève plus sa
tige sous les pas des assistants.

C'est en présence des ruines de la Perrière que les pensées évoquées par de
nobles souvenirs s'arrêtent pieuses et recueillies sur ces débris du passé ; on se
reporte involontairement en arrière de plusieurs siècles, et l'imagination ranime
toute la scène tragique du combat qui s'y est livré ; les acteurs de ce drame apparaissent groupés autour du prince, dont la courageuse résignation s'exprime par
les dernières paroles qu'il adresse aux nobles seigneurs qui l'entourent : *Je meurs
sans regret, puisque je laisse la gloire du Dauphiné en les mains de si valeureux chevaliers...* Les ombres des Clermont, des Sassenage, des Allemant, des du Terrail,
des Poitiers, des Grolée, semblent errer dans ces lieux ; l'écho redit encore ces
noms auxquels se rattachent toutes les illustrations de cette province. Le touriste
antiquaire, l'historien du Dauphiné, ne sauraient passer près de la Perrière sans
interroger les derniers vestiges de son château, sous lesquels tant de braves
guerriers dorment oubliés depuis cinq siècles ; de leur cendre sortent quelques
jeunes chênes comme les fleurons de leur couronne immortelle.

Un segment de tour plutôt oublié que respecté par le temps, assiste mélancoliquement à sa propre destruction ; penché sur la profonde vallée il semble mesurer
l'abîme où chaque jour se précipitent quelques-unes de ses pierres, et où lui-même
ira bientôt s'ensevelir ; alors il ne subsistera plus aucune trace apparente de cette
forteresse, au pied de laquelle la témérité d'un jeune prince vint accomplir l'un
des plus grands événements de l'histoire du Dauphiné.

Hector BLANCHET.

MONT-AIGUILLE.

Une promenade délicieuse, un plaisir presqu'ineffable pour ceux qui ne sont pas énervés par le séjour des grandes villes, est celui que procure l'ascension d'une haute montagne, quand, la gravissant de bon matin, l'on jouit du magnifique spectacle que présente dans le lointain un pays immense et profond, un horizon sombre qui s'agrandit et s'éclaire progressivement sous vos pieds, tandis que les premiers rayons du soleil levant viennent dorer la sommité des roches escarpées vers lesquelles vous vous élevez. Ce coup d'œil est assurément admirable, sublime, le plus beau qu'on puisse voir sur la terre; et pourtant que de gens qui ne l'ont considéré que des hauteurs de Montmartre (1), de Fourvière (2) ou de la Bastille (3)! Que d'autres qui ne l'ont jamais aperçu que de leur balcon, ou même dans les pages d'un plat et fastidieux roman! Si nous aimons encore à voir les hautes montagnes, c'est de loin et en perspective; c'est le matin, du fond d'une alcove entourée de somptueuses gravures; c'est le soir, à travers le frais ombrage d'un parterre émaillé de fleurs. Voilà comment nous, hommes progressifs du dix-neuvième siècle, nous, citoyens musqués et chamarrés de rubans, aimons à nous élever vers ces lieux agrestes qui furent d'abord le berceau de nos pères; qui, plus tard, se hérissèrent de châteaux redoutables, et qui, aujourd'hui, ne sont plus habités que par des loups et quelques pâtres grossiers, dont la paisible existence vaut cependant mieux que la nôtre et devrait exciter notre envie.

On nous parle beaucoup de Français intrépides qui explorent en ce moment les sommets du Thibet, du Caucase, de l'Atlas, des Cordilières, et, chose étrange! nous avons dans notre voisinage une montagne célèbre, le *Mont-Blanc*, qui n'a encore été gravie que cinq fois (4), et il en existe une autre, non moins fameuse,

(1) Petit monticule près de Paris.
(2) Chapelle qui domine Lyon.
(3) Le fort de Grenoble.
(4) La première, en 1786, par Paccard; la seconde, en 1787, par Saussure; la troisième, en 1788, par Bourrit; la quatrième, en 1802, par un Lausannais et un Courlandais; la cinquième et dernière, en 1838, par une dame de Genève, en l'honneur de laquelle il y eut une grande fête et l'on tira le canon dans le pays, tant on y est peu habitué à voir faire ces sortes d'ascensions.

tout près de nous, le *Mont-Aiguille*, sur laquelle il n'y avait encore eu qu'un seul accès en 1834 !...... C'est, en vérité, une bien singulière manie que celle de dédaigner ainsi les merveilles qui nous touchent, au pied desquelles nous sommes nés , pour aller à quelques milliers de lieues d'elles porter une curiosité vagabonde et une admiration saugrenue. Serait-ce habitude de les voir de trop près, ou défaut d'un juste discernement, ou plutôt préférence capricieuse pour des excursions lointaines et aventureuses ? C'est peut-être le tout ensemble. Quoi qu'il en soit , chacun sait qu'il n'est pas rare de rencontrer des Anglais qui connaissent mieux Rome que Londres , et de voir des Italiens , qui , n'ayant jamais visité le Vésuve ni la coupole de Saint-Pierre, vous diront avec un minutieux enthousiasme tout ce qui s'observe dans l'abbaye de Westminster ou sur les tours de Notre-Dame.

On sent assez qu'avec une pareille manière d'étudier la nature, un pays ne doit jamais être plus mal connu que par ceux qui l'habitent, et que, pour avoir son histoire, il faut aller la chercher chez l'étranger. Qui sait donc si la nôtre, c'est-à-dire celle du Dauphiné, ne se trouve pas par hasard à Vienne ou à Dublin (1) ? Une chose bien sûre est que la statistique de notre province est à faire, et que messieurs les naturalistes français devraient, une fois pour toutes et au lieu d'aller se morfondre dans des régions sauvages, nous donner une bonne description des principales montagnes du Dauphiné , telles que celles des Alpes , de la Grande-Chartreuse, de l'Oisans, d'Allevard , de Briançon , du Villard-de-Lans , du Vercors , de la Drôme , en un mot , de ces trois départements montagneux dont la réunion forme une partie très-importante du royaume. Un ouvrage qui embrasserait ainsi, dans le même cadre, tout ce qui est relatif à l'agriculture , à la minéralogie , à la botanique , à la peinture et à la géologie de ces hautes régions , constituerait évidemment une entreprise aussi utile pour le pays qui en serait l'objet, qu'honorable pour la France dont il est le plus bel ornement. En attendant qu'on s'en occupe, la petite notice suivante déparera d'autant moins l'*Album du Dauphiné*, qu'ayant déjà dessiné et décrit la plupart des montagnes remarquables

---

(1) Je me rappelle toujours avec plaisir que, me promenant un soir sur le bastion de Vienne, peu de jours après la bataille de Wagram , un petit garçon de huit à dix ans m'aborda et me demanda en très-bon français d'où j'étais. Lui ayant répondu *de Grenoble*, il ajouta avec une sorte de surprise agréable : « *Ah ! du Dauphiné ! du département de l'Isère !* Je vous en félicite, monsieur, c'est un très-beau pays. » Sans doute que cet intéressant enfant connaissait aussi la moindre circonscription de l'Autriche, son pays natal ; mais que de petits Français, les plus instruits même , resteraient courts si on leur demandait dans quel cercle et district se trouvent situés Lintz, Goritz, Presbourg, ou toute autre ville de l'empire autrichien !

qui se trouvent dans cette ancienne province, il servira nécessairement un jour de frontispice et d'introduction au grand travail que nous demandons.

A dix lieues sud de Grenoble et au milieu d'un grand bassin formé par les rochers de Gresse, de Chichilianne et de Clelles, s'élève majestueusement le *Mont-Aiguille* ou *inaccessible*, que les anciens avaient placé au nombre des sept merveilles du Dauphiné. Composé à sa base d'une montagne conique que couvrent çà et là du gravier, une terre ravineuse et jaunâtre, du bois de haute futaie et de la broussaille, il se termine par un énorme rocher à pic de quelques centaines de toises de hauteur, et disposé de telle sorte qu'il présente quatre faces en rapport avec les quatre points cardinaux. Dans son ensemble, cette montagne a la figure non pas d'un obélisque *renversé*, comme on l'a dit long-temps sans raison, mais d'une pyramide droite et tronquée, ou plutôt, d'un entonnoir tourné sans dessus dessous. Sa hauteur, point encore déterminée d'une manière précise, serait, dit-on, d'une lieue et demie, ou de 3423 toises, ce qui lui donnerait une supériorité considérable sur les monts *Olan* et *Perdu*, les plus hauts de France, et même sur le *Mont-Blanc*, qui, n'ayant que 2465 toises d'élévation, est pourtant la plus haute montagne de l'Europe. Mais il est évident qu'il y a beaucoup d'exagération dans ce chiffre appliqué à une ligne d'ascension perpendiculaire, et que par *lieue et demie* on a sans doute voulu dire le temps approximatif qu'il faudrait pour y monter au pas ordinaire, si, chemin faisant, on ne rencontrait aucun obstacle. Il est de fait cependant que le Mont-Aiguille, vu du midi et surtout du nord, présente une très-belle hauteur comparativement aux rochers déjà très-élevés dont il est circonscrit, et par-dessus lesquels il s'élance comme ces dômes magnifiques qu'on aperçoit de loin en approchant de quelque cité opulente.

Quant aux faces qui regardent le levant et le couchant, leur aspect est moins pittoresque, parce que, beaucoup plus larges que les deux autres, elles semblent écraser la montagne et lui ôter de ce côté la forme pointue, qui, à juste titre, lui a fait donner le nom d'aiguille ou d'*acus*. Le sommet de ce superbe obélisque est tapissé d'une jolie prairie, assez inclinée vers le midi pour qu'on puisse en découvrir une partie de la cime des montagnes voisines, particulièrement de celle de *Lantarel*, qui, étant ma propriété, m'a souvent servi de point culminant pour l'examiner à mon aise.

Dès la plus haute antiquité, le Mont-Aiguille fut un sujet d'admiration et de fables pour la France. J'ai déjà dit qu'on le mettait au nombre des sept merveilles du Dauphiné; j'ajouterai qu'il n'en était pas une des moins intéressantes, soit à cause de sa forme originale, soit par rapport à l'impossibilité où l'on avait été pendant long-temps de monter dessus. D'un autre côté, plusieurs anecdotes presque féériques ne contribuaient pas peu à lui donner de la célébrité. Ainsi l'on assurait qu'à une époque fort ancienne, mais dont la date et les circonstances étaient ignorées, on y avait trouvé un beau mouton, porteur de *sept toisons* plus blanches que la neige, et que quelque aigle avait sans doute laissé tomber dans ce parc aérien où, jouissant de toutes les immunités de la solitude, le loup ne pouvait le manger. On racontait encore, et c'est Tilisberi qui nous l'apprend, que tous les matins on voyait, au sommet de la montagne, un grand étendage de linge : or, comme pour faire la lessive il fallait nécessairement des mains humaines, ou tout au moins celles de quelques génies inconnus, le Mont-Aiguille était donc habité, mais habité par qui ? Etait-ce par de pieux anachorètes, par de faux monnayeurs, par des hommes comme nous, ou bien par des sylphes, des fées, des lutins, par le diable, en un mot ?

Voilà quelle était l'étrange perplexité de nos ancêtres à l'égard de cette *montagne inaccessible ;* perplexité qui était encore augmentée par la découverte récente de l'Amérique et par l'idée que le moindre réduit pouvait bien être un nouveau monde, lorsque Charles VIII eut occasion de passer à Grenoble pour se rendre en Italie. Instruit de tout ce qu'on disait de merveilleux touchant un lieu qui était encore une dépendance de son domaine particulier, il résolut de le faire prendre d'assaut, et choisit pour cette périlleuse expédition le plus dévoué comme le plus intrépide de ses officiers, dom Jullien, capitaine de Montélimart, d'ailleurs chambellan et conseiller en titre de sa majesté.

Une pareille entreprise était assurément fort audacieuse et tout aussi difficile alors que le serait aujourd'hui l'accès extérieur de la flèche de Strasbourg ou d'un haut rocher exactement perpendiculaire. Cependant, accompagné d'hommes lestes et résolus, bravant tous les obstacles et des dangers inouis, le nouveau Christophe Colomb opéra sa mémorable ascension le 25 juin 1492, et parvint à mettre les pieds là où aucune créature humaine n'avait encore placé les siens, sur ce rocher merveilleux que tant de regards impuissants avaient mesuré sans jamais pouvoir l'atteindre !

Après y être resté trois jours sans donner de ses nouvelles, dom Jullien écrivit la lettre suivante au premier président du parlement de Grenoble, laquelle, en date du 28 juin 1492, fut adressée de dessus la montagne même :

« Obéissant aux ordres du roi, j'ai trouvé, par subtils moyens et engeins, la façon de parvenir sur la montagne inaccessible, et n'en partirai que n'aie votre réponse, afin que, si vous voulez envoyer quelqu'un pour nous y voir, faire le puissiez, vous avisant que vous trouverez fort d'hommes qui, quand ils nous verront dessus, y osent venir; car c'est le plus horrible et épouvantable passage que je vis jamais. Je vous le fais savoir, afin que le veuillez bien écrire au roi, et lui ferez grand plaisir et à moi aussi. Il y a à monter demi-lieue par échelles et une lieue par d'autres chemins. C'est le plus beau lieu que vissiez jamais pardessus le tout. J'y ai fait dire la messe par mon aumônier, fait planter trois croix aux cantons, et l'ai fait nommer et baptiser *Aiguille-fort*. Elle a pardessus une lieue française de tour et un trait d'arbalète de travers. Elle est couverte d'un beau pré pardessus, et avons trouvé une belle garenne de chamois que jamais n'en pourront sortir, et des petits avec eux, de cette année, dont, jusqu'à ce que le roi ait autrement ordonné, n'en veux point laisser prendre. »

Le parlement s'empressa d'envoyer un huissier pour constater la prodigieuse ascension de dom Jullien, mais l'officier ministériel, effrayé au seul aspect de la montagne,

« Revint tout tremblant à Grenoble en disant qu'on avait mis au bas du rocher des échelles par où l'on commençait à monter; que dom Jullien et sa troupe l'excitaient à s'en approcher, mais qu'il n'avait pas voulu s'exposer d'y monter par le danger qu'il y avait de périr, ou de peur qu'il ne parût tenter le Seigneur, puisqu'à la vue de cette montagne chacun est épouvanté; que l'exemple du châtelain de Clelles, qui parvint en sa présence sur la montagne, ne l'engagea pas à le suivre. »

A défaut d'huissier pour dresser procès-verbal sur le lieu de l'accès, les compagnons du chambellan en firent un dans lequel il est dit « qu'ils virent des oiseaux sauvages, rouges, noirs et gris; des corneilles à pieds rouges, et une infinité d'autres oiseaux qu'ils ne connaissaient pas; qu'ils remarquèrent aussi quantité de fleurs de différentes couleurs, d'une odeur agréable et qui leur paraissaient différer des nôtres, surtout les lys; que le curé de Saint-Martin-de-Clelles, qui avait voulu suivre son frère sur la montagne, y apporta des *conniels* (des lapins) blancs, noirs et gris, pour essayer de les y naturaliser, etc., etc. »

Après une tentative qui avait été couronnée du plus heureux succès, on devait croire que le chemin du Mont-Aiguille, ainsi tracé et ouvert par le génie de dom Jullien, allait devenir sinon une route royale du premier ordre, au moins un sentier accessible aux bergers et aux amateurs d'une nature rustique; mais, loin de là, il a fallu traverser juste un espace de 342 ans et arriver au 16 juin 1834 sans pouvoir retrouver et suivre les traces de cet intrépide voyageur. En vain, entre ces deux époques, des gens du pays et des étrangers attirés au pied de la célèbre montagne avaient-ils essayé plusieurs fois de renouveler l'ascension de 1492, leurs efforts, toujours impuissants, avaient échoué à moitié chemin et dans l'endroit où un rocher immense surplombe celui qui veut le gravir.

On s'était donc réhabitué, depuis plusieurs siècles, à la considérer comme *inaccessible*, malgré le démenti formel donné autrefois par l'officier de Charles VIII, lorsque, au mois de juin 1834, MM. Thiollier, curé de Chichilianne, et de Rochas,

4

avocat, eurent l'idée, accompagnés du nommé Jean Liotard et de deux autres individus, de faire un nouvel essai.

Munis de vivres, de cordiaux et de tout l'attirail nécessaire pour opérer leur escalade, ces messieurs montèrent assez aisément jusqu'au bas du rocher où commence la difficulté, c'est-à-dire la véritable ascension ; mais, arrivés vers cette *pierre d'achoppement* et de désespoir pour tant de gens qui, avant eux, y avaient déjà vu expirer leur force ascendante, ils ne se sentirent pas non plus le courage d'aller plus loin, si ce n'est M. de Rochas, qui, bravant les dangers et les obstacles, parvint encore jusqu'au quart environ de la sommité du pic.

Cependant un de leurs compagnons, le sieur Jean Liotard, qui ouvrait la marche et se trouvait excité par ce dernier, s'était engagé dans la voie escarpée qui contourne le flanc septentrional du rocher. Il disparut enfin, laissant derrière lui ces messieurs dans la plus vive inquiétude sur ce qui allait lui arriver.

Avançant toujours, cet homme, qui, du reste, était peut-être moins courageux que jaloux de paraître tel aux yeux de ses compagnons, ne tarda pas de voir l'imminence du danger où il se trouvait. Il tourna la tête et frémit....... Devait-il retourner sur ses pas ? Mais la chose était bien plus difficile que d'aller en avant, et puis, qu'aurait-on dit de lui s'il s'était arrêté *en si beau chemin !* Il jeta donc ses souliers ferrés, continua de grimper avec une nouvelle ardeur par les aspérités du rocher, parvint dans une sinuosité où il fallut se hisser à la manière des ramoneurs, et arriva enfin, après des efforts et des périls qu'une description ne peut rendre, au sommet de la terrible montagne.

Nous allons voir, par le procès-verbal ci-dessous, ce qu'y fit et ce qu'y découvrit Jean Liotard. Il me suffira d'ajouter à ce rapport, un peu flatteur sans doute en ce qui touche le sang-froid du héros, que, s'il est certains quarts-d'heure bien pénibles dans la vie, celui de la descente de Liotard dut l'être terriblement quand, manquant de la présence d'esprit dont il avait si grand besoin, arriva pourtant le moment de l'accomplir. Il est de fait, et je tiens cela de quelqu'un à qui cet homme l'a avoué, que là-haut, sur la montagne, il voyait *tout en feu,* et que, pour en descendre, il ne se rappelait de rien, sinon d'avoir fait le signe de la croix et d'avoir recommandé son âme à Dieu. Il est de fait encore qu'il arriva au pied du rocher sans chapeau, sans veste, sans souliers, presque sans culottes, le corps tout ensanglanté, et l'esprit tellement frappé, qu'il lui fallut plusieurs semaines pour se remettre d'une aussi rude épreuve.

Voici le procès-verbal qu'on rédigea à cette occasion, et qui, dans l'histoire du Dauphiné, doit désormais servir de pendant à celui de dom Jullien.

« Les soussignés Joseph Thiollier, curé de la paroisse de Chichilianne ; Eugène de Rochas, avocat, natif de Gap (Hautes-Alpes) ; Jean Liotard, âgé de vingt-six ans, habitant du village de Trezannes ; Antoine Liotard, son frère, habitant de la même commune de Trezannes ; Jean-Antoine Cotte, propriétaire-meunier à la Bâtie, commune de Gresse, certifient, dans leur ame et conscience, que, le 16 juin 1834, s'étant rendus, sur les dix heures du matin, au pied du Mont-Aiguille, dit inaccessible, situé entre les communes de Chichilianne, de Trezannes et des Portes, canton de Clelles, département de l'Isère, avec des cordes, échelles et marteau de maçon, à l'effet de se frayer une route à travers les rochers et arriver de cette manière au sommet dudit mont ; qu'après avoir tenté inutilement dans la crevasse principale, située du côté du couchant, d'arriver au but désiré, ils se sont dirigés sur un autre point, au nord de ladite montagne. C'est là que les soussignés, à l'envi et sans le secours d'aucun des instruments précités, ont gravi le rocher jusqu'à une hauteur qui peut être évaluée au quart de l'élévation totale. Les souliers cloués rendant l'ascension périlleuse, le seul Jean Liotard, d'une force et d'une hardiesse remarquables, s'est déchaussé et a grimpé à travers les rochers, dans une direction oblique et du côté du midi, tantôt descendant, tantôt montant, et suivant un chemin que sa présence d'esprit lui a seule indiqué. Il a, quelque temps après avoir été perdu de vue, apparu à la cime des rochers, et non loin du sommet du Mont-Aiguille. C'est alors que sa voix s'est fait entendre et qu'elle a porté la joie dans leurs cœurs en le voyant près d'atteindre la hauteur d'un mont inaccessible depuis l'année 1492, sous le règne de Charles VIII, et escaladé par les ordres de ce monarque, comme on le lit dans la relation qui a été faite à cette époque et que l'on peut voir dans les archives de la chambre des comptes de Grenoble. Bientôt, en effet, le sommet a été franchi, et le sieur Liotard a parcouru dans tous les sens la plate-forme aux bords de laquelle il paraissait suspendu, tantôt faisant entendre au loin sa voix tonnante, tantôt, pour être mieux aperçu, précipitant, avec un horrible fracas, des blocs énormes du haut de la montagne. C'est ainsi qu'il a été remarqué par une foule de personnes des communes environnantes, qui, frappées d'étonnement, répondaient par leurs cris aux cris de Jean Liotard. D'après son récit, l'extrémité de la montagne est recouverte d'un gazon de six pouces d'élévation, parsemé de fleurs odoriférantes, d'une forme et d'une couleur inconnues aux habitants de cette contrée. La pelouse peut offrir environ trente faucheurs de pré et trois quarts de lieue de tour, tandis que sa hauteur perpendiculaire peut être évaluée à une demi-lieue seulement. L'herbe cueillie par Liotard sur le sommet du mont est très-verte et très-nourrie; la surface du sol qu'elle couvre est crevassée çà et là et parsemée de pierres plus ou moins grosses. Sur la partie la plus élevée, du côté du village de Trezannes, il aurait remarqué quelques débris ressemblant beaucoup à ceux d'un mur en pierres sèches écroulé, mais nulle part traces d'animaux ni vivants ni morts;

seulement des corneilles qui volaient en bandes autour du rocher. D'après lui, c'est une erreur de croire qu'il y ait au centre de la prairie une source d'eau vive; il a affirmé en outre que, deux cents pas avant d'arriver sur la plate-forme, il a remarqué une voûte formée par la nature et sur la surface intérieure de laquelle on reconnaît l'empreinte du marteau, comme si l'on avait eu l'intention de polir ou tout au moins de dégrossir la pierre. Au fond de la voûte se trouvent quelques débris ou décombres résultant peut-être d'une construction qui remonte sans doute à des temps fort reculés. D'après les propres expressions de Liotard, il aurait fait le signe de la croix en mettant le pied sur le sommet du Mont-Aiguille, persuadé qu'il était qu'il ne lui serait pas facile d'en descendre sans le secours de Dieu; aussi, plein de confiance en celui qu'il avait invoqué, il reprend, en descendant, la route qu'il avait suivie en montant, tantôt suspendu sur le bord des précipices, tantôt se fourvoyant et reprenant bientôt sa trace première qu'il avait marquée à l'aide de pierres superposées les unes sur les autres. C'est de cette sorte que, tourmentés par la plus pénible anxiété, nous l'avons vu pendant au moins une heure et demie descendre la montagne avec un sang-froid qui étonne, avec une agilité qui égale celle du chamois; enfin il nous apparut hors de danger, mais sans veste, qu'il avait perdue à travers les rochers, en voulant s'en servir comme d'un moyen d'accrocher les aspérités des pierres. Nous nous sommes précipités avec joie au-devant de lui pour l'embrasser et lui témoigner notre satisfaction et notre étonnement. C'est ainsi que s'est terminée cette ascension mémorable, sur les sept heures du soir, laquelle a été entravée et rendue plus difficile par une pluie mêlée de grêle et poussée par un vent très-violent. Fait et dressé au château de Rhutières, le soir du même jour précité, 16 juin 1834. Signé E. de Rochas, Thiollier, recteur, Jean-Antoine Cotte, Antoine Liotard et Jean Liotard, qui a fait une croix pour sa signature (1). »

Ce ne fut donc pas, et ce procès-verbal l'atteste, un petit événement pour le pays que celui d'une ascension à laquelle on ne s'attendait guères, et qui d'ailleurs était regardée comme impossible. Aussi Jean Liotard devint-il un homme tellement important dans le département de l'Isère, je dirai même en France, que chacun voulut le voir et l'interroger, que les journaux parlèrent de lui, qu'il y eut une souscription ouverte en sa faveur, et que le capitaine d'Urville, revenant des extrémités de la terre, n'est certainement pas plus admiré et félicité par la *société géographique* de France, que le fut notre pauvre compatriote à la suite de

---

(1) J'ai copié littéralement ce procès-verbal que les journaux de l'Isère publièrent dans le temps, et dont l'original doit se trouver à Chichilianne, sur un extrait imprimé qui m'a été prêté par M. de Rochas lui-même.

sa modeste, mais périlleuse expédition. Toutefois, la jouissance exclusive de son triomphe ne devait pas être de longue durée. Les hommes de notre époque sont effectivement si jaloux et si *singes* de leur nature, qu'ils ne peuvent s'empêcher d'imiter ce qu'ils voient faire aux autres, et qu'on devait s'attendre à ce que l'exemple de Liotard allait opérer une révolution dans la destinée grimpante du Mont-Aiguille. On vit donc bientôt plusieurs jeunes gens de la contrée, envieux de partager l'espèce d'ovation dont le nouveau Saussure était l'objet, s'élever par troupe et avec assez de facilité, dit-on, jusqu'au sommet d'un mont qui avait cessé d'être inaccessible, et sur lequel ils trouvèrent vraisemblablement une voie plus sûre que celle suivie par leur prédécesseur. Mais cela n'empêche pas que Jean Liotard ne se soit immortalisé par son aventureuse ascension, et qu'à lui seul appartient la gloire incontestable d'avoir ouvert une carrière fermée depuis trois siècles et demi, et d'être le second, parmi les hommes, qui ait pu voir du sommet de la célèbre montagne le beau panorama qu'on doit en découvrir.

Tels sont les principaux faits qui se rapportent à l'histoire du Mont-Aiguille. Comme merveille, cette éminence a sans doute beaucoup perdu de sa valeur, surtout depuis qu'on y est monté et qu'on a vu que son sommet ne présentait rien d'extraordinaire, mais comme montagne d'une forme originale, élevée et d'un difficile accès, comme lieu riche en souvenirs historiques, elle constitue encore, telle qu'elle est, une curiosité certainement plus attrayante et beaucoup plus digne d'être visitée qu'une infinité de pics, de rochers et de monticules insignifiants, sur lesquels les naturalistes sont en usage d'aller pour s'extasier de peu de chose ou de rien du tout. D'ailleurs, le Mont-Aiguille, relégué jusqu'ici dans un pays presqu'inabordable lui-même, va nécessairement acquérir une nouvelle importance à raison de la route de Marseille, par la *Croix-Haute*, qui va passer et passe même déjà tout près de lui, car telle est l'heureuse et singulière disposition de cette route, qu'outre l'avantage inappréciable d'abréger beaucoup le trajet de Provence, elle présentera aux voyageurs qui partiront la nuit de Grenoble le curieux spectacle d'un phare naturel, celui de la *Fontaine ardente*, qu'ils verront briller d'un vif éclat à droite de la plaine de *Favérol*; puis, passé le Monestier-de-Clermont, et de la hauteur appelée le *Col-du-Faux*, elle leur offrira encore, de bon matin, la pointe du Mont-Aiguille, qui, dominant un peu la montagne qui est devant lui, sera éclairée par les premiers rayons du soleil; enfin, au-delà de *Saint-Martin* et à mesure qu'elle approchera de *Clelles*, la même route leur fera voir la face nord de l'Aiguille, qui est la plus belle, et les conduira presqu'à la base de ce mont fameux qu'ils s'empresseront sans doute de contempler un instant, s'ils n'ont pas le temps de lui faire une longue visite.

Ainsi, cette ancienne merveille qui, avec la *Grande-Chartreuse* et la *Fontaine ardente*, est bien ce que le Dauphiné renferme de plus intéressant en fait de curiosités naturelles, se trouve sur le point de sortir de l'oubli injuste où elle est tombée, et de devenir un objet d'admiration permanente, soit pour les voyageurs qui parcourront la route du midi, soit pour les étrangers qui, après avoir profité de l'efficacité de nos eaux minérales, ne voudront point, par un sentiment de reconnaissance, quitter nos montagnes sans avoir présenté leurs hommages à celle qui est en quelque sorte leur souveraine.

Sylvain-Eymard.

SUZE-LA-ROUSSE.

Chaque jour les souvenirs historiques du pays s'en vont avec les monuments qui les transmettaient d'âge en âge; et les plus belles pages des annales nationales s'effaceront sans retour, lorsque le marteau des démolisseurs aura pulvérisé la pierre sur laquelle elles étaient écrites. La guerre, déclarée par les spéculations industrielles aux édifices élevés par les fortes mains de nos pères, appauvrit non-seulement le domaine de l'histoire, elle tend, surtout, à paralyser les arts en les dépouillant des richesses dont les avait doté la succession des siècles. Aussi la conservation d'un monument, revêtu de la double consécration de l'art et de la tradition, est-elle pour l'historien et l'artiste une bonne fortune féconde en émotions. L'un et l'autre, sous ce rapport, ne visiteront pas sans intérêt le vieux château, dont la masse couronne le village de Suze-la-Rousse, qui s'élève si pittoresquement sur la rive gauche du Lez.

Cet imposant manoir n'est pas venu jusqu'à nous à l'abri de toute insulte? Le temps l'a frappé sans doute de son empreinte, et les révolutions, surtout, ne lui ont pas épargné les mutilations : ainsi, les créneaux, qui jadis en couronnaient le faîte et se détachaient en dentelures mauresques sur l'azur du ciel, ont été ruinés à cause de leur allure trop franchement féodale, et les détails de l'ornementation ont été deshonorés de la manière la plus barbare; cependant l'ensemble de ses proportions et l'imposante allure de sa masse sont encore du plus bel effet.

L'architecture extérieure du château de Suze-la-Rousse, flanqué de tours et ceint de fossés, est d'une grande simplicité, tandis que le ciseau de l'artiste a semé à profusion les richesses architectoniques de la renaissance sur les quatre façades de la vaste cour qu'il recèle en ses flancs. Les parois, les pilastres, les arcades de chaque étage, sont chargés d'arabesques, délicatement fouillées, et de toutes ces inimitables parures écloses du génie fécond de Primatice. L'escalier se développe sur de larges et harmonieuses proportions, et les salles de réception, surtout, sont remarquables par le bon goût de leur décoration et l'entente de leur distribution. Ajoutons que les réparations entreprises, depuis quelques années, par le propriétaire actuel, ont été exécutées avec une parfaite intelligence des conditions de l'art.

On ne sait guère l'époque à laquelle a été construit le château de Suze. Le style du seizième siècle, qui domine surtout dans la distribution intérieure, ne permet pas de douter qu'une restauration très-considérable, et presque intégrale, ne lui ait été faite dans les beaux jours de la renaissance; mais la préexistence d'anciennes constructions est indubitable aussi.

Si l'on consulte les monuments de l'histoire, on voit que, vers le commencement du treizième siècle, Raymond, comte de Baux, prince d'Orange, échange le château de Suze contre celui de Montclar avec Hugues de Saluces, qui à son tour le donne à Antoinette de Saluces, femme de Henri de Sassenage, mort en 1424 à la bataille de Verneuil, où il commandait l'arrière-ban du Dauphiné. Antoinette de Saluces, devenue veuve, ayant épousé Louis II de la Baume, la terre de Suze entra dans le domaine de cette noble maison, si considérable par les riches alliances que formèrent ses membres, et les emplois éminents dont ils furent investis. Le plus illustre d'entre eux a été, sans contredit, François de la Baume, comte de Suze, baron de Lers, chevalier des ordres du roi, conseiller de son conseil privé, capitaine de cent hommes d'armes, amiral des mers du Levant, gouverneur de la Provence, et de l'état d'Avignon pour le pape, un des hommes remarquables de ce seizième siècle qui en a produit en si grande quantité. Sa carrière militaire fut signalée par cinquante-quatre combats, dans lesquels il paya de sa personne, et les protestants n'eurent pas de plus redoutable adversaire. Le baron des Adrets, irrité des revers que les armes heureuses de la Baume lui avaient fait essuyer, le défia en combat singulier. La Baume, vainqueur, avait étendu à ses pieds son rival, percé de deux coups d'épée, et lui demanda ce qu'il ferait de lui en pareille occurrence. — Je t'achèverais, répondit le sanguinaire des Adrets. La Baume, qui malgré la violence des mœurs de son époque, aurait cru commettre une lâcheté en tuant un ennemi sans défense, lui fit donner, avec la plus généreuse sollicitude, les soins que réclamait la gravité de ses blessures.

Blessé au siége de Montélimar, qu'avait secouru Lesdiguières, il fut mortelle-ment frappé en 1587 : recueillant alors ses forces mourantes, allons ma Grise, dit-il à son cheval, allons mourir à Suze ; et le vieux compagnon de ses batailles, couvert aussi de blessures, le transporta généreusement sur les bords du Lez, où le maître et son fidèle coursier rendirent le dernier soupir.

La maison de la Baume-Suze, qui portait *d'or à trois chevrons de sable, en chef d'azur, chargé d'un lion naissant d'argent*, est éteinte depuis environ trente ans.

Louis de LAINCEL.

MOIRANS.

LORSQU'APRÈS être parti de Lyon, le voyageur a traversé les plateaux arides de Saint-Laurent, les marais désolés de Bourgoin et les coteaux déboisés de la Frette, ses regards, fatigués de la monotonie des lignes sur lesquelles ils ont erré tristement, se lèvent tout à coup avec admiration en face du spectacle imposant et magique que leur offrent les belles vallées encloses entre les hautes cimes des Alpes. Des plans inclinés, et semés de villages et de riches cultures, forment la première zone des montagnes, dont les pitons se dressent au-dessus d'un large bandeau de forêts de chênes, d'ormeaux et de sapins. A droite se dessinent les roches découpées d'Otrans, dont les capricieuses dentelures rappellent les traits gigantesques de la tête de Minerve, tandis que les remparts de la Grande-Char-treuse, qui s'élèvent sur la gauche, vont marier leurs neiges éternelles à celles de la Savoie. En face surgit le formidable rocher de l'Echaillon qui, coupé verticale-ment et puis incliné sur son profil, est dans l'attitude d'un sphinx accroupi veillant à la porte des Alpes. Abaissons maintenant nos regards sur la vaste plaine qui se déroule à nos pieds, avec sa forêt de noyers et ses prairies qu'arrose le cours sinueux de l'Isère. Cette ceinture de villages qui, distribués circulairement, semblent la contempler, c'est Vourey et son élégant château ; plus loin, la petite ville de Tullins, couchée nonchalamment sous le pampre de ses coteaux ; au-delà de l'Isère, Saint-Quentin, dont la tour, dernier vestige du château des Beaumont, semble, comme un géant désarmé, menacer encore le voisinage du poids de sa chute; à l'est, Voreppe, semblable à une avalanche arrêtée dans sa chute, et la Buisse, surmontée de sa flèche aiguë; au nord, les coteaux de Coublevie parsemés de fraîches maisons de campagne; plus près, Saint-Jean caché sous ses ombrages; enfin, cette noire pyramide de pierre qui, parmi les feuillages, s'élève au milieu de la plaine, c'est Moirans, dont le mérite est d'être situé *en ce si charmant pays*, que le bon roi Louis XII appelait le plus beau jardin de la France.

Ce bourg cependant n'était pas jadis sans quelque importance. On le voit, dans les itinéraires romains, figurer sur la voie militaire parmi les étapes situées entre Vienne et Grenoble (1). Plus tard il s'agrandit, sans doute, en s'étendant sur la chaussée qui traversait ses marais, occupés originairement par un lac formé par les lagunes du lit primitif de l'Isère (2).

Après le démembrement de l'empire de Charlemagne, et sa diffusion entre les mains des prélats, des comtes et des barons, Moirans appartint d'abord aux évêques de Grenoble, qui se le laissèrent enlever ensuite par les comtes d'Albon, toutefois sous réserve de foi et hommage, et ce fut en vertu de cette suzeraineté que l'évêque Humbert y fonda un prieuré en 1020.

Vers le milieu du douzième siècle, Moirans participe à la révolution municipale qui, dans la province du Dauphiné, fut d'autant plus énergique et générale que les institutions romaines ne s'étaient jamais complètement éteintes. Une charte de l'an 1164, souscrite par Geoffroy, seigneur de cette communauté, lui reconnaît le droit de s'administrer en vertu de ses bonnes et anciennes coutumes, qui sont placées sous le patronnage des évêques de Vienne et de Grenoble, et des seigneurs de Clermont, de Chateauneuf et de Tullins (3). Cette même charte fut successivement confirmée par les dauphins de Viennois et les rois de France (4). Elle renferme un règlement de police civile et criminelle, comme toutes les chartes municipales du moyen âge, pour la concession duquel des exactions et des droits de péage sont stipulés en faveur du suzerain. La pénalité formulée dans les diverses dispositions de ce règlement est rarement corporelle, tandis qu'elle est toujours

----

(1) C'est le *Morginnum* de la table Théodosienne, appelé dans les titres du moyen âge *Moirencum*.

(2) C'est le lac de Saint-Laurent : il suffit de supposer quelques mètres de plus en hauteur aux rochers qui barrent l'Isère à Saint-Gervais, pour expliquer l'existence de ce lac.

(3) Valbonnays, tom. 1, pag. 16.

(4) Le 18 avril 1308, par le dauphin Jean II; le 13 avril 1345, par Humbert II; le 1er juin 1439, par Charles VII; le 31 mars 1547, par Henri II, et, en 1622, par Louis XIII.

4

fiscale, par la raison que le bénéfice de l'amende est en faveur du suzerain, même dans les cas d'adultère (1).

La réunion du Dauphiné à la France diminua l'étendue de l'autorité directe des seigneurs de Moirans, en plaçant ce bourg sous l'administration immédiate d'un officier chargé de veiller au maintien des droits royaux. Cet officier, connu sous le nom de Mistral (2), était nommé par le gouverneur de la province : il était chargé de rendre la justice aux habitants, de faire la recette des droits royaux tant fixes que casuels, tels que les lods, les amendes, les cens, tout ce que le seigneur, enfin, avait le privilége de lever sur les hommes de sa terre. Jean Gauthier paraît être la personne qui la première ait été revêtue de cet office à Moirans : par un acte de 1383 il prête serment et hommage lige au Dauphin, entre les mains de Bouville, gouverneur de la province, avec toutes les formalités symboliques exigées par la législation féodale : debout, les mains entre celles du suzerain, qu'il baise sur la bouche, en témoignage d'alliance perpétuelle.

Les annales obscures d'un aussi petit bourg que Moirans ne peuvent nécessairement embrasser dans leur domaine que des événements d'une valeur historique bien secondaire, morcelés et sans lien d'unité entre eux ; et vouloir apporter dans ces investigations, réduites à de si minces proportions, les conditions générales de l'histoire, serait faire un roman au préjudice de la vérité. Contentons-nous donc des faibles clartés qui, à travers la nuit des siècles, nous éclairent sur le peu de faits qui font l'objet de ces recherches.

En 1482, une épidémie, qui s'était étendue dans tout le Graisivaudan, ravagea Moirans. Les personnes qui en furent atteintes crurent trouver leur guérison dans l'usage des eaux d'une fontaine, auprès de laquelle fut élevée une maladrerie qui depuis cette époque lui a donné son nom. Plus favorisé trois ans après, Moirans fut épargné par la peste qui força le parlement de Grenoble à chercher un asile dans ses murs.

En 1543, les charges de la guerre que François Ier avait à soutenir contre l'Angleterre et Charles-Quint, le forcèrent à aliéner une partie de ses domaines : Moirans fut compris dans cette aliénation, et transféré à Pierre de Laigue, seigneur de Mantoue, pour le prix de 400 livres tournois; mais les habitants, guidés par le patriotisme et le dévouement au roi, ou peut-être par leurs propres intérêts que compromettait cette mutation de seigneurie, s'étayèrent d'un édit du 26 jan-

_____

(1) *Si quis in adulterio deprehensus fuerit, nudus per villam ducetur aut sexaginta solidos ad plus præstabit.* Valbonnais, tom. 1, pag. 16.

(2) *Mistralis, ministerialis, negotiorum gestor.*

vier 1526 qui leur concédait la faculté de rachat en pareille circonstance. Ils se pourvurent, en conséquence, auprès de la chambre des comptes de Grenoble, et payèrent de leurs propres deniers, entre les mains de Pierre de Laigue, la somme de 400 livres. François Ier leur permit en retour d'établir un marché le mercredi de chaque semaine, et il octroya à leur communauté des armoiries, symbole de leur dévouement : c'étaient deux colombes se becquetant, avec cette légende : *Cives Moriences regi fideles.*

Pendant la période des guerres civiles Moirans fut exposé aux chances diverses des armes, et, par sa position topographique, rangé parmi les places importantes de la province, les partis se disputèrent tour à tour son occupation. En 1562, le baron des Adrets s'en empare, tandis qu'en 1568 il était au pouvoir du lieutenant général du Dauphiné, de Gordes, qui, dans la prévision d'un désarmement général, avait dessein de faire raser ses remparts, lorsque les consuls de Grenoble le firent renoncer à ce projet ; mais, en 1580, les protestants s'étant insurgés se réfugièrent à Moirans, où ils furent assiégés par les catholiques ayant à leur tête Maugiron et Mandelot. Réduits aux abois ils capitulèrent, mais les vainqueurs ne tenant compte de leur soumission firent une horrible boucherie de leurs adversaires. Un des officiers de Maugiron ayant reconnu un de ses anciens serviteurs parmi les vaincus, le pendit de sa propre main à un noyer, qui depuis retint le nom de *noyer du pendu.* Occupé par les ligueurs, Moirans fut une seconde fois assiégé, en 1589, par le colonel d'Ornano et Lesdiguières, qui, s'en étant emparés, après quatre jours d'une attaque et d'une défense également acharnée, firent un affreux massacre de la garnison.

L'avénement de Henri IV mit un terme à la guerre civile, mais ne put réparer instantanément le désordre des finances : il fallut encore, pour subvenir aux charges de l'état, avoir recours aux aliénations du domaine du roi, et, pour la seconde fois, la terre de Moirans fut engagée à Lesdiguières pour la somme de 1,600 livres 10 sols, le 24 mars 1594. Si l'on ne jugeait de l'importance de la seigneurie que venait d'acquérir Lesdiguières, que par la minimité des redevances féodales que lui conférait son titre de suzeraineté, on commettrait une grave erreur. La redevance consistait en six *bichets* de froment, cinq *benates* d'avoine, un lapin, une poule, cinq poulets, une once de girofle et un petit poisson ; mais les autres droits réels n'existaient pas moins dans toute leur plénitude, et Lesdiguières n'était pas homme à s'en départir. Ce fut sans doute pendant son séjour dans sa seigneurie que Lesdiguières connut Marie Vignon, femme d'Ennemond Martel, dont il devint passionnément amoureux, et qu'il ne put obtenir et faire entrer dans son lit qu'en faisant assassiner son époux aux portes de Grenoble. Le parlement, accoutumé à trembler à la vue de la moustache du terrible maréchal, fit, dans cette circonstance, un semblant de procédure judiciaire qui n'aboutit qu'à faire punir quelques bas instruments, tandis que la main qui les avait guidés resta intacte, puissante et vénérée.

Là se termine l'humble et courte histoire de Moirans, trop longue encore, puisque ses pages sont ensanglantées du récit des calamités humaines. Jettons maintenant un rapide coup d'œil sur son état actuel.

Etrangère aux spéculations industrielles, la population de ce bourg se livre exclusivement à l'agriculture que favorise la fertilité du sol. Si l'on pénètre dans l'intérieur de Moirans, on y remarque les vestiges de quelques constructions romaines, ce qui est fort problématique et d'ailleurs tout à fait insignifiant, par la raison qu'ils sont dépourvus de tout intérêt. La construction de l'église paroissiale remonte à une époque reculée, à l'année 980, tradition dénuée peut-être d'authenticité. Quatre arceaux en ogives, assis sur de lourds piliers romans, séparent la nef des bas-côtés. Le chœur inachevé semble appartenir au cycle bysantin, agglomération de divers styles qui révèle une construction successive et sans homogénéité. Sur une des pierres employée dans la maçonnerie du troisième pilier à droite on lit cette inscription :

DIVO . GRATIANO
TYRANNIDE VINDICATA
THEODOSIVS ET VA
LENTINIANVS AVGG.
EX . VOTO.

Les illustrations biographiques du pays se réduisent à l'archevêque de Vienne, Aynard de Moirans, qui, au douzième siècle, s'était acquis une assez grande réputation dans le domaine de la science et de la poésie, et à Antoine Bellard qui, en 1545, a publié une traduction française des *sept degrés de la pénitence figurés par les sept psaumes pénitentiaux* d'Allien. Quant aux célèbres frères Paris, c'est par erreur que quelques biographes les font originaires de Moirans ; c'est à Moras qu'appartient l'honneur de leur avoir donné le jour.

Fernand de S\.-A.....

ORANGE.

LE THÉATRE. — L'ARC DE TRIOMPHE.

La ville d'Orange, qui, en vertu de différentes transactions politiques, a plusieurs fois jadis fait partie des domaines de l'ancienne province de Dauphiné, possède, parmi les richesses de son illustration passée, deux des plus vastes et des plus imposants monuments qu'ait produits la civilisation romaine. L'Italie et la Grèce offrent peu d'édifices exécutés sur d'aussi grandes et d'aussi nobles proportions que le théâtre et l'arc de triomphe d'Orange; elles n'en présentent surtout aucuns en ce genre qui puissent leur être comparés, et par la magnificence et l'étendue de leur distribution, et par l'état actuel de leur conservation. Lorsqu'on se trouve en présence de ces nobles ruines, l'esprit s'abaisse involontairement devant la majesté muette de ce peuple, dont les robustes mains élevèrent ces œuvres, qui, parvenues jusqu'à nous à travers les révolutions des siècles, nous étonnent encore dans leur abaissement, et frappent notre impuissance d'une sorte de terreur.

LE THÉATRE.

Que d'idées en foule viennent assiéger l'âme à la vue des ruines du théâtre d'Orange : le peuple romain, à l'apogée de ses triomphes, était assis là, applaudissant aux chefs-d'œuvre de la muse tragique de Sophocle et d'Euripide; les Césars et les personnages consulaires siégeaient ici dans toute la pompe de leur pourpre; et, sur la scène, les successeurs de Roscius jetaient tour à tour, dans les cœurs captivés, la terreur, la pitié et toutes les passions éloquentes dont ils étaient les interprètes. Le temps a balayé toute cette gloire qui remplissait le monde de son éclat, tandis que sa faux s'est émoussée contre les monuments impérissables de l'art qui en furent les témoins. Et de nous, peuple énervé, que restera-t-il après le peu de bruit que nous aurons fait? Le souvenir éphémère de nos petites passions, de nos débats sans dignité, de nos agitations sans gloire :

qu'un peu de vent souffle, tout cela ne sera que poussière, et notre nom désormais inconnu aura cessé de vivre dans les cendres de nos fragiles monuments de plâtre, qui ne pourront même pas faire des ruines.

Une description écrite ou tracée par le burin de l'artiste ne donnera jamais qu'une idée imparfaite d'un monument aussi bien fait pour imposer que le théâtre d'Orange, dont la majesté ne se révèle aux regards qu'après une contemplation méditative. C'est là cependant la tâche incomplète que nous allons essayer de remplir dans ces pages, dont nous emprunterons les éléments aux excellentes recherches archéologiques de M. de Gasparin (1). Afin de rendre plus lucide cette description nécessairement un peu sèche nous arrêterons d'abord nos regards sur l'ordonnance extérieure du monument; nous pénétrerons ensuite dans son enceinte, enfin, nous interrogerons l'histoire sur l'époque de sa construction.

Lorsque l'œil embrasse d'un seul jet la vaste façade du théâtre d'Orange, à la vue de l'immensité des lignes, de la simplicité et de la régularité qui règnent avec la plus parfaite harmonie sur toutes les parties de l'édifice, on est pénétré d'une admiration calme et respectueuse pour les créateurs de cette œuvre imposante de l'art, et ce n'est qu'après une longue contemplation que l'on peut se rendre compte des détails, et les analyser.

La façade rectangulaire se développe sur une longueur de 102 mètres 63 cent. et une hauteur de 34 mètres 83 cent. Elle est bâtie en gros blocs de pierre coquillière, et l'uniformité de sa surface est coupée par plusieurs lignes qui semblent la distribuer en étages.

La première est celle des dix-neuf arceaux du rez-de-chaussée, qui sont séparés entre eux par des pilastres doriques supportant une corniche fort simple, tandis que celui du milieu, plus large, plus élevé, et dont la voûte carrée est construite à dent de scie, est accompagné de deux pilastres corinthiens, avec des chapiteaux de marbre blanc. Le septième arceau, en partant de chaque extrémité de la façade, est également plus large que les autres; l'arc de sa voûte est tracé avec un plus grand rayon, et, au lieu de reposer sur des pieds droits, il s'appuie contre les pilastres latéraux. Les autres, dessinés uniformément, servaient à pénétrer dans l'intérieur du théâtre, ou dans ses dépendances.

La seconde ligne paraît au premier coup d'œil n'offrir qu'une surface plane privée de détails architectoniques, mais, avec un peu d'attention, il est facile d'apercevoir à ses deux extrémités, et taillée sur un plan incliné, une rainure qui indique que de cette hauteur descendait une vaste toiture se prolongeant sur toute la longueur de l'édifice, et supportée en avant par des colonnes. Cet

_____

(1) *Histoire de la ville d'Orange et de ses antiquités*, par M. de Gasparin. Orange, 1815, in-12.

immense portique, que les anciens désignaient sous le nom de *forum*, était soutenu latéralement par une muraille qui existe intégralement à l'ouest, et dont on remarque les fragments à l'est.

La troisième ligne est formée par vingt et un arceaux postiches, taillés au ciseau, au centre desquels ont été pratiquées de petites ouvertures circulaires destinées à distribuer la lumière dans les corridors intérieurs. Ces arceaux sont surmontés d'une corniche, au-dessus de laquelle on voit saillir un rang de pierres d'un calcaire très-dur, percées d'un trou conique, et correspondant à une autre ligne de pierres semblables, percées d'un grand trou cylindrique, et placées au-dessous de la corniche qui couronne le faîte du monument. Ces pierres étaient destinées à soutenir les mâts auxquels s'attachaient les tentes qui mettaient les spectateurs à l'abri des rayons du soleil. Cette explication semblerait contredite par la présence d'une corniche intermédiaire, dont la saillie, dépassant de beaucoup celle des pierres forées, se serait opposée à l'introduction des mâts. Mais il faut remarquer que cette corniche est elle-même forée en ligne perpendiculaire avec les trous de douze des pierres saillantes qui seules étaient armées des mâts auxquels se rattachait la tente, dont les voiles ne s'étendaient que sur les gradins occupés par les spectateurs, tandis que l'espace semi-circulaire, que représente assez bien le parterre des théâtres modernes, n'était pas recouvert.

Il faut maintenant, pour comprendre le système de l'assiette de l'édifice, porter les regards sur sa face orientale, qui est masquée par des constructions modernes, mais dont on peut facilement se faire une idée en prenant pour terme comparatif la partie qui est restée intacte. Faisons remarquer aussi, avant toute autre considération, que les anciens choisissaient ordinairement, pour asseoir l'enceinte semi-circulaire de leurs théâtres, des plans inclinés, dont l'opportunité leur épargnait une main-d'œuvre considérable, en substituant aux voûtes destinées à supporter les divers étages de gradins des bancs de rochers ou des terres-plains solides. Ce système, peu favorable sans doute aux développements architectoniques, était fort économique, et il a reçu son application à Orange. Mais la colline, sur le versant de laquelle repose l'enceinte du théâtre, s'abaisse brusquement à l'orient, sur la longueur d'un quart environ du demi-cercle, et c'est pour suppléer à cette lacune du plan incliné qu'a été construite la face dont nous venons de parler. Cette façade se compose, au rez-de-chaussée, de deux arceaux percés dans l'aile du théâtre qui représente la profondeur de la scène, et par lesquels on pénétrait dans un vaste portique couvert, où le peuple venait se mettre à couvert des intempéries; au premier étage, de deux autres arceaux qui s'ouvraient sur la partie supérieure du même portique. Ensuite, en tirant vers la montagne, commence la portion semi-circulaire de l'enceinte, qui, au rez-de-chaussée, compte six arceaux, dont le dernier s'enterre dans le flanc de la colline ; au premier étage, d'un bien plus grand nombre, dont quatre seulement existent encore, et enfin, au second, d'un nombre plus considérable encore, mais qui sont tombés en ruines. Que l'on suive maintenant cette portion d'enceinte en gravissant le rocher, et l'on trouve à mi-côte une porte par l'ouverture de laquelle on embrasse tout le système intérieur du théâtre.

Il est peu de spectacle aussi triste que celui qui s'offre aux regards, lorsqu'on les laisse errer sur cette immense enceinte, jadis si pleine de vie lorsqu'elle retentissait des accents de la muse tragique et des applaudissements de six mille spectateurs, et aujourd'hui semée de ruines au milieu desquelles la mort règne dans toute sa désolation. L'aspect de ces ruines était hideux, il y a quelques années, parce qu'elles étaient profanées par la présence d'une foule de constructions informes, habitées par de pauvres gens. Figurez-vous une noble statue antique, dont le torse mutilé serait revêtu des haillons de l'indigence. Maintenant qu'elles sont placées sous le patronage éclairé de quelques amis des arts, elles n'ont pas cessé d'être empreintes d'une singulière tristesse, mais qui n'est pas sans charme et sans émotions.

Au premier coup d'œil on reconnaît d'abord que l'enceinte du théâtre est en grande partie creusée dans la montagne, et que partout où le plan incliné a cessé d'offrir une base, l'architecte a eu recours, pour y asseoir les gradins, à plusieurs étages de voûtes, dont un grand nombre a été brisé. Ces gradins se divisent en deux étages, et chacun d'eux se compose de sept marches : ils se rattachent de chaque côté à deux ailes qui se détachent de la corde de l'arc, en laissant entre elles la largeur de la scène. Ces ailes forment deux bâtiments rectangulaires de 21 mètres 27 cent. de long sur 18 mètres 05 cent. de largeur, et entre eux apparaît la scène de 62 mètres 37 cent. d'ouverture sur 11 mètres 69 cent. de profondeur ; comme on le voit cette proportion est bien différente de celle qui est adoptée dans la construction de nos théâtres modernes, dont la scène est beaucoup plus profonde que large, afin que le jeu des décorations et le mécanisme de la perspective puissent s'y mouvoir aisément, tandis qu'il paraît que chez les anciens ces deux puissants moyens d'illusion étaient singulièrement négligés : l'art s'y réduisait à la déclamation dramatique.

Le grand mur de façade ne forme pas le fond de la scène, ainsi que l'on peut s'en convaincre par l'inspection de plusieurs toitures et bâtiments, qui ne laissent aucun doute sur l'existence de corridors intermédiaires. Quant à la distribution de la façade intérieure du théâtre, ou du *proscenium*, voici, d'après l'exploration des débris, quelle était son économie architectonique. En portant ses regards vers la partie la plus élevée du monument, on aperçoit les traces d'une toiture qui recouvrait originairement la scène : la descente en est marquée sur les ailes de la scène, et le mur du fond est percé de trous, forés sur une ligne horizontale, destinés à donner un écoulement à ses eaux pluviales. Immédiatement au-dessous de la ligne de la toiture apparaissent vingt niches ou enfoncements rectangulaires irréguliers, à la hauteur desquels vient aboutir le mur qui formait le corridor placé derrière la scène. Ces enfoncements étaient destinés à soutenir les branches des poutres coudées, enchassées dans le grand mur, et supportant le vaste développement de la toiture. C'est la seule manière satisfaisante d'expliquer le système de construction d'une toiture de 62 mètres d'ouverture.

Au-dessous de la ligne des niches, sur les faces latérales de la scène, on remarque deux grands enfoncements carrés, pratiqués dans le mur, que des vestiges de ciment permettent de supposer avoir renfermé des tableaux en mosaïque; sur le fond de la scène et à la même hauteur, se trouvent deux autres carrés plus petits, ménagés pour la même destination, et entre eux s'ouvre une grande niche où s'élevait sans doute la statue de la divinité protectrice des jeux. A la hauteur du pied de cette niche régnait autour de la scène une corniche en marbre extrêmement mutilée, soutenue, aux parties latérales de la scène, par des colonnes corinthiennes en marbre; à la base de ces colonnes se développait une seconde corniche ou entablement en marbre blanc, au-dessous duquel s'ouvrait la grande porte d'entrée.

Veut-on pénétrer maintenant dans les bâtiments latéraux du théâtre? On y est frappé de la mesquinerie des distributions intérieures : tout a été sacrifié à la magnificence extérieure du monument, tandis que les logements destinés au service du théâtre ne sont que des réduits incommodes. Ces bâtiments se divisent en deux sections : l'une immense, dans laquelle le peuple se réfugiait pendant les orages, l'autre plus petite, distribuée en loges et communiquant avec la scène; l'escalier pour y parvenir, sombre et étroit, déparerait une prison moderne.

Terminons cette description aride, déjà bien longue et cependant bien incomplète, en avouant que les conjectures des érudits n'ont su jusqu'à ce jour déterminer, avec certitude, l'époque de la construction du théâtre d'Orange. C'est réellement des monuments de l'antiquité, dont on peut dire que l'histoire a été livrée aux disputes des hommes. Si la science de l'antiquaire offre souvent des résultats satisfaisants et de nature à faire triompher la découverte de la vérité, il est vrai de dire que bien souvent aussi elle ne produit que des conjectures puériles et contradictoires. *Je ne sais pas*, est un mot qui ne sort guère de la bouche des savants, dont le métier semble être d'expliquer tout ce qui est inexplicable, et c'est cependant la seule réponse raisonnable à faire dans la plupart des investigations archéologiques. L'époque de l'érection du théâtre d'Orange a été le sujet de bien des controverses et de beaucoup de dissertations scientifiques, qui, en ne s'accordant pas entre elles, prouvent au moins que le problème qu'elles se proposaient de résoudre reste enseveli dans le doute et l'incertitude. Cependant l'exploration du monument et de son style architectonique, et les particularités caractéristiques qu'offrent certaines lettres initiales gravées sur ses parois, portent à penser qu'il n'a été construit que lorsque la cité d'Orange fut élevée au rang de colonie romaine, c'est-à-dire entre la dictature de César et le règne de Claude (1).

L'ARC DE TRIOMPHE.

L'ignorance et la barbarie d'un prince du moyen âge ont préservé d'une ruine complète un des plus nobles et des plus gracieux monuments de l'architecture romaine, l'arc de triomphe d'Orange. Un Raymond de Baux, prince d'Orange, qui vivait au treizième siècle, daigne jeter les yeux sur ce chef-d'œuvre qu'avaient respecté les hordes conquérantes du nord, qu'en fera-t-il? Un temple. Mieux que cela, il en fait sa maison forte, l'accoutre à sa façon, l'entoure de murailles crénelées, avec fossés et ponts-levis, l'écrase sous la masse d'une tour percée de meurtrières; à coups de marteaux, broie les bas-reliefs et les sculptures délicates qui auraient déparé son manoir; taille, brise et mutile à son gré, et voilà notre barbare logé commodément. Et cependant c'est à cet acte de brutale ignorance que nous devons la conservation de ce qui nous reste aujourd'hui de l'arc de triomphe d'Orange.

L'impression que l'on éprouve à la vue de ce monument est loin d'être imposante et forte comme celle que provoque l'arc de l'Etoile, mais elle est plus émouvante que le sentiment réveillé par la coquetterie de l'arc des Tuileries. Isolé maintenant, l'arc de triomphe d'Orange surgit élégamment du sol, et l'admiration qu'il jette dans l'ame de celui qui le contemple, serait sans mélange, si

(1) « Plusieurs pierres de ce monument portent ces trois lettres C. I. S. Voyez, entre autres, au-dessus de la grande porte, du côté de la place. Or ces trois lettres réunies ne peuvent pas être grecques, et sont évidemment des abréviations latines. Peu importe, d'ailleurs, l'interprétation qu'on voudra leur donner; qu'on les explique par ces mots : *colonia Julia secundanorum*, quoique l'épithète de Julienne ne soit jamais donnée ailleurs à la colonie d'Orange; ou que l'on pense que ce n'était que des lettres qui avaient rapport aux assises des pierres, toujours est-il bien vrai que ce sont des lettres latines et non grecques; et cela nous suffit pour établir invariablement que l'édifice a été construit sous l'empire des Romains. » (De Gasparin, *Histoire d'Orange*, pag. 85.)

le spectateur n'était saisi de tristesse et de dépit à la vue de ses mutilations et des restaurations maladroites dont on a souillé ses ruines.

Vu de face, l'arc de triomphe se présente comme un édifice carré, de 20 mètres environ de hauteur, percé de trois arcades, les deux latérales plus petites, et soutenu par quatre colonnes corinthiennes cannelées. Au-dessus de la corniche qui surmonte l'attique, et devrait le terminer, règne un nouveau stylobate, égal en hauteur à peu près au quart de la hauteur totale du monument. C'est sur ce stylobate que sont sculptés des bas-reliefs de batailles et de compositions symboliques. La surchage de ce second stylobate produit deux effets bien différents : il donne à la masse de l'édifice une allure élégante et svelte, mais il écrase les arceaux. La pierre, qui a servi à la construction du monument, est un calcaire tiré des carrières de Beaume-de-Transit, qui, manquant de cohésion et de finesse, a été facilement altérée par les injures de l'air. Cependant, malgré les dégradations nombreuses qu'il a éprouvées, la fécondité et la richesse de son ornementation permettent de réunir, avec détail, les éléments de sa description (1).

La façade méridionale a été gravement endommagée ; des quatre colonnes corinthiennes qui séparent ses trois arceaux, deux ont été réparées, et, du côté du couchant, une grande masse s'est écroulée sous le poids de la tour si ingénieusement inventée par Raimond de Baux. Les archivoltes des arceaux sont ornés d'une guirlande de fleurs et de fruits du plus riche dessin ; et au-dessus de l'arc oriental se détachent des faisceaux d'armes, des épées, des piques, des boucliers et des enseignes, que des antiquaires ont cru être gauloises, parce qu'ils ont vu un pourceau dans l'animal qui leur sert d'image, tandis que d'autres l'attribuent aux armées romaines, y voyant une louve. Les boucliers sont chargés de mots tronqués qui, bien entendu, ont été la source d'une foule d'interprétations contradictoires. Les voici tels qu'on peut les lire, abandonnant leur explication à la divination du lecteur : sur l'un, VDILLVS.. AVOT; sur l'autre, DACVRD..; sur un troisième, MARIO; enfin, sur le dernier, SACROVIR. La frise est couverte de gladiateurs combattants, et la corniche, d'une extrême richesse, sert aujourd'hui de modèle en architecture. Un attique règne au-dessus du grand arc ; et au-dessus de la corniche qui couronne les petits, apparaissent confusément la poupe d'un vaisseau, des tridents et d'autres symboles des triomphes maritimes. Vient ensuite une seconde corniche supportant le second stylobate, sur lequel, au-dessus du

(1) Nous avons puisé les éléments descriptifs de l'arc de triomphe d'Orange dans les *recherches* de M. de Gasparin, que nous avons déjà citées, et, ce qui se réfère à l'époque et à la cause de sa construction, dans les dissertations de Menars, imprimées au tom. 26, pag. 335 et suivantes, des *Mémoires de l'académie des inscriptions et belles-lettres.*

grand arceau, est sculptée, avec beaucoup de mouvement, une bataille dans laquelle les Gaulois, à demi-nus, sont aux prises avec les Romains. A côté de ce vaste bas-relief, et au-dessus du petit arc oriental, paraît encore une figure de femme, la tête appuyée sur sa main, dans l'attitude du repos ou de la méditation. Quant au massif placé au-dessus de l'arc occidental restauré, il n'offre plus d'intérêt.

La parfaite conservation de la façade orientale permet d'admirer les beautés de sa forme; l'artiste, au lieu de la dessiner en rectangle allongé, lui a donné une coupe pyramidale tronquée pleine d'élégance. Entre les quatre colonnes qui la décorent se trouve un groupe de captifs, liés deux à deux, et les bras attachés derrière le dos. Les vieux historiens d'Orange, ont donné libre carrière à leur verve romancière, au sujet de ces captifs, dans lesquels ils ont vu des chefs Gaulois, dont ils ont effrontément supposé les noms gravés, disaient-ils, à leurs pieds. C'étaient STVIMPVS, TEVTOBOCHVS et TENTVRERVS. Il était impossible que l'honorable Teutobochus, sur lequel les savants du dix-septième siècle ont fait des contes si ridicules, ne remplît pas son rôle dans cette circonstance, et il est inutile de dire que ces conjectures, qui ne sont que des hâbleries scientifiques, sont destituées de toute créance. Au-dessus du groupe des captifs, l'artiste a placé des faisceaux d'armes et d'enseignes, et la frise continue à se développer avec ses gladiateurs combattants. La corniche est tronquée, et du sein de l'attique qui la surmonte, se détache, dans un arceau semé d'étoiles, une tête d'Apollon entourée de rayons. Aux deux angles de l'attique s'enroulent les anneaux de deux cornes d'abondance. Enfin, au-dessus de l'attique, la seconde corniche est soutenue par deux sirènes; vient ensuite le grand stylobate du sommet, qui est nu, mais qui se termine par une corniche fort bien fouillée.

La façade septentrionale est sans contredit la mieux conservée, circonstance qui permet d'apprécier l'ensemble et les détails du monument avec une grande exactitude. Son ordonnance est la même que celle de la face méridionale; cependant, en jetant curieusement les yeux dans le champ de l'architrave du grand arceau, on y aperçoit des trous destinés peut-être, d'après leur distribution, à recevoir des crampons qui scellaient contre les parois des figures en bronze, des renommées : ce n'est là qu'une conjecture qui, aux yeux d'un antiquaire forcené, se convertirait bien vite en certitude. Au-dessus des petits arcs encore des faisceaux d'armes surmontés d'une braye, vêtement populaire des Gaulois, et sur les boucliers les mots suivants : BEVE . RATVI . OSRE . VAVNE . BODVACVS. La frise, au lieu d'être ornée de gladiateurs combattants, est couverte de trous propres à fixer les crampons d'une inscription en bronze, dont le texte n'échappera pas à la divination des antiquaires, avec variantes, bien entendu, comme il est arrivé dans la restitution de celle de la maison carrée de Nismes. La corniche a été détériorée avec un incroyable acharnement; elle gênait sans doute les aises de Raymond de Baux; le peu qu'il a daigné en laisser subsister est d'une richesse et d'une exécution admirables. L'attique, comme la frise, porte les traces de crampons destinés à fixer des ornements en bronze. Des vaisseaux, dont les agrès sont parfaitement accusés, des mâts, des tridents et des instruments de marine, sont sculptés à ses deux parties latérales. Le grand stylobate supérieur est orné, dans le milieu, d'une bataille; à sa droite et d'un enfoncement paraît sortir un homme à cheval, à côté duquel sont sculptés divers instruments religieux, le bâton augural, la patère, le *cympulum*, espèce de tasse destinée aux libations, le *præfericulum*, grand vase orné d'anses, et enfin l'aspergille.

La façade occidentale a été presque entièrement détruite et restaurée ou plutôt maçonnée; on voit encore, dans la partie inférieure, les vestiges en ronde bosse d'un groupe de captifs semblable à celui de la façade orientale.

Portant maintenant nos regards sur les parois intérieures des arceaux, nous y trouverons des trésors de sculpture prodigués avec un luxe que l'on ne retrouve dans aucun autre monument antique. Les pieds droits des voûtes sont tapissés de ces ornements connus sous le nom de postes, exécutés avec la plus délicate légèreté. Sous le grand arc, au-dessous d'une des impostes de l'arceau, sortent deux jeunes et belles têtes de divinités, couronnées de feuilles d'olivier, l'une d'homme, l'autre de femme. Mais rien n'égale la richesse d'ornementation qui recouvre les cintres du grand et du petit arc occidental; ce sont des caissons fouillés par le plus habile ciseau, distribués uniformément dans le grand arc, tandis que dans le second, ils sont hexagones et lozangés. Enfin, au-dessus de l'imposte qui règne le long de la voûte du grand arceau, court une délicieuse guirlande de fleurs et de fruits, soutenue, de distance en distance, par de gracieuses têtes de femme. Tout ce travail exquis mérite d'obtenir l'admiration des curieux, et les artistes le considéreront toujours comme une mine féconde d'études et des plus parfaits modèles.

Les antiquaires se sont disputé, à perte de vue, sur l'époque et le but de l'érection de l'arc de triomphe d'Orange, et de leurs discussions on pourrait faire un volume qui serait l'histoire des fictions dont la science sème infatigablement le champ de la vérité. Les trésors de l'histoire ne se composent, en grande partie, que de monnaie de mauvais aloi. Parmi les nombreux systèmes formulés sur ce problème historique, cinq principaux, ce qui est déjà bien honnête, se font remarquer par leur complète divergence, la confiance exclusive en leurs moyens, et la prétention d'avoir résolu toutes les difficultés passées, présentes et futures; au milieu de ce conflit, la vérité est restée au fond de son puits.

Le premier de ces systèmes, dans l'ordre chronologique, a eu pour organe des savants en *us*, dont l'opinion revue, corrigée et augmentée, a été prise en sous-œuvre par des érudits modernes, et entre autres par cet excellent M. de Fortia d'Urban, qui a si ingénieusement fait servir son opulence au profit de son illustration scientifique. Ils ont soutenu que la colonie marseillaise, sans cesse exposée aux incursions de divers peuples Gaulois qui, sous la conduite de Teutomalion, roi des Saliens, ravageaient son territoire, avait réclamé l'appui des Romains; que ceux-ci lui envoyèrent des forces considérables commandées par Domitius Œnobarbus et Fabius Maximus, qui, vers l'an 634 de Rome et dans le cours des années suivantes, battirent les barbares, et que, pour éterniser le souvenir de leurs victoires, ces généraux élevèrent, sur les lieux qui avaient été le théâtre de leur gloire, des monuments et des arcs de triomphe. La démonstration de cette conjecture a bien vite été trouvée dans l'explication des figures qui ornent l'arc de triomphe d'Orange; ainsi l'image d'un personnage vieil et barbu, est celle de Bituitus, roi des Arvernes, tandis que la jeune tête, environnée de rayons que l'on croyait appartenir à Apollon, est celle de Congentiatus, fils de Bituitus; ailleurs on ne saurait se méprendre sur les portraits du roi Teutomalion et de Fabius Maximus; et quant à ce buste de femme pensive, il est clair que l'artiste a voulu représenter l'Espérance, divinité particulièrement honorée dans les camps. On explique aussi avec une extrême facilité les noms inscrits sur les boucliers, noms qui appartiennent aux tribuns militaires parmi lesquels se trouvait Marius, jeune alors. Il n'y a que l'œil d'un antiquaire pour voir ces choses-là. Ajoutez que la clarté de ce système résulte de textes historiques qu'il est impossible de révoquer en doute, à moins que l'on n'ait recours à d'autres textes non moins dignes de confiance, comme l'a fait l'historien Menars, qui a démontré, avec beaucoup de logique, que cette opinion était insoutenable, et lui a substitué la sienne, qu'un confrère, à son tour, a prouvé, toujours avec évidence, n'avoir pas le sens commun.

Le second système, beaucoup plus populaire, attribue à Marius l'érection de l'arc de triomphe d'Orange, par l'excellente raison que son nom est inscrit sur des boucliers qui décorent ce monument; il n'en a pas fallu davantage pour que la figure du guerrier à cheval ne fût Marius lui-même, et celle de la femme, le portrait d'une Syrienne, nommée Marthe, espèce de devineresse que Marius traînait à sa suite pour exercer, sur l'esprit du soldat, une influence superstitieuse. C'est à la suite d'une bataille livrée par Marius, dans les plaines d'Orange, contre les Cimbres et les Teutons, dont le colossal Teutobochus était un des rois, que le général romain, pour remercier les dieux, fit élever le monument qui a coûté plus de veilles à nos savants que de travaux à ses architectes. Tout cela, bien entendu, est appuyé sur l'autorité des textes; mais un texte historique, sous la plume d'un dissertateur, est aussi élastique qu'un article de loi dans la bouche d'un avocat, et c'est à coup de textes que l'on démontre clairement que Marius n'ayant jamais remporté de victoire dans les plaines d'Orange, n'a pu, par conséquent, y élever un monument triomphal.

A Marius succède Jules César, qui a bien aussi ses prétentions à cette paternité contestée. S'il n'élève pas de ses propres mains l'arc de triomphe, du moins, après sa mort, cet édifice est-il construit pour immortaliser sa mémoire par les vétérans qui vinrent fonder la colonie d'Orange. L'évidence de cette proposition n'est-elle pas frappante ? Jetez les yeux sur l'effigie de cette femme qui était naguères l'*Espérance*, puis la devineresse Marthe, eh bien ! c'est Vénus, dont César était issu; ces instruments sacrés sont les insignes de ses dignités sacerdotales; ces captifs chargés de chaînes, ce sont les chefs Gaulois qu'il traîne vaincus derrière son char triomphal; ces batailles sculptées, ce sont celles qu'il a remportées; ces instruments et ces agrès de marine, on les retrouve heureusement sur le revers des médailles frappées en son honneur, et enfin, pour mettre le comble à la lucidité de la démonstration, remarquez qu'il n'existe point d'inscription sur le monument par la raison que, sous Jules César, la jalousie républicaine n'avait pas encore permis que l'on plaçât sur les monuments publics des inscriptions de nature à flatter, avec trop d'éclat, l'orgueil d'un simple citoyen. Aux yeux d'un profane, un petit bout d'inscription eût tranché tous les doutes, mais c'est là une préoccupation dont se soucie peu un antiquaire, et d'ailleurs une inscription coupant court à ses dissertations et disant nettement la chose, ne ferait point son affaire.

Un quatrième système attribue à Auguste toutes les particularités dont les opinions précédentes ont fait honneur à Æmilianus OEnobarbus, à Marius, à Jules César, et, dans cette nouvelle hypothèse, le rapport des événements historiques, avec les détails architectoniques de l'arc de triomphe d'Orange, ne laisse rien à désirer. Un des grands bas-reliefs du second stylobate représente la bataille d'Actium, et les figures latérales sont celles des dieux qui, pendant cette mémorable journée, étaient du côté d'Auguste. Si vous avez quelque scrupule sur la bataille d'Actium, Millin, qui a découvert les antiquités de la France méridionale en la parcourant en chaise de poste, vous mettra fort à l'aise. L'arc de triomphe d'Orange, à son avis, fut élevé sous Auguste en l'honneur de toutes les victoires remportées par les Romains dans les Gaules.

Ce n'est pas tout encore, le marquis de Maffei prétend que l'empereur Adrien est le véritable créateur d'Orange, et enfin de tous ses monuments. Pour qu'il fût bien constaté, ce que l'on savait déjà, qu'il n'est pas d'idée saugrenue qui ne germe dans la tête d'un savant, un antiquaire, il y a peu d'années, écrivit et prouva que

Mallius avait construit l'arc de triomphe d'Orange pour tromper les peuples des Gaules sur ses désastres, ruse de guerre dont la recette fait le plus grand honneur au génie naïf de celui qui l'a découverte.

Arrêtons-nous là, car s'il fallait nomenclaturer tous les autres sentiments proposés sur le monument qui a soulevé tant de tempêtes scientifiques, nous excéderions les bornes de ce recueil qui n'est pas destiné à être un répertoire de sornettes. Lorsque l'on fouille les immenses collections académiques dans lesquelles, depuis plus de deux siècles, les prêtres de l'histoire ensevelissent leurs oracles contradictoires, on se prend de pitié pour cette vaine garrulité des savants qui n'enfante que des opinions fausses, mensongères ou frivoles. Au reste, c'est justice de traiter ces érudits, qui font métier de découvrir la vérité dans le monde des chimères, comme ils se traitent entre eux; le dernier venu ne se gêne guère pour affirmer que son prédécesseur n'a pas eu le sens commun, en attendant qu'un successeur mieux inspiré le lui rende avec usure. Heureusement la verve babillarde des antiquaires n'augmente ou ne diminue l'admiration que sont dignes d'obtenir les chefs-d'œuvre de l'art, et lorsque l'artiste contemplera avec ravissement les richesses que le ciseau romain a jetées à profusion sur l'arc de triomphe d'Orange, il se souciera peu, et fera bien, que quelques paires de savants se soient disputés sur cet édifice sans en comprendre les beautés.

                                                               OLLIVIER Jules.

LIVRON.

Les beautés du paysage ne se révèlent souvent qu'à celui qui sait étudier les aspects favorables sous lesquels elles apparaissent dans toute leur magnificence, tandis qu'elles passent inconnues aux regards de l'observateur inintelligent et du touriste qui fait de la science et du pittoresque du fond de sa chaise de poste, à l'aide des renseignements fournis par les postillons et les garçons d'hôtellerie. Le voyageur, qui, par une chaude journée d'été, chemine péniblement au milieu des tourbillons d'une poussière subtile et dévorante sur la route qui traverse du nord au midi le département de la Drome, ne se doute guère que les arides plages qu'il franchit, observées d'un plan supérieur, offrent à l'œil le spectacle de la plus imposante perspective. Lorsqu'après avoir laissé derrière lui les plaines cailouteuses et desséchées de Valence, il approche des bords plus fertiles de la Drome, qu'il gravisse le coteau sur lequel s'élève le petit bourg de Livron, et de là ses regards embrasseront une des vues les plus étonnantes par l'immensité des lignes, la fuite magique des plans et la variété des détails sur lesquels le soleil des contrées méridionales verse les prestiges de sa chaude lumière. De ce point élevé, la vallée du Rhône, qui se développe sur une étendue de plus de quinze lieues, du nord au midi, depuis les gorges de Tain et de Tournon jusqu'aux montagnes coniques de Montélimar, se pare, par une illusion de perspective, d'une si riche végétation, que, dans le prolongement, les plans éloignés semblent s'étendre en masses de forêts. Au milieu de ces vastes plaines, le Rhône dont les eaux inquiètes, tour à tour se dérobent sous des ombrages et brillent des feux du ciel, décrit un arc immense, légèrement courbé, tandis que sur la rive droite courent les groupes arrondis des chaînes de l'Ardèche, au-dessus desquelles s'amoncèlent en pyramides les cimes culminantes du Haut-Vivarais.

Après avoir admiré les beautés d'un spectacle dont la plume ne rendrait que d'une manière imparfaite la profonde impression, ne descendez pas du coteau que vous avez gravi sans interroger les ruines qui couvrent le sol, car elles rappellent bien des souvenirs. Plus d'une page dramatique de nos guerres civiles est écrite sur ces débris, et là où vous êtes assis, jadis vos pères ont versé leur sang pour défendre leur étendard et leur foi.

C'est au seizième siècle surtout que le bourg de Livron joue un rôle plein d'activité; mais ses annales se retrouvent encore à des époques plus reculées et se perdent dans les ténèbres du moyen âge. Un savant lui a même fait l'honneur de le désigner sous le nom de cette ville d'*Aeria*, citée par Artémidore et par Strabon, et dont la position n'a jamais pu être déterminée par les géographes, sans doute au grand regret de l'humanité (1); et un ingénieux antiquaire a prétendu que son origine remontait aux fondations grecques, parce qu'il a découvert un des attributs de Bacchus dans sa dénomination latine (2). Les légendaires lui ont aussi payé leur petit tribut de sornettes qui ont au moins, sur celles des antiquaires et des savants, le mérite d'être plus poétiques. Maître Gervais de Tilsbury, qui, pour désennuyer son maître, l'empereur Othon IV, lui faisait des contes à dormir

(1) Il existe trente-deux dissertations contradictoires émanées de savants infaillibles sur la position de la ville d'*Aeria*, sans compter la dissertation inédite de MM. Sabatery et Auzias.

(2) *Castrum Liberonis. Bacchus Liber.*

4

debout (1), raconte très-gravement qu'en son temps existait au bourg de Livron une tour merveilleuse, car les sentinelles que l'on y plaçait, invinciblement charmées par un sommeil magique, étaient chaque nuit transportées par des génies au pied du coteau, sans qu'à leur réveil elles eussent conservé le souvenir de leurs aventures nocturnes. Gervais de Tilsbury assure avoir été témoin de ce prodige; il faut le croire. M. Cordellier de la Noue, qui n'a pas eu ce bonheur, a reproduit cette légende dans les vers suivants :

> — Holà ! mes vaillants hommes d'armes,
> Ne sauriez-vous garder mes tours ?
> Qui donc excite vos alarmes,
> Serait-ce l'herbe de mes cours?
> Par l'église où dorment mes pères,
> Je veux savoir quelles vipères
> Vous ont jeté de malins sorts !
> Et quelles sorcières camuses
> Ont de vos lourdes arquebuses
> Rouillé les antiques ressorts ?
> — Oui-dà, voilà parler, beau sire,
> Répond un page au fier baron ;
> Mais, seigneur, il est vrai de dire,
> Que Dieu soit en aide à Livron !
> Car les créneaux de vos tourelles
> Ne souffrent point de sentinelles ;
> Et chacun de nous étonné
> Se croit sous un charme funeste....
> Ce dont je jure et moi j'atteste,
> Par saint Georges de Dauphiné !
> Chaque soir le beffroi qui sonne
> Eteint le feu de nos cités ;
> Dès-lors votre garde frissonne
> Et se promène à pas comptés;
> Mais, chaque matin, quand l'aurore

(1) Gervais de Tilsbury, né dans le bourg de ce nom, sur les bords de la Tamise, vint en 1208 à la cour d'Othon IV, qui le nomma maréchal du royaume d'Arles. Ce fut pour charmer les ennuis de son maître qu'il composa une foule d'ouvrages dont l'abbé Le Bœuf a pris la peine de faire apprécier la frivolité (dans les dissertations de ce savant sur l'*Histoire de Paris*, tom. 2, pag. 187). Parmi ces ouvrages se trouve celui intitulé : *Otia imperialia*, qui n'est qu'un tissu de sornettes. Leibnitz l'a inséré dans ses *Scriptores rerum Brunsvicensium*, 3 vol. in-f°, tom. 1, pag. 881 à 1004, et tom. 2, pag. 751 à 784. La bibliothèque du roi possède dix manuscrits de ce même ouvrage, sous les n°s 6489, 6448, 6491, 6703, 6492, 6492 A, 6492, 6490, 6704, 6781, 652, ce qui est beaucoup trop.

A votre manoir qu'elle dore
Annonce le lever du jour,
Nous nous trouvons (et ne sais comme),
Soldat, vassal, ou gentilhomme,
Portés au plus bas de la tour.
Et sans doute, chose étonnante!
Il faut que ce soient des esprits.....
— Paix ! répond d'une voix tonnante
Le baron au page surpris;
Mon rire insulte à vos chimères,
Cessez vos contes de grand'mères....
Tant que j'aurai la dague au poing,   •
Je défierai satan lui-même !
Que ce soit serment ou blasphême,
Aux revenants je ne crois point.
— Or, on voit sa mine hagarde
Qui dit au ciel un sombre adieu !
En pâlissant, on se regarde.....
Et lui reprend, en jurant Dieu :
Par notre évêque de Valence,
A quoi vous sert donc cette lance?
Mes faucons sont-ils des vanneaux?
Ecoutez! le couvre-feu sonne,
Et votre seigneur en personne
Ira veiller sur ses créneaux.
— Il dit, et chacun en silence
L'a vu quitter son grand fauteuil;
Le baron, armé de sa lance,
De la salle a franchi le seuil.
La nuit couvre le vieux domaine;
Seul, le suzerain se promène
Sur les créneaux de son manoir;
Le vent du nord, au long murmure,
Siffle autour de sa chevelure;
Le temps est froid; le ciel est noir.
Oh ! que devint le nouveau sire,
Lorsque soudain un bras nerveux,
Au bruit d'un long éclat de rire,
Le souleva par les cheveux !
Porté par la main inconnue
Longtemps il lutta dans la nue;
Mais son dernier jour avait lui !
Le baron, glacé d'épouvante,
Crut voir sa famille vivante.....

Des ombres passaient devant lui,
Il d sait : bonsoir, Hugonette !
Bonsoir, Aymon ! Bonsoir, Lanfroy !
Pourtant se signait en cachette
En donnant des marques d'effroi !
Enfin, depuis l'heure glacée
Qui, troublant la nuit avancée,
Termine les banquets joyeux,
Jusqu'aux premiers feux de l'aurore,
Il vit passer, passer encore,
Et reconnut tous ses aïeux !....
Le lendemain ses hommes d'armes,
Etonnés de ne pas le voir,
Pour mettre fin à leurs alarmes,
Parcoururent tout le manoir ;
Rien sur la tourelle escarpée,
Rien, que sa toque et son épée,
Et les plis d'un vaste manteau ;
La lumière à ses yeux avait été ravie :
Le baron fut trouvé sans vie
Dans les fossés de son château.
Aujourd'hui ce séjour lève une tour noircie
Que semblent couronner les siècles révolus ;
Sa masse, qu'en passant la vieillesse a durcie
Parle des temps qui ne sont plus ;
Le flexible lichen, et la mousse, et le lierre,
Garnissent le perron, la longue meurtrière,
Pendent à la poterne, au corridor cintré ;
Et l'épilobe, fier de ses fleurs purpurines,
S'élève au milieu des ruines
Dont le castel est entouré.
On dit pourtant que ce domaine
Est encor, comme aux anciens jours,
La terreur de qui se promène
Sur ses créneaux et dans ses cours ;
Que des esprits aux blanches ailes
En sont les seules sentinelles ;
Et que parfois on croit encor,
Durant les nuits froides et sombres,
Ouïr ces vigilantes ombres
Qui s'appellent au son du cor (1).

(1) *La Psyché*, année 1829. Paris, Corréard, in-18, pag. 101 à 106.

De la fable à l'histoire il n'y a qu'un pas, et celle-ci bien souvent ne mérite pas plus de confiance que la première, toutefois nous espérons que la vérité ne sera pas altérée dans le récit du peu de faits dont nous allons présenter l'analyse.

Le bourg de Livron était un fief de l'évêché de Valence, qui, plus d'une fois, prêta l'asile de ses murailles et de ses forteresses aux évêques de cette ville, lorsqu'ils guerroyaient, au moyen âge, contre les comtes de Valentinois. Les évêques, reconnaissants envers leurs vassaux, leur accordèrent une charte de commune, ou plutôt ils sanctionnèrent leurs anciennes coutumes municipales, lorsque vint le temps où il ne leur fut plus possible de mettre un frein à l'indépendance de la bourgeoisie (1). Ils les autorisèrent aussi à établir des foires en franchise, privilége considérable alors, car les relations commerciales étaient entravées chaque jour par les avanies et les exactions auxquelles les exposaient les taxes féodales.

Arrivons, sur le champ, à la période des guerres civiles pendant laquelle Livron eut à lutter énergiquement sous la bannière de Calvin. Jean de Montluc, évêque de Valence, dont la tolérance et la philosophie ont été si diversement appréciées, avait accueilli dans ses fiefs les protestants expulsés des autres parties de son diocèse où prévalait le catholicisme. Livron leur ouvrit ses portes, et cette petite place, qui, par l'opportunité de sa position, était presque imprenable et commandait avantageusement le passage de la Drome, devint un des boulevards de la réforme en Dauphiné. Assiégée et prise tour à tour avec les chances diverses de la guerre, elle avait été démantelée après la saint Barthélemy, mais à l'avénement de Henri III à la couronne, le chef des protestants de la province de Dauphiné, Montbrun, avait fait réparer hâtivement ses fortifications, afin d'arrêter la marche de l'armée royale. Ses prévisions ne furent pas trompées, et le 19 décembre de l'année 1574, Gordes et le maréchal de Bellegarde vinrent à la tête des troupes du roi en faire régulièrement le siége. Le capitaine de Roësses commandait dans la place avec quatre cents hommes de garnison, tandis que les assiégeants comptaient dans leurs rangs quatorze compagnies des gardes, onze enseignes de Suisses, douze d'arquebuziers Dauphinois, neuf de Piémontais, trois cents hommes de vieilles bandes, quatre compagnies de gendarmes, huit cornettes de reitres et vingt-deux pièces de grosse artillerie. La garnison fit deux sorties vigoureuses, qui, néanmoins, n'empêchèrent pas l'armée royale de prendre ses positions, et l'artillerie, pendant deux jours, foudroya la place qui n'avait qu'une seule pièce de campagne, que l'on fit manœuvrer habilement. Les

(1) Charte de Guillaume de Roussillon, évêque de Valence, du 14 octobre 1304, archives de la mairie de Livron.

assiégés ne se laissèrent pas décourager par la supériorité des forces qu'ils avaient à combattre, et pour railler l'ennemi, ils dressèrent au bout d'une pique, plantée sur la brèche, un rebus parlant; c'était un fer à cheval, un chat et des gants, allusion au maréchal de Bellegarde qui ne devait pas s'attendre à prendre le chat sans gants. Le 26, à la suite d'un assaut pendant lequel on vit les femmes combattre sur les murailles à côté des soldats, les assiégeants furent repoussés.

Le 1ᵉʳ janvier 1755, les batteries recommencèrent le feu, qui dura jusqu'au 7, et les troupes du roi montèrent à l'assaut sur trois points différents, mais avec aussi peu de succès que précédemment. Retirées dans leur camp, elles eurent sous les yeux le spectacle insultant d'une vieille femme filant tranquillement sur les créneaux, tandis que les assiégés construisaient de nouveaux retranchements. Cependant la garnison avait essuyé des pertes considérables. Le capitaine de Roësses avait été tué sur la brèche, et le jeune La Haye, qui lui avait succédé dans le commandement de la place, était gravement blessé; d'ailleurs ce redoublement d'énergie allait devenir inutile par la pénurie des munitions. Montbrun voyant combien il était urgent d'en faire parvenir aux assiégés, chargea le jeune Lesdiguières de cette périlleuse entreprise. Lesdiguières, à la tête de cinquante hommes d'élite, traverse en plein jour le camp des assiégeants, pénètre dans la place, l'approvisionne de poudre, et en sort à la nuit noire avec le même bonheur.

Que faisait le roi Henri III pendant que ses troupes se laissaient battre par une poignée de soldats et de pauvres gens, retranchés derrière des murs délabrés? Suivi de ses mignons, il se promenait dévotement dans les rues d'Avignon, à la tête de quelques centaines de *flagellans*, donnant et se faisant donner des coups de discipline, puis il lui prend fantaisie de venir faire le glorieux sous les murs de Livron; il y arrive le 13 janvier, au milieu des imprécations proférées par les assiégés qui lui criaient: « Hau! massacreurs, que venez-vous faire ici? est-ce » pour nous surprendre en nos lits et nous égorger, comme vous avez fait » dernièrement l'amiral. Ce n'est pas à gens sans défense que vous avez affaire » ici. Allons, mignons dorés, approchez et venez voir s'il est bien facile de tenir » tête seulement à nos femmes. » Le roi irrité, fit distribuer un quart d'écu d'or à chaque soldat pour avoir du courage et le venger des insultes de cette canaille; mais tout fut inutile, les revers et les maladies s'étaient unis pour démoraliser son armée (1); alors il leva lestement le siège, échappant avec peine aux pour-

(1) THUANI, *Hist. univ.*, lib. LIV, ad annum 1574, lib. LX, ad annum 1575. — *Vie de Lesdi-guières*, par VIDEL, Paris, Rocolet, 1638, in-fº, p. 24. — *Histoire du Dauphiné*, par CHORIER, Lyon; Thioly, 1672, in-fº, p. 664.

suites de l'ennemi, et laissant derrière lui la honte et ses soldats blessés et mourants. Tout cela n'était que bagatelle; un ballet bientôt allait le consoler de ses revers.

Livron reparait encore un instant sur la scène politique pendant les agitations civiles du règne de Louis XIII; mais le temps n'était plus où une armée royale venait honteusement s'avouer vaincue sous ses murailles. Louis XIII, en 1623, ayant appris que quelques soldats du régiment de ses gardes avaient été massacrés par les habitants de ce bourg, tandis qu'il s'emparait, sur la rive droite du Rhône, de la Voulte et du Pousin, donna l'ordre de raser ses fortifications, excepté la citadelle, commandée par un gentilhomme catholique (1).

Depuis cette époque, le bruit du canon cessa de retentir à Livron jusqu'au jour où le duc d'Angoulême devait essayer d'y conquérir un triomphe de quelques heures en combattant contre des Français; mais à la guerre de l'épée succéda la guerre de plume que se firent les ministres protestants et les prêtres catholiques, avec cette courtoisie, ce bon goût et cette urbanité qui rendent si curieuses les discussions théologiques du dix-septième siècle, et dont la recette n'est pas encore aujourd'hui passée de mode. Parmi les libelles que ces honorables champions échangèrent entre eux, se présente, en première ligne, celui que le jésuite Isnard publia sous le pseudonyme de Jacob d'Horel, ministre de la parole de Dieu, et dans lequel, sous un titre burlesque, il raille les ministre du Valentinois de la perte qu'ils venaient de faire de la noble dame du Foët, convertie au catholicisme (2); il faut lire cette incroyable production, dont le néologisme est une grossière contrefaçon du style de Rabelais, pour se faire une idée de la haine qui l'a inspirée. Les lazzis, les invectives, les accusations honteuses y sont jetées à pleines mains, et le père Garasse n'eût pas mieux fait que le dévot père Isnard. Les ministres, à leur tour, ne se firent faute de répliquer sur le même ton, et ce fut celui de Livron qui fut chargé de cette tâche, dont il s'acquitta avec un fiel et

---

(1) *Mercure Français*, tom. IX, p. 433.

(2) *Le Mercure réformé apportant consolation à messieurs et révérends pères les ministres du Dyois et Valentinois, désolez, hélas! pour la perte de Mme du Poët et de cent autres reduicts à l'église catholique, l'an 1619, en ces pays, avec la vie et images, près du naturel, de quinze ou tant de saincts ministres du mesme pays, prêts à estre 'canonizés (sic), si la syra apotheoseos ne manque, avec advis aux scindics et anciens des églises, touchant livrets et procédures des pasteurs, en ces accidents. Y adivincte la composition des charmes qu'on prétend avoir esté employez à ces conversions, c'est-à-dire voyes aisées, pour trouver, aymer et embrasser la vraye église de Dieu; enfin cornices aux pourtraicts des ministres Vinays et Martinet, sur deux faicts héroïques qu'ils ont entreprins ce caresme; le tout par Jacob d'Horel, ministre de la parole de Dieu* (le p. Isnard, jésuite). A la Rochelle, par Guillaume Du Coing, (1602). In-12, livre rare.

une aigreur que justifiaient les attaques de ses adversaires, et une morgue genevoise, dont la tradition n'est certes pas éteinte. Quelques années plus tard entrent encore en lice Alexis, ministre de Livron, et le sieur Fallot, curé du même bourg, qui se crut obligé d'illuminer ses ouailles par la publication de la plus assommante des compilations théologiques (1). La cause de la vérité n'avait, bien entendu, rien à gagner au milieu des discussions acrimonieuses de ces pédants, car la parole de Dieu n'entre pas dans les âmes à coups d'arguments aiguisés par l'emportement, et la polémique du fougueux Jurieu et de Bossuet a persuadé moins de cœurs qu'une seule bonne action de Saint-Vincent-de-Paul.

Là se terminent les souvenirs historiques de Livron. Les éléments de sa situation actuelle sont purement statistiques et industriels.

L'histoire littéraire ne nous fournit le nom que d'un seul écrivain, parfaitement oublié aujourd'hui, auquel Livron ait donné le jour, Louis de Corbières, qui publia en 1583 la *Chiromancie de Tybertus*, *réduite en art*.

Avant de clore cet article, n'oublions pas de signaler à l'attention des curieux et des artistes le beau pont construit sur la Drome, au pied de Livron, vers la fin du siècle dernier.

OLLIVIER Jules.

------

(1) *Réponse au livre de la foy fondée, de Daillé, ministre de Charenton, transcrit et abrégé dans la lettre d'Alexis, ministre de Livron, contenant la défense de la méthode de M. Veron, par Gaspard Fallot, curé de Livron.* Lyon, Vincent de Cœursillys, 1641, in-8°.

LA TOUR-DU-PIN.

Lorsque, après la mort de Rodolphe III, dernier roi de Bourgogne, les évêques et les comtes, profitant de la faiblesse et de l'éloignement des empereurs appelés à recueillir la succession de ce prince, s'emparèrent, les uns des villes de leurs sièges, les autres des terres de leurs gouvernements, il s'éleva, dans la seule étendue du Dauphiné, une foule de petits souverains, qui tous s'accordèrent à opprimer le peuple et à se partager un bien laissé à leur convenance. Les guerres qu'eurent à soutenir l'empereur Conrad et ses successeurs, en Allemagne et en Italie, contribuèrent en même temps à raffermir ces seigneurs dans leur usurpation ; l'un d'eux fut le baron de la Tour, qui, à l'exemple des prélats et des autres grands du pays, se déclara indépendant et se rendit maître de la partie actuelle du département de l'Isère entre le Rhône et la Bourbre, jusqu'à Charpieu, près de Lyon, et dont la capitale était la Tour-du-Pin. Ce lieu, qui apparaît alors dans l'histoire et que son assiette pouvait mettre, à cette époque, au rang des places importantes, tirait sa dénomination de sa position même sur une éminence : *la Tour*, *le château de la Sommité* (1).

La baronnie de la Tour comprenait la terre de ce nom, celles de Quirieu, de Bourgoin, de Maubec, de Faverges, de Falavier, de Saint-Jean-de-Bournay, de Châtonnay, de Mézieu, de Puisignan, des Eparres, de Virieu, de Dolomieu, d'Anthon et de l'île de Cremieu ; elle s'étendait, au-delà du Rhône, dans la Bresse et dans le Bugey. Elle s'accrut, plus tard, des seigneuries de Revermont et de Coligny, dans la première de ces deux provinces, par le mariage d'Albert III avec l'héritière de ces deux dernières terres. Une étendue de territoire aussi considé-

(1) La Tour-du-Pin n'est plus, de nos jours, ni fortifiée, ni sur le coteau ; elle est au bas, dans un vallon très-fertile, et les collines qui l'avoisinent rendent sa nouvelle position agréable. Elle est à égale distance de Lyon, de Grenoble et de Vienne, à quatorze lieues de chacune de ces villes ; sa population est d'environ 2,500 ames.

4

11

rable, des traités et des alliances que firent les barons de la Tour avec ceux de leurs voisins les plus puissants, les placèrent de bonne heure à côté des Dauphins; ils recherchèrent surtout la faveur et l'amitié de ces princes, jusqu'à ce qu'enfin l'un d'eux, ayant obtenu la main de l'héritière de leurs états, ils leur succédèrent dans leur puissance et dans leur principauté. Aucun vieux souvenir ne s'est toutefois conservé; le nom même de celui qui, le premier, gouverna la baronnie de la Tour n'est plus connu, et la même obscurité existe à l'égard de ses successeurs, jusqu'à un Berlion ou Berillon, mentionné dans un acte du prieuré d'Innimont, en 1107.

Giraud ou Geraud, son fils, seigneur de la Tour, vivait en 1122; sa femme est nommée comtesse Marie dans un obituaire du prieuré de Saint-Rambert, où il est dit qu'elle mourut le 1ᵉʳ juillet 1130. Il paraît qu'elle était fille d'un comte, d'après l'usage, en vigueur dans ce siècle et dans le siècle suivant, de conserver aux femmes le titre des maisons d'où elles sortaient.

Albert Iᵉʳ, fils de Geraud, vivait en 1161; à sa mort, la terre de la Tour fut partagée entre ses fils, Albert et Berlion : le château resta en entier au pouvoir du premier, qui était l'aîné.

Albert II, fils d'Albert Iᵉʳ, épousa Marie, fille de Robert V, comte d'Auvergne; il vivait en 1190 et en 1202.

Albert III, fils d'Albert II, eut de Béatrix de Coligny, Albert IV, qui lui succéda; il obtint de Frédéric II, par des lettres-patentes, datées de Parme, du mois de septembre 1245, la confirmation d'un droit de péage dans la terre de la Tour, accordé autrefois par les empereurs à ses prédécesseurs; lettres où l'on voit que cette terre relevait immédiatement de l'empire, quoique ses seigneurs l'eussent reconnue déjà comme étant de la mouvance de l'abbaye de Saint-Pierre de Lyon, et que les comtes de Savoie, toujours ambitieux et avides d'étendre leur autorité, en prétendissent également le domaine supérieur. Ces sortes de contestations pour fiefs étaient fréquentes; il y eut, à cet égard, un accord que moyenna Guillaume, comte de Vienne, en 1250, par lequel accord ou traité il fut convenu qu'Albert et Albert son fils tiendraient de Pierre, comte de Savoie, le château de la Tour et ses dépendances, sans préjudice de l'hommage qu'ils devaient, pour ce même château, à l'abbesse de Saint-Pierre, et auquel hommage il n'était porté, en cela, aucune atteinte, promettant seulement, lesdits Albert père et fils, de s'employer de bonne foi auprès de cette abbesse pour l'engager à céder au comte ses droits et ses prétentions (1). Deux ans auparavant, Albert avait reçu lui-même, à la Tour-du-

_____

(1) Cet hommage, dû au comte de Savoie, fut légué, en 1268, par le comte Pierre à Béatrix de Savoie, sa fille, femme du dauphin Guigues VII, à la charge néanmoins de n'en

Pin, à l'entrée de l'église de Saint-Clair, devant le peuple, l'hommage d'Aynard, seigneur de Clermont, pour une partie de cette terre et pour les trois quarts de celle de Virieu. Il acquit aussi, en 1260, moyennant 3,600 sous viennois payés à Aynard, seigneur de Vinay, son cousin, le fief de la portion de la Tour-du-Pin qu'il possédait, et qui était échue à Berlion, grand-père de cet Aynard, dans la succession d'Albert Ier. C'est lui qu'Alphonse, roi de Léon et de Castille, nommé empereur en 1257, créa, cette année, son sénéchal des royaumes de Vienne et d'Arles, avec pouvoir d'en exercer les fonctions lorsqu'il se rendrait à sa cour. Ce baron mourut en 1264.

Albert IV, fils d'Albert III, ne survécut à son père que cinq ans; Humbert son frère lui succéda; il épousa, en 1273, la princesse Anne, fille du dauphin Guigues VII et sœur de Jean Ier, alors dauphin, sous la régence de sa mère Béatrix, et, après la mort du jeune prince, arrivée en 1282, il hérita de ses états au nom de la nouvelle dauphine.

La Tour et la baronnie de la Tour, en passant sous la domination d'un seigneur plus puissant, n'eurent désormais plus à craindre ni le voisinage ni les prétentions de la Savoie; elles acquirent, l'une et l'autre, une plus grande importance. Le premier avantage qu'en retirèrent en même temps leurs habitants fut le droit de jouir des priviléges et des franchises de ceux du Dauphiné, par la réunion qu'Humbert fit de sa baronnie à cette principauté, en 1305; réunion qu'approuva l'empereur Albert d'Autriche, en confirmant au dauphin ses anciennes prérogatives, entre autres, la dignité de sénéchal des royaumes de Vienne et d'Arles, conférée au baron Albert de la Tour par l'empereur Alphonse de Castille, et successivement à son fils par l'empereur Rodolphe.

Jean II, fils d'Humbert, accorda des priviléges particuliers aux habitants de la Tour, en 1315. Les lettres qui leur furent expédiées à cet effet, datées du château de la Balme, du 12 février de cette année, contiennent que les habitants de cette ville et de son territoire *sont et seront tous affranchis, libres et exempts de*

jouir qu'après la mort de Philippe, qu'il laissait pour son successeur. Ce dernier, qui, de son côté, venait d'hériter des acquisitions faites par ce même comte à la Tour-du-Pin, à Bourgoin et en d'autres lieux, les inféoda, en augmentation de fief, au baron de la Tour, qui était alors Albert IV. Humbert, successeur de ce baron, se reconnut vassal du comte, et ensuite de la dauphine Béatrix, en 1273; mais, devenu dauphin après la mort de Jean Ier, son beau-frère, il refusa, dès ce moment, de consentir à tout acte d'abaissement devant le comte. Il fallut que Béatrix, pour réconcilier les deux princes et pour les empêcher d'en venir à une guerre ouverte, soumît elle-même à cet hommage sa baronnie de Faucigny, en remplacement de celle de la Tour, ce qu'elle fit par une déclaration du mois de juin de l'année 1293.

toutes tailles, toltes, complaintes et exactions, et qu'ils sont et seront tous bourgeois. C'était là, à peu près, en quoi consistaient le droit des communes et les libertés les plus étendues de cette époque.

Humbert II établit à la Tour-du-Pin, en 1336, un juge-maje ou bailli, dont le siége fut depuis transféré à Bourgoin, et plus tard à Vienne. Cette même année le dauphin ayant ordonné qu'il y aurait, auprès de chaque·bailliage, douze conseillers afin d'assister le bailli et le juge dans leurs fonctions, on trouve, au nombre de ces conseillers, pour le bailliage de la Tour, le prieur de cette ville et le curé de Courtenay.

Une visite ordonnée en ce lieu sous le même prince, en 1347, par Louis Villars, archevêque de Lyon, que le dauphin avait nommé son lieutenant général pendant son voyage d'outre-mer, visite dont le but était de s'assurer de l'état des places sur les frontières de la Savoie, nous apprend que le château de la Tour avait besoin alors de nombreuses réparations; qu'il y avait peu d'hommes pour en faire la garde et un bien faible matériel de guerre; que les murailles et les palissades des deux bourgs qui formaient la communauté de la Tour-du-Pin, appelés, l'un *le bourg de la montagne derrière le château*, et l'autre *le grand bourg*, étaient en ruines ou se trouvaient en plusieurs endroits renversées, principalement du côté de la *porte de la Bourbre* et de celle près de *l'hôpital*, et qu'on y voyait des maisons abandonnées et n'ayant point de toitures, parce que des habitants, à qui il suffisait de pouvoir jouir des priviléges de bourgeois, en déclarant qu'ils y possédaient une habitation, n'y faisaient point leur demeure (1). D'après ce rapport, il fut ordonné par les commissaires de la visite de relever, le plus tôt possible, et aux frais du dauphin, les fortifications nécessaires, de remplacer les anciennes palissades, d'augmenter le nombre des sentinelles, soit dans le château, soit dans les deux bourgs, et d'environner ces deux bourgs d'une plantation d'aubépines, avec défense expresse de les laisser dégrader. Il fut enjoint en même temps aux habitants de la ville d'y résider et d'y rétablir leurs maisons, sous peine de la perte du privilége de bourgeoisie pour tous ceux qui n'y demeureraient point, et afin de les engager, d'un autre côté, à y fixer leur séjour, les mêmes commissaires convinrent qu'il serait établi à la Tour-du-Pin deux foires annuelles, dont les habitants feraient la demande dans le délai d'une année (2).

Ce fut pendant l'année même qui suivit cette visite, que le Dauphiné eut à

_____

(1) Il y est question aussi d'une maison du dauphin qu'on avait détruite, et qui anciennement avait appartenu à Amédée, comte de Savoie.

(2) Il existe aujourd'hui à la Tour-du-Pin quatre foires, qui se tiennent les 25 février, 25 juin, 29 août et 17 novembre; celle du 25 juin dure trois jours.

souffrir du terrible fléau de la peste noire, et que la baronnie de la Tour, plus cruellement ravagée que les autres parties de cette principauté, offrit à la fois le double tableau de la misère et des scènes les plus affreuses. Il y avait dans cette baronnie, et principalement à la Tour-du-Pin, plusieurs juifs; toute la rage et la fureur du peuple se portèrent sur ces malheureux, qu'on accusait, comme on le sait, d'empoisonner les puits, les fontaines et jusqu'aux fruits de la terre. L'exaspération devint à son comble; il fallut que le dauphin fît arrêter les juifs, révoquât leurs priviléges et confisquât leurs biens. Il y en eut plusieurs d'égorgés par la populace; d'autres essuyèrent diverses persécutions.

On travailla cependant à fortifier la Tour-du-Pin, comme le prescrivait l'ordonnance de 1347. Ces nouveaux travaux ne devinrent point inutiles; ils servirent bientôt lorsqu'Amédée VI, comte de Savoie, qui était en guerre avec le dauphin Charles, successeur d'Humbert, ayant fait une irruption dans la baronnie de la Tour, mit le siége devant cette ville dans le mois de décembre 1352. Malcurti, que les chroniques qualifient de baron, occupait cette place; il la défendit avec tant de courage et de bonheur, que le comte se vit forcé de se retirer, et que, pour conserver le souvenir d'une aussi mémorable défense, on représenta, sur le portail de la chapelle du château, Malcurti à genoux devant la sainte Vierge, la remerciant d'une telle victoire comme d'un succès inespéré.

Le dauphin Louis, depuis le roi Louis XI, abolit à la Tour-du-Pin, en 1451, le droit de guerre, source continuelle de dissensions intestines, de rapines et de pillages, droit que le statut delphinal permettait aux seigneurs, et que les dauphins, jusque-là trop faibles, n'avaient point réussi encore à détruire.

Le roi Louis XII, en 1511, ordonna de réparer les fortifications de la Tour-du-Pin et celles de divers autres lieux et châteaux sur les frontières de l'Italie et du côté de la Savoie.

François Ier, son successeur, passa dans cette ville, en 1516, lorsque, après avoir visité la grotte et le lac de la Balme, il se rendit de là à Chambéry pour y vénérer le saint Suaire, voyage qu'il fit à pied, revêtu d'une aube blanche et accompagné des principaux de sa cour. On doit dire aussi que, sous son règne, le château de la Tour-du-Pin servit de prison d'état, où furent détenus quelque temps Jean Patarin, président du sénat de Milan, Léon et d'autres officiers de ce sénat, accusés d'avoir contribué à la perte du Milanais, après la malheureuse déroute des troupes françaises au combat de la Bicoque.

Plus tard, enfin, pendant les guerres de religion, la Tour et son château furent occupés par divers partis catholiques et protestants, qui s'en rendirent successivement les maîtres. Le baron des Adrets y mit en garnison le capitaine Porte, en 1562; les catholiques y rentrèrent; les protestants reprirent la ville et le château;

Gordes, lieutenant général en Dauphiné, y logea à la tête de son armée en 1567.

La Tour-du-Pin, depuis cette époque, n'offre plus aucun événement remarquable. Elle était, avant 1789, le siége d'une subdélégation d'intendance; elle est aujourd'hui le chef-lieu d'un arrondissement communal formé de huit cantons, d'une population totale de plus de 126,000 ames; elle posséde, en cette qualité, quelques établissements publics. Elle est la résidence d'un sous-préfet; mais son tribunal civil siége à Bourgoin, ville voisine plus populeuse, plus commerçante, et située dans une position plus favorable au développement de l'industrie.

J.-J.-A. PILOT.

RIVES.

SES ACIÉRIES. — SES PAPETERIES. — QUELQUES MOTS SUR LE PASSAGE DE NAPOLÉON A RIVES.

Mais des toits obscurcis la bleuâtre fumée,
En nuages légers mollement transformée,
Dévoile avec lenteur le sommet des coteaux.
Par l'onde soulevés, soudain de lourds marteaux
D'une horrible cadence enchantent mon oreille;
Rives! quels souvenirs ton seul aspect réveille!
Profondément ému je me suis écrié:
Salut, heureux village où règne l'amitié;
Beaux lieux où je goûtai, dans ma folâtre enfance,
Tous ces petits plaisirs si grands pour l'innocence!

Poésies diverses d'Augustin BLANCHET. (*Paris*, 1814)

Le bourg de Rives est désigné dans les anciennes chartes sous les noms de *Castrum de Rivis* (1), *Castellum de Ripis* et *Ripæ* (2). Ces noms lui viennent probablement de la grande quantité de sources et de ruisseaux qui se trouvent dans ses environs, et surtout des branches nombreuses du Furens, que l'industrie a su

(1) Chorier, *Partage du comté de Salmorenc par Pascal II.*
(2) Valbonnais.

depuis mettre à profit, plutôt que de sa position sur le bord même de ce ruisseau, car il a cela de commun avec bien d'autres villes ou bourgs.

On ne sait pas précisément la date de son origine. Le pays était jadis couvert de forêts, et il en existe encore beaucoup. Sans doute quelques charbonniers, attirés par la proximité du bois, auront élevé leurs cabanes au milieu même de ces forêts, sur le bord de l'eau. Plus tard, des forgerons seront venus aussi établir leurs martinets dans le même lieu, y trouvant à la fois une économie dans le transport des charbons et des chutes d'eau admirablement disposées. Peu à peu des chaumières se seront groupées près des forges pour recevoir les familles devenues plus nombreuses et auront été ainsi le noyau du Rives actuel.

Un fait est venu, il y a peu de temps, révéler la haute antiquité de Rives. Dans un jardin (1) qui occupe le fond du vallon, non loin des forges qui ont succédé à celles dont je viens de parler, on a trouvé une médaille d'argent (2) d'Antonin-le-Pieux et une clef romaine que je possède, et, à peu de distance de celles-ci, un amas de tuiles romaines. Les Romains n'auraient-ils pas songé à profiter, en fondant une colonie dans cet endroit, des excellents aciers que leur offrait le pays? Un berger a trouvé aussi, il y a quelques années, une médaille d'or de Décius, dans la plaine de Bièvre, au-dessus de Rives.

Voilà, si je ne me trompe, des témoignages à l'appui de l'ancienneté de ce bourg. Ces faits prouveraient, tout au moins, que c'était un lieu de passage déjà fréquenté sous les vainqueurs des Gaules.

Cependant, ce n'est qu'une simple hypothèse de ma part; il serait trop audacieux à moi d'oser me prononcer sur ce point, et je dois laisser aux érudits de décider, me contentant de leur soumettre mes conjectures et les probabilités sur lesquelles je me fonde.

On n'a pas de notion certaine sur ce qui a dû se passer à Rives antérieurement au douzième siècle, ou, du moins, m'a-t-il été impossible de faire remonter mes recherches au-delà de cette époque. Il a existé une ancienne et noble famille de ce nom à qui cette terre appartenait avant de passer aux seigneurs de Tullins (3),

(1) Celui de MM. Blanchet frères, propriétaires de la papeterie de Rives, dont nous aurons à nous occuper plus tard.

(2) Cette médaille porte, d'un côté, l'effigie du césar avec cet exergue : ANTONINUS AUGustus PIUS, *Pater Patriæ Felix*, TRibunitia *Potestate* XVII ;

De l'autre, la statue de la Paix, tenant, de la main droite, une branche d'olivier, et de la gauche, une lance privée de son fer; autour : PACI AUG. COnSul IIII.

(3) Lesquels étaient eux-mêmes dépendants de la maison d'Hauterives, et, par conséquent, de celle de Clermont.

et de ceux-ci au dauphin, par l'hommage d'Aynard de Clermont. J'ai lu quelque
part, dans Chorier, que Jean du Menon, sieur de Champsaur, épousa Antoinette
de Rives; mais je n'ai pas d'autres détails sur cette maison; tout ce que j'en sais,
c'est qu'elle s'éteignit (1), en 1119, par Armand de Rives, qui prit l'habit dans le
monastère de Bonnevaux, et fut un de ses premiers religieux après sa fondation.

Plus d'un siècle et demi après cet événement (1284), cette terre était encore
entre les mains d'Eynard de Chateauneuf, seigneur de Tullins, et elle dépendait
de cette maison jusqu'à sa réunion aux états d'Humbert II, arrivée en 1340.

A cette époque, Rives avait déjà une certaine importance, car, lorsqu'Humbert II, qui avait obtenu du Pape le commandement de l'armée contre les Turcs
(1345), après avoir abandonné le monastère où il s'était retiré, se vit obligé de frap-
per un impôt sur les villes, bourgs et villages de ses états, même sur les nobles et les
gens d'église, les fonds pris sur les revenus courants n'étant pas suffisants pour
payer les frais de la guerre, Rives à lui seul y contribua pour cent florins. Quatre
ans après, la France acquit définitivement le Dauphiné par l'acte d'Humbert II,
de 1349.

Sous les guerres de religion, Rives, comme lieu de passage, eut, ainsi que
les localités environnantes, à souffrir des représailles des partis. Délivré enfin de
l'anarchie, le Dauphiné devint industriel de guerrier qu'il était dans les siècles
précédents. Ses forteresses avaient été rasées, plusieurs de ses villes même avaient
disparu. Les châteaux, abandonnés à cause de l'incommodité attachée à leur position,
tombèrent en ruines. Aussi les seigneurs, devenus plus pacifiques, tournèrent
leurs vues d'un autre côté. Possesseurs de courants d'eau nombreux, ils les alber-
gèrent ou vendirent aux industriels, et des fabriques s'élevèrent bientôt sous les
auspices et la sûreté de la paix. Rives peut, pour sa part, revendiquer à bon droit
de s'être placé à la tête du mouvement. L'activité de ses habitants et la bonté de
ses produits, ont étendu son commerce au loin; aussi fait-il plus d'affaires que
bien des villes supérieures en étendue et en population.

Le bourg de Rives, chef-lieu d'un canton populeux de l'arrondissement de
Saint-Marcellin, est situé à sept lieues de Grenoble, sur la route de Lyon. En
arrivant de cette dernière ville, le voyageur, fatigué par l'aridité et la monotonie
du pays qu'il vient de parcourir, est agréablement surpris lorsqu'après avoir
traversé la plaine de Bièvre, il descend la pente rapide qui conduit à Rives. En
effet, tout change aux environs : le sol, devenu moins rebelle à la culture, disparaît sous de belles plantations, et les maisons, dispersées çà et là au milieu des
enclos, donnent l'idée d'une population plus nombreuse et surtout plus active.

(1) Guy-Allard fait remonter ce fait jusqu'à 1099.

Ce bourg est un des plus passagers du département. La population, qui n'était que de 1440 habitants en 1790, et de 1520 en 1806, s'est accrue depuis considérablement par les causes que nous développerons plus tard : elle est actuellement de 2014 habitants. Son territoire est assez étendu, mais l'industrie lui est plus utile encore que ses produits agricoles. Rives possédait déjà, en 1835, trente métiers à tisser des étoffes de soie, et leur nombre n'a fait qu'augmenter depuis les derniers troubles de Lyon : on en comptait quatre-vingt-cinq en 1838. Les métiers à toile sont aussi très-nombreux : presque tous les paysans ont un métier; ils cultivent leurs terres pendant l'été, et l'hiver est employé à fabriquer, avec le chanvre de leur récolte, les belles toiles qu'ils vont ensuite vendre à Voiron, et qui, de là, sont exportées dans l'Amérique du nord principalement et dans l'Espagne, où elles vont rivaliser avec les toiles de Hollande et de Laval. Une grande partie de ces toiles, connues dans le commerce sous le nom de *toiles de Voiron*, sont fabriquées à Rives et dans les villages des environs.

Mais sa principale richesse consiste dans ses aciéries et ses papeteries auxquelles je vais consacrer quelques lignes.

J'ai déjà avancé que les aciéries de Rives remontaient à un temps bien éloigné, et il est difficile de fixer l'époque précise de leur établissement. Dans une des forges établies à la *Liampre* (quartier du Bas-Rives), en opérant quelques changements dans une de ses parties, on découvrit, il y a peu d'années, sur une poutre, la date de 1172. Plusieurs titres latins nous montrent ces forges en pleine activité vers le milieu de treizième siècle, et, sous Charles VIII, elles étaient presque toute converties en épéeries. « Un arrêt du conseil d'état, dit Perrin-Dulac, confirme François » Treillard dans la propriété des forges de Liampre; il rappelle la fondation de » quelques-unes en 1540, et d'autres en 1548; elles consistaient alors en fourneaux » et martinets à acier, cuivre et laiton. Tout l'acier qui s'y fabriquait était » employé à faire des épées, des lames et d'autres armes. »

Ce qui a peut-être contribué à faire naître tant de forges et d'aciéries dans Rives et les communes environnantes, c'est l'ordonnance de 1339 d'Humbert II, ainsi que celle de 1349. Il venait d'obtenir du Pape l'établissement d'une université dans Grenoble, sous la condition d'empêcher la dégradation des forêts autour de cette ville, et de rétablir en même temps sur le pied ordinaire le prix du bois et du charbon qui y augmentaient tous les jours. Aussi s'empressa-t-il, dans l'intérêt des étudiants, d'ordonner (1) la démolition des forges de fer qui y étaient auprès de Grenoble et qui rendaient le prix du bois fort élevé par la consommation qu'elles en faisaient, avec défense d'en bâtir de nouvelles dans

(1) Valbonnais, tom. 2. *Ordonnances d'Humbert II. Pr.* CXLIII et CXLIV.

toute la vallée du Graisivaudan, depuis Bellecombe jusqu'à Voreppe. C'était, par conséquent, autant de diminué sur la dépense journalière des étudiants, qui, trouvant à Grenoble aide, protection et priviléges (1), ne tardèrent pas à y affluer.

Obligés de céder à l'ordre du Dauphin, les forgerons se réfugièrent dans un lieu aussi favorable à leur industrie que l'était Rives. De là le grand nombre de forges qu'on y trouve.

Les *aciers de Rives* ont une assez belle réputation pour que je m'abstienne d'en faire l'éloge. Une chose qu'il faut cependant remarquer, c'est que tous les aciers connus sous ce nom ne se fabriquent pas seulement à Rives, mais encore dans le reste du département. Rives, sans doute, en produit une grande partie, mais les autres leur ont emprunté leur nom, fabriqués du reste avec les mêmes fontes (2), je dirai même par les mêmes ouvriers, car presque tous passent d'une forge à l'autre après y avoir travaillé quelque temps (3).

L'acier, produit de ces usines, est employé en grande partie à Thiers, pour la coutellerie; à Paris, pour la fabrication des ressorts de voiture; et, à Saint-Etienne, pour celles des armes et la coutellerie. Il est même une chose à remarquer, c'est que les aciers nécessaires à la confection des armes viennent tous de Rives, à l'exception des aciers pour *face de batterie* que l'on tire d'Allemagne. Le reste est envoyé dans les départements méridionaux.

Parmi les fabricants d'aciers de Rives et des environs, on cite, à Rives, M. Gourju, qui a obtenu une médaille à la dernière exposition; M. François Tournier, à Renage; et, à Fure, MM. Blanchet frères, auxquelles une médaille a également été décernée.

Rives possède encore des taillanderies renommées aussi anciennes que ses forges.

(1) Valbonnais. *Mêmes pr.* CXLIII et CXLIV, tom. 2.
(2) Ces fontes proviennent, en grande partie, d'Allevard et de la Maurienne.
(3) Ces ouvriers sont, pour la plupart, de Renage, dont presque tous les habitants sont forgerons. On trouve parmi eux des familles très-anciennes qui ont toujours professé le même état de père en fils. Les Treillards sont de ce nombre, et l'on dit que les premiers ouvriers des forges d'Alivet furent des Tyroliens, nommés Charvet, dont il existe encore des descendants. On remarque chez ces ouvriers certaines coutumes que le temps n'a pu faire disparaître; ainsi, on ne peut introduire parmi eux des étrangers; ils ne reçoivent volontiers que les *bout-de-barre*, c'est-à-dire les fils de forgerons; les autres sont connus, quand ils parviennent à se faire recevoir, sous le nom de *vaudois;* mais on n'a pour eux aucune attention, aucune complaisance; ils n'apprennent leur état qu'en supportant de nombreuses vexations; les autres ouvriers se garderaient bien de leur donner le moindre conseil; l'observation seule leur en tient lieu.

Arrivons aux manufactures de papiers.

La papeterie de Rives date du seizième siècle. Je ne sais plus quel seigneur de Rives possédait sur le Réaulmont(1), un peu au-dessus de sa jonction au Furens, des moulins et une petite papeterie qui lui fut achetée par un M. Marchand. A cette époque, la papeterie n'ayant pas été amenée à ce haut degré de perfection où nous la voyons de nos jours, on ne fabriquait à Rives que des papiers fort communs, ou, du moins, qui nous paraîtraient tels maintenant. M. Marchand loua bientôt sa fabrique à MM. Mongolfier qui l'exploitèrent pendant quelques années. Enfin M. Blanchet père acheta cette papeterie de M. Marchand en 1783, et, voulant lui donner plus d'extension, il éleva, en 1788, le grand bâtiment qui forme encore de nos jours le corps principal de cette belle manufacture. Ce ne fut qu'en 1793 que l'on commença à y fabriquer.

Elle avait déjà acquis de la renommée en 1806, car, au rapport de Perrin-Dulac(2), elle avait avec les papeteries de Voiron et de la Sône la réputation de fabriquer le plus beau papier. Mais son grand développement ne date que de 1811. A cette époque, MM. Blanchet frères étendirent la renommée de leurs produits par toute la France, et, depuis, la maison Blanchet frères et Kléber, marchant de perfec-

(1) Le Réaulmont prend naissance à une demi-lieue de Rives, au fond d'un vallon pittoresque qui s'arrondit, en cet endroit, en forme de coquille. Le petit village de Réaulmont y est bâti, en partie, au pied d'un coteau, sur le sommet duquel de vieux remparts soutiennent une tour et un château délabrés; le château paraît néanmoins avoir été construit à une époque moins reculée que la tour, sans doute sur les ruines d'un plus ancien qui jadis faisait partie du domaine delphinal. Au-dessous du village, non loin de son église pittoresque, ombragée par un magnifique Sully, s'étend un petit lac dans lequel se rassemblent mille sources d'eau pour former le Réaulmont à une de ses extrémités. Ce ruisseau ne fait que naître et mourir, mais le peu d'étendue de son cours ne l'empêche pas de se rendre fort utile. A peine sorti du lac, il devient le moteur d'une vaste aciérie; puis ce sont des moulins qu'il fait marcher, et enfin la papeterie de Rives, au-dessous de laquelle il se perd dans le Furens avec son nom.

Ce sont bien les plus belles eaux que j'aie jamais vues; et elles offrent cet avantage aux fabriques, qu'elles ne tarissent jamais, et que, loin de là, elles augmentent avec les chaleurs, comme au reste les rivières et les torrents de nos montagnes, à cause de la fonte de neiges. Chorier, qui se plaît tant dans le récit du merveilleux, n'oublie pas d'en faire mention et attribue ce phénomène à une tout autre cause. Après avoir parlé des lacs de la province, il s'exprime ainsi : « Venons aux fontaines remarquables par leurs qualitez. Le territoire de » Rives, à une lieue de Moirenc, en a une; et celuy de Gap une autre, qui croissent et » décroissent comme les jours; elles se conforment aux deux solstices : elles ont plus d'eau, » quand les jours sont les plus longs, et moins, lorsqu'ils sont les plus courts. »

(2 Perrin-Dulac, *Description du département de l'Isère.*

tionnement en perfectionnement, a placé ses productions au premier rang. Aujourd'hui cette manufacture possède deux machines à papier sans fin, marchant jour et nuit, et cinq cuves à la main, et jette dans le commerce plus de quatre mille quintaux métriques de papier, représentant une valeur de plus de 700,000 fr. Mais cette énorme quantité de produits n'étonnera pas quand on saura qu'en 1806, les papeteries de Voiron, de la Sône et de Rives, employaient (1) environ cent quarante ou cent cinquante ouvriers, et que, de nos jours, la papeterie de Rives en occupe trois cents à elle seule, ainsi que des charpentiers, des forgerons, des mécaniciens, etc.

Le rapport du préfet de l'Isère au conseil général de 1838 nous apprend qu'on ne comptait, il y a vingt ans, que neuf papeteries dans ce département ; elles occupaient deux cent cinquante ouvriers. Aujourd'hui le département en a vingt-huit qui fournissent du travail à sept cents ouvriers, et dont la fabrication annuelle s'élève à plus de seize mille quintaux métriques. D'après ces chiffres on voit que la manufacture de Rives emploie, à elle seule, presque autant de bras que toutes les autres ensemble, et, si ses papiers n'entrent que pour un quart dans la production totale, ils n'en absorbent pas moins près de la moitié de la valeur numérique de tous ces produits, à cause de leur finesse et de leur beauté.

D'après le rapport de M. Charles Dupin, ces habiles fabricants avaient obtenu la médaille de bronze en 1823. En 1827 ils n'exposèrent point, mais ils n'en travaillèrent pas moins à perfectionner leurs produits, à donner plus d'extension à leur fabrication et à multiplier leurs exportations à l'étranger. Un fait, entre autres, a constaté la bonne qualité de leurs papiers ; tous les registres présentés à l'exposition de 1834 (2) étaient faits avec du papier de Rives, qui sert exclusivement à cet usage. Le jury central leur accorda alors la médaille d'argent, et l'exposition des produits de l'industrie de 1839, en leur décernant la médaille d'or, n'a fait que mettre le sceau à leur réputation.

La papeterie, telle qu'elle est de nos jours, est l'œuvre d'un demi-siècle. Avec sa réputation, elle dut sentir augmenter ses besoins et de nouvelles constructions durent être ajoutées aux anciennes. Aussi offre-t-elle actuellement un ensemble assez imposant. Elle se compose de quinze bâtiments, pour la plupart considérables, dont une grande partie se trouve à l'entrée du bourg, au-dessous de la grande route de Grenoble à Lyon, à la réunion des vallons du Furens et du

(1) Perrin-Dulac, *Description du département de l'Isère.*
(2) *Rapport du jury central sur les produits de l'industrie française exposés en 1834*, par le baron Charles Dupin, membre de l'Institut, rapporteur général et vice-président du jury central.

Réaulmont, et le voyageur ne peut se lasser d'admirer le gracieux paysage où ils sont encadrés.

A ses pieds la manufacture se dessine sur un fond de verdure qu'embellissent encore un joli jardin et des eaux abondantes ; devant lui, sur l'autre revers du vallon et au-dessus du Furens, apparaissent, au milieu des arbres, des maisons d'habitation dominées par l'église aux murailles éclatantes de blancheur avec lesquels, sur la droite, au sommet d'un coteau bien cultivé et en partie couvert de vignobles, les ruines grisâtres de Châteaubourg semblent vouloir former contraste. Sur la gauche, le Haut-Rives ou Saint-Vallier ; puis, sur un plan plus éloigné, la montagne de Parménie. Les autres bâtiments, qui font partie de la papeterie, sont situés plus bas en dessous du bourg : on les aperçoit à gauche, sur le Furens, quand on gravit la pente rapide qui conduit à Saint-Vallier.

Le château de Rives, connu sous le nom de Châteaubourg, est assis au midi et sur le sommet d'un coteau qui termine de ce côté la plaine de Voie et au bas duquel le Furens et le Réaulmont se réunissent. Le corps de bâtiment que l'on aperçoit de la grande route, et qui, m'a-t-on dit, ne remonte pas à cent ans, fut élevé par M. de Langon. Le propriétaire actuel l'a laissé tomber en ruines. L'édifice, précédé par une assez grande cour, est bâti sur une terrasse que supporte une muraille délabrée. La cour est remplie de ronces et d'épines, et des maisons à moitié démolies se trouvent à son entrée ; je me souviens de les avoir vu habitées, il n'y a pas encore une vingtaine d'années. Le château, dont il ne reste que les murs, est assis sur des souterrains en partie obstrués, dont l'entrée est tellement embarrassée d'arbustes et de buissons, qu'il est fort difficile d'y pénétrer. A ces débris est adossée une tour de six à sept étages en assez bon état, au sommet de laquelle ceux qui tentent l'ascension ne manquent pas de graver leurs noms et prénoms, sans doute pour les faire passer à la postérité. Derrière se trouvent, sur la plateforme, un petit bâtiment carré jadis la chapelle du château, et, sur un massif de pouding qui la domine, les restes de la demeure féodale des anciens seigneurs de Rives.

J'y ai observé un écho assez curieux : si, placé entre la chapelle et les ruines du château moderne, on vient à pousser un cri, ce cri, répété à l'instant par les murailles sur lesquelles il se brise de tous côtés, produit un ricanement singulier, assez semblable au son produit par ce jouet d'enfant qu'on appelle une *cigale*, ou au coassement d'une grenouille.

Du haut de la tour, la vue s'étend sur tous les environs et plonge sur les vallons du Furens et du Réaulmont et sur leurs usines nombreuses. Dans le fond de ce magnifique panorama on aperçoit les Alpes et une partie du Graisivaudan.

Rives n'est pas aggloméré en un seul point ; plusieurs hameaux qui n'en sont pas très-éloignés en font partie et sont, par conséquent, soumis à son administration municipale; ce sont les hameaux des Trois-Fontaines, du Molard-Bouchier, des Pastières et du Levatel. Le bourg est divisé en plusieurs quartiers, qui sont :

Le Bas-Rives (1), situé au confluent du Furens et du Réaulmont, au fond du vallon, et séparé du reste du bourg par une rampe assez courte mais fort rapide.

Rives ou Saint-Vallier: c'était autrefois un mandement du diocèse de Grenoble, du bailliage de Saint-Marcellin et de l'élection de Romans, composé des paroisses de Rives, Beaucroissant et Renage. Le nom de Saint-Vallier lui vient de ce que son église est sous le vocable de ce saint.

Enfin le Bourbouillon et la Maladière. Ce dernier quartier est ainsi nommé d'une *maladrerie* ou *maladerie* (2) qui s'y trouvait autrefois, ainsi qu'on le voit par la visite de l'évêque Laurent Alleman, en 1494.

Rives a long-temps passé pour un mauvais gîte, et c'est, je crois, avec assez de raison. Il est inconcevable que dans un bourg aussi important et aussi rapproché de Grenoble, on n'ait pas songé à établir depuis longtemps un hôtel passable pour les voyageurs. Dans un manuscrit trouvé à la chambre des comptes de Grenoble, et daté de 1507, on trouve les vers suivants qui ne sont pas faits pour engager le voyageur à s'y arrêter :

> Se veulx aler à ton ayse
> De Grenoble droit à Lyon,
> A Moyranc, à la Cymaise

(1) On y remarque une vieille tour d'un style assez curieux, adossée à une forge et noire comme elle. On prétend, dans le pays, que Louis XI y a passé une nuit ; de là, le nom de Tour Louis XI sous lequel elle est connue. A quelle époque et dans quelles circonstances ce prince a-t-il pu s'arrêter à Rives ? Mes investigations à cet égard sont restées sans résultat. Il pourrait pourtant se faire que ce soit en 1451, année de son mariage avec Charlotte de Savoie. On sait que ce prince, se lassant du joug paternel, passa en Dauphiné, où, sous le prétexte que cette province avait été transportée au fils aîné de France et non à la couronne, il se fit reconnaître pour seul et légitime souverain en 1444. C'est quelque temps après que sa politique lui fit épouser Charlotte de Savoie, et Guy-Allard nous apprend que le mariage fut célébré en 1451, à la Côte-Saint-André. Il est possible que ce soit à cette occasion qu'il ait passé une nuit à Rives, qui est éloigné de cette ville de quelques lieues seulement.

(2) Les pèlerins et les croisés nous rapportèrent de l'Orient un mal affreux. Ce mal, c'était la lèpre, et elle fit en France d'étonnants ravages. Au rapport de Mathieu Pâris, on comptait en Europe, au douzième siècle, jusqu'à 19,000 *léproseries* ou *maladreries*. En 1677, Louis XIV ayant rétabli les ordres de Saint-Lazare et de Notre-Dame-du-Mont-Carmel, donna la connaissance de leurs affaires à la chambre royale, qui subdélégua, en Dauphiné, Guy-Allard pour faire le recensement des maladreries de cette province. Selon cet historien, il y en avait quarante-quatre, parmi lesquelles il cite celle de Rives.

Y aure pain blanc et vin bon.
Ne passes oultre, te dit-on,
Pour t'aler loger à Rives,
Car le séjour n'y est pas bon
En quelque temps que arrive.

Heureusement ce bourg n'est plus ce qu'il était il y a trois cents ans. La papeterie, à elle seule, y a attiré un grand nombre d'ouvriers ; beaucoup d'autres sont
venus s'y établir avec les métiers à la Jacquart. Rives n'est plus reconnaissable
et son gîte aussi s'est amélioré comme tout le reste. Il y a depuis quelque temps,
m'a-t-on assuré, un hôtel passablement confortable. Le propriétaire actuel a donc
compris ses intérêts, ce qui n'avait pu entrer dans la tête de son prédécesseur. A
cet hôtel, l'*Hôtel-de-la-Poste*, se rattache un souvenir récent dont je ne crois pas
hors de propos de raconter quelques détails que je dois à l'obligeance d'un témoin
plus qu'oculaire (1), dont la véracité ne peut être révoquée en doute ; ils sont du
reste encore gravés dans la mémoire de nombreux Rivois.

Le 9 mars 1815, entre sept et huit heures du soir, une foule nombreuse et qui
augmentait à chaque instant, se pressait devant l'*Hôtel-de-la-Poste* et attendait avec
impatience l'arrivée de Napoléon qu'elle savait depuis la veille à Grenoble ; car,
malgré la rapidité de sa marche, le bruit de son expédition l'avait déjà précédé,
et les populations accouraient empressées sur son passage. Enfin une petite troupe
fut aperçue entrant dans le bourg, et bientôt l'empereur, accompagné du maréchal Bertrand et des généraux Drouot, Jannin, Martel et Bizannet, mit pied à
terre au milieu des cris d'enthousiasme de la foule. Le maire du lieu vint faire sa
harangue : c'était un discours que naguères encore il avait adressé au comte
d'Artois pour le féliciter d'avoir chassé l'*usurpateur*, et auquel il n'avait fait que
des changements de noms : « Assez ! assez ! » s'écria bientôt Napoléon, impatienté
de la loquacité de l'orateur ; et, pour opposer une digue à sa fécondité, il fut
obligé de lui faire diverses questions sur l'industrie agricole et manufacturière de
la commune de Rives, à laquelle il promit sa protection spéciale.

On lui présenta quelques-uns des principaux du pays. Auprès de chacun, il
s'enquérait avec soin des intérêts de la localité ou d'intérêts qui les touchaient de
plus près. « Vous êtes malheureusement, dans votre partie, dit-il à un fabricant

---

(1) M. Augustin Blanchet, qui a bien voulu me communiquer, avec sa complaisance ordinaire,
des documents écrits sous l'impression de la grande époque, et m'autoriser à m'en servir pour
la confection de ma notice. Je me plais à lui en faire ici tous les remerciements qu'il mérite :
je regrette seulement de ne pouvoir reproduire son manuscrit en entier, les bornes de cet
ouvrage s'y opposant ; mais, dans tous les cas, j'ai usé largement du droit qui m'était accordé.

» d'acier, en arrière d'un siècle des Anglais et même des Elbois que je quitte. »

A un fabricant de papier, il parla longuement d'un décret qu'il avait rendu jadis sur la prohibition des chiffons (1). « Votre industrie, ajouta-t-il, est d'autant plus intéressante qu'elle sert à transmettre à la postérité les fruits de la science et du génie.... — Et les merveilles de Napoléon! répliqua l'adroit fabricant.

Voici un autre fait qui peint bien l'*homme*. Le maire, qui était en même temps notaire, lui ayant demandé la permission de lui présenter sa femme. « Combien avez-vous d'enfants? » lui demanda l'empereur.

— Point, sire!

— C'est dommage, monsieur; des enfants et quelques actes de moins, tout en irait pour le mieux....

On introduisit en ce moment un vieil officier, que la gloire et non l'âge a rendu invalide; l'émotion lui ôte la parole, il tremble et n'ose porter ses regards sur son empereur.

— Où as-tu fait ta première campagne, lui dit Napoléon d'un air plein de bonté?

— Au siége de Toulon, à la redoute de Gibraltar.... répond le brave.

— La redoute de Gibraltar! s'écria vivement Napoléon avec un accent tragique; c'est là que fut blessé l'intrépide Dugommier!... excellent homme!..

Et il leva les yeux au ciel : puis il s'enquit de nouveau des campagnes du vieux soldat.

De l'armée d'Italie, celui-ci était passé à celle d'Egypte et avait été blessé à la bataille des Pyramides.

— Dans quelle demi-brigade?

— Dans la 32ᵉ, sire....

— Dans la 32ᵉ! interrompit Napoléon en lui frappant sur la joue d'une main caressante, et tu n'en disais rien!.... La 32ᵉ était là, j'étais tranquille. Ta retraite?

— 600 francs, sire.

— 600 francs à un capitaine de ma 32ᵉ! et c'est ainsi que l'on traite les braves de ma 32ᵉ! Quelle horreur! Bertrand, notez ce capitaine pour la croix et pour 600 francs d'augmentation de retraite....

Et il répétait avec indignation : Un capitaine de ma 32ᵉ!!!

_____

(1) Ce décret se rapportait à son *système continental*, le chiffon étant très-rare en Angleterre, et prononçait des peines fort sévères contre ceux qui auraient été surpris favorisant le passage de cette matière chez nos voisins d'outre-mer.

On servit le dîner. Accoutumé à vivre dans la plus grande frugalité, il se contenta d'un potage maigre, de pommes de terre et de châtaignes ; toute sa sensualité fut réservée pour le café qu'il prenait moins en militaire qu'en directeur de nonnes.

Après dîner, il y eut réception et sa chambre fut ouverte à un grand nombre d'habitants du pays. La joie brillait sur tous les visages, et tout le monde se trouva bientôt à son aise avec lui. Les questions suivaient les questions : à toutes il répondait avec bienveillance. « Mon Dieu, qu'il est *commère* aujourd'hui!.... » disait Bertrand dans l'escalier.

« N'est-il point venu chez vous d'officiers de l'armée royale, demanda tout à coup Napoléon, en se retournant brusquement du côté du maire?

Puis, sur une réponse négative, il ajouta avec un sourire sardonique : « Il serait plaisant que le comte d'Artois, ce chevalier par excellence, voulût gagner ses éperons avec moi. Au reste, voilà ma plus belle campagne.... *Le seul Moniteur* m'appelle en France, et c'est avec six cents de mes *grognards* que je vais faire, sans brûler une amorce, la conquête du premier empire du monde!...»

— Henri IV aurait bien dû la faire à ce prix, lui dit vivement un de ses voisins, la France et lui en eussent été bien plus heureux....

— Oh! certainement, répondit Napoléon avec un sourire plein de bienveillance. J'ai donné, dit-il, et je devais la préférence à mon pays. Dans mon île, j'ai reçu plusieurs députations de l'Italie qui voulait que je fusse son roi. J'ai été le Prométhée de ce peuple autrefois de sbires et de capucins, dont j'ai fait des hommes et des héros, dignes frères de mes braves. J'ai bien administré ce beau pays, et j'ai appris avec plaisir que le grand-duc de Toscane, qui est un excellent homme, gouverne ses sujets d'après mes principes et mon code.

Et il parla encore longuement de choses qu'il serait trop long de rapporter ici. Tout le monde prêtait l'oreille avec admiration : c'étaient les paroles d'un dieu.... et personne n'aurait songé à quitter la place, si Bertrand, dans un mouvement d'impatience, n'était venu annoncer que la voiture était prête.

Il était minuit. Les adieux furent touchants, et Napoléon promit à ses bons et chers Dauphinois de ne pas les oublier. — Vive Napoléon! criait en ce moment un meunier de l'endroit, plus fort que tous les autres spectateurs.

— Est-ce au moins de bon cœur, lui demanda celui-ci?

— Oui, sacrebleu !....

— Eh bien! touche-là....

Et il lui tendit la main... Le brave meunier faillit en devenir fou de bonheur. Les cris s'élevèrent de nouveau avec plus de force, et la voiture s'éloigna au milieu d'une nombreuse escorte qui s'accroissait de moment en moment, et qui l'accompagna malgré l'obscurité de la nuit et la neige qui tombait en abondance.

Mais où m'emporte mon récit? je me laisse entraîner à parler de *lui*, quand je n'aurais peut-être pas dû sortir de mon sujet. J'en demande pardon à mon lecteur.... Ce sont des détails tout à fait inédits, et qui, s'ils n'ajoutent rien à *son* histoire, n'en sont pas moins des traits assez caractéristiques pour que je ne laisse pas échapper cette occasion de les publier.

G. V.

LES DAUPHINS.

Ce n'est ni une histoire généalogique et critique, ni une biographie détaillée des princes qui ont jadis gouverné l'ancienne province de Dauphiné, que nous avons la prétention d'offrir dans le peu de lignes que nous allons consacrer à leur souvenir : les limites de ce recueil ne permettent pas d'entreprendre une œuvre de ce genre qui, d'ailleurs, par ses éléments fastidieux, devrait toujours en être proscrite. Mais il semblerait étrange que dans un ouvrage dont les éléments rappellent si souvent les noms des anciens souverains du pays il ne fût pas fait mention d'eux d'une manière spéciale, et c'est afin de remplir cette lacune que nous allons en peu de mots rappeler les traits principaux de la vie de chacun d'eux.

Les annalistes du Dauphiné sont loin d'être d'accord sur l'origine et la filiation généalogique des Dauphins, dissidence qui se présente à chaque pas dans le domaine de l'histoire, et dont le résultat doit convaincre les esprits philosophiques que la recherche des faits accomplis est entourée d'une incertitude qui rend la découverte de la vérité fort problématique. Presque toujours l'avocat Chorier, qui n'était pas assez instruit pour savoir douter, a cru singulièrement rehausser la gloire de son pays en donnant à la première race de ses souverains une antiquité fort constestable. L'amour-propre national se payait alors de ces niaiseries scientifiques, comme il s'alimente aujourd'hui de déceptions tout aussi futiles, mais beaucoup moins inoffensives. Le président de Valbonnays, au contraire, esprit sec, investigateur, et ne procédant qu'avec l'appui de pièces avouées par une saine critique, a nettement expulsé des annales de sa province les cinq premiers princes dont Chorier revendique fièrement la découverte. Les successeurs de ces deux écrivains se sont à leur tour savamment divisés sur cette question qui, réduite à sa juste valeur, ne vaut pas la peine d'être discutée, car les personnages auxquels elle est relative ne figurent que nominalement dans l'histoire, sans y jouer un rôle actif (1). Le système de Valbonnays, remarquable par sa lucidité et surtout par l'emploi judicieux des pièces authentiques sur lesquelles il repose, ayant été adopté par les plus habiles critiques, nous nous faisons un devoir à notre tour de le prendre pour guide.

GUIGUES Iᵉʳ, DIT LE VIEIL.

Des ruines de l'empire carlovingien s'étaient formées des seigneuries féodales, dont le développement fut rapide, surtout dans la Gaule méridionale, pendant la décadence de ce royaume de Bourgogne que Rodolphe III, impuissant à maintenir la couronne sur sa tête, légua à l'empereur Conrad-le-Salique. Mais le nouveau possesseur de cette vaste contrée n'en fut guère plus le maître que son prédécesseur; la souveraineté réelle des pays qui lui avaient été transmis s'était morcelée entre les mains des grands vassaux militaires et ecclésiastiques, et ce morcellement, qui tendait sans cesse à se fractionner, fut l'écueil contre lequel vint se briser son autorité, dont l'exercice se réduisit dès-lors à des prérogatives honorifiques et à une suzeraineté purement nominale. Au milieu de cette anarchie féodale les usurpateurs qui s'étaient partagé les dépouilles impériales se les

(1) Sur cette question, comme sur toutes les questions obscures et oiseuses dont est semé le champ de l'histoire, les érudits et les savants se sont bien vite empressés de formuler des opinions contradictoires, pour le plus grand lustre de la vérité. Parmi la foule d'écrits publiés à ce sujet, il suffira de citer, outre ceux de Chorier et de Valbonnays, les suivants : *Histoire des Dauphins du Viennois*, par Claude de Rubys, Lyon, 1614, in-8° ; *Généalogie de la maison d'Albon*, par Thomassin, dans son *Registre delphinal*, manuscrit de la bibliothèque de Grenoble, n° 452-4, fᵒ 160 ; *Histoire des Dauphins français*, etc., par l'abbé Tricaut, Paris, Prault, 1713, in-12, préface ; *Généalogie des Dauphins de la première race*, par Fontanieu, dans son *Histoire du Dauphiné*, manuscrit de la bibliothèque du roi, coté P 111, tom. 2, dissertation fort judicieuse ; *Histoire des Dauphins*, etc., par Le Quien de la Neuville, Paris, 1760, in-12, tom. 1 ; *Histoire généalogique des Dauphins*, par Gaya, Paris, 1683 ; *Genealogia delphinensium comitum*, Grenoble, in-fol. ; *Histoire généalogique des Dauphins*, par Duchesne, Paris, 1619, in-4°, et 1628, in-4° ; *Chronologie des Dauphins*, dans *l'Art de vérifier les dates*, 2ᵉ édition, in-fol., pag. 757 ; *Historia Delphinum*, manuscrit de la bibliothèque de Lyon ; *Mercure* de 1711, avril.

disputaient incessamment, et c'est du sein de cet antagonisme que l'on voit surgir les comtes d'Albon, dont les successeurs devinrent les maîtres de la plus grande partie de l'ancienne province de Dauphiné.

Le membre de cette famille dont l'existence se présente pour la première fois sur la scène de l'histoire avec certitude, est Guigues, surnommé le Vieil, qui, le premier, d'après le témoignage de saint Hugues, usurpa une partie des possessions des évêques de Grenoble vers l'année 1040. Après avoir guerroyé longtemps contre le comte de Savoie, son voisin et son rival, il fit, selon l'usage du temps, des largesses considérables aux monastères et se fit moine dans l'abbaye de Cluny, où il mourut le 22 avril 1075.

GUIGUES II, DIT LE GRAS.

Guigues-le-Vieil, en quittant le monde, avait laissé ses domaines à Guigues, son fils, qui, d'après les formules usitées au moyen âge, prend dans les actes le surnom de Guigues-le-Gras. La vie de ce prince est ensevelie dans la plus complète obscurité, et il faut se borner à savoir qu'il mourut vers l'année 1080, après avoir fait des fondations pieuses, et laissant un fils qui eut de vifs démêlés avec l'évêque de Grenoble (1).

GUIGUES III.

Guigues III, qui est qualifié de comte dans divers actes et dans des bulles papales, avait accru si considérablement ses domaines au préjudice des évêques de Grenoble, que saint Hugues, dont il était le contemporain, se plaint de n'avoir pas dans tout son diocèse une seule ferme en pleine propriété. Le prélat, pour mettre un terme aux usurpations de son antagoniste, l'excommunia, et le comte effrayé se soumit à un accommodement en 1098. Mais la bonne intelligence fut de peu de durée : Guigues reprit les hostilités, expulsa saint Hugues de son siége, et finit par se réconcilier solennellement avec lui en 1116, après lui avoir fait des restitutions considérables. Peu de temps après il prit part, contre le comte de Genève, à la guerre que celui-ci avait déclarée au comte de Savoie, son gendre, et nous le voyons vers la fin de ses jours se livrer à des œuvres pies, à la persuasion

---

(1) Cette filiation est si obscure que plusieurs historiens, tels que Le Quien de la Neuville, Gaya et Chorier, ont confondu Guigues-le-Gras avec son fils, le comte Guigues. C'est une erreur que détruisent les actes cités par Valbonnays; car on y voit figurer Guigues-le-Gras, fils de Guigues-le-Vieil, et le comte Guigues, fils de Guigues-le-Gras.

de sa femme Mathilde, que de vieux cartulaires disent issue du sang royal d'Angleterre.

GUIGUES IV.

Le fils et le successeur de Guigues III, Guigues IV, est appelé Dauphin dans la plupart des actes où il intervient, et cette dénomination, dont ses successeurs firent l'appellation de leur dignité, a été l'objet de controverses nombreuses et sans résultat (1). Toujours en guerre avec ses voisins, ce prince fut tué, en 1142, dans un combat contre le comte de Savoie, son beau-frère. Il avait épousé Marguerite, fille d'Etienne, comte palatin de Bourgogne, et nièce du pape Calixte II, dont la vie a été écrite par Guillaume, chanoine de l'église de Grenoble, écrivain contemporain (2).

GUIGUES V.

Marguerite administra les domaines du Dauphin, pendant la minorité de son fils Guigues V, qui jeune encore se rendit à la cour de l'empereur Frédéric Ier. Ce prince le fit chevalier de sa propre main, lui donna une de ses parentes en mariage et lui fit diverses libéralités, entre autres la concession d'une mine d'argent à Rame dans le Briançonnais, et le droit de battre monnaie à Césane, petite ville située au pied du mont Genèvre. Après avoir été en guerre avec le comte de Savoie, qui le battit, et l'archevêque de Vienne, au sujet du comté de Viennois et d'Albon, Guigues mourut sans enfants, en 1162, au château de Vizille. Sa sœur Béatrix s'était remariée en secondes noces avec Hugues de Bourgogne, qui par cette alliance eut la souveraineté du Dauphiné. De ce mariage naquit André-Guigues VI, avec lequel commence la seconde race des Dauphins.

(1) Tous les écrivains qui ont traité l'histoire du Dauphiné ou des Dauphins se sont épuisés en conjectures sur l'origine et la valeur étymologique de cette dénomination. Le père Texte en a fait l'objet d'une dissertation dans le *Journal de Verdun*, 1745, pag. 251, et M. Eusèbe Salverte a discuté le même problème dans son *Essai historique sur les noms d'hommes*, Paris, 1824, tom. 1, pag. 412; M. Pierquin vient d'annoncer au monde savant, dans la *Revue du Dauphiné*, tom. VI, pag. 53, qu'il avait enfin découvert la vérité sur cet important problème. C'est à la langue celtique qu'il emprunte ses interprétations, ce qui est assurément fort respectable, et il prouve fort bien que *Dauphinois* vient directement d'*Allobroge* :
« Alfana vient d'*equus* sans doute. »

(2) *Vita Margaritæ, comitissæ Albonensis*, scriptore Guilielmo edita cura Dionisii Boëssi, Gratianopoli, Bureau, 1643, in-4° de vingt-quatre pages, imprimé aussi dans l'*amplissima collectio veterum scriptorum*, de D. Durand et D. Martenne, tom. 6, in-fol., pag. 1202.

ANDRÉ-GUIGUES VI.

André-Guigues VI réunit à ses états l'Embrunais et le Gapençais par son mariage avec la petite-fille du comte de Forcalquier, Marie de Claustral, qu'il répudia bientôt pour se marier avec Béatrix, fille de Guillaume, comte de Montferrat. Pendant sa longue administration il eut toujours soin d'étendre ses possessions, soit par des alliances avec les bourgeois de Turin, de Pignerol et de Teltona, soit en prenant en fief des terres des archevêques de Lyon et de Vienne. C'est à lui qu'est due la construction de l'église de Saint-André à Grenoble, dans laquelle il fut inhumé en 1237, époque de sa mort. Son fils aîné, Guigues VII, lui succéda.

GUIGUES VII.

Le mariage de ce prince avec Béatrix de Savoie, fille de Pierre, comte de Savoie, incorpora au Dauphiné la baronnie de Faucigny. La confirmation féodale qu'il reçut de l'Embrunais et du Gapençais de l'empereur Frédéric II, qui, en sa qualité de roi de Bourgogne, prétendait en être le suzerain, le brouilla avec Charles de France, frère du roi Saint-Louis, qui en revendiquait l'hommage, comme comte de Provence et de Forcalquier; mais il applanit ces difficultés en recevant de Charles l'investiture des mêmes terres. Il eut aussi, avec Philippe de Savoie, archevêque de Lyon, au sujet de certains fiefs situés dans son diocèse, des démêlés très-vifs qui leur mirent les armes à la main. Ces démêlés se renouvelèrent quelques années après avec bien plus d'animosité encore, lorsque Philippe fut devenu comte de Savoie par la mort de son frère. Guigues mourut après une administration de plus de trente ans, et fut enterré dans l'église des chartreux de Prémol, en 1270. Son fils Jean n'était pas destiné à lui survivre pendant longtemps.

JEAN Ier.

Jean était bien jeune encore lorsque son père lui laissa l'héritage dont il ne devait jouir qu'un instant. Marié avec Bonne de Savoie, fille d'Amé V, dit le Grand, comte de Savoie, il n'avait pas encore d'enfants lorsque, emporté par un cheval fougueux, il mourut en 1281 des suites d'une chute. Avec lui s'éteignit la seconde race des Dauphins. Sa sœur Anne s'étant mariée avec Humbert, baron de la Tour et de Coligny, ce riche seigneur recueillit, par la mort de Jean, la souveraineté du Dauphiné, et devint la tige de la troisième race des Dauphins.

HUMBERT I⁻.

L'avénement de Humbert de la Tour à la souveraineté du Dauphiné ne se fit pas sans obstacle. Robert II, duc de Bourgogne, se prétendait le plus proche héritier du côté de la ligne masculine du dauphin Jean, et il appuyait ses droits sur le motif que les femmes étaient exclues de la succession delphinale. Mais les usages du pays étaient contraires à ses prétentions, qu'il se disposa à appuyer par les armes. Après quelques hostilités, le roi Philippe-le-Bel fut choisi pour médiateur, et il fut conclu que Robert se désisterait de ses droits qui revivraient après l'extinction de la postérité d'Humbert, désistement qui fut le prix de diverses concessions faites par le dauphin. Des difficultés s'élevèrent aussi entre Humbert et le comte de Savoie; elles se terminèrent par un accommodement fort onéreux pour le dauphin, et ses clauses, toujours éludées ou inexécutées, furent une source de querelles entre ces deux pays, jusqu'à la réunion du Dauphiné à la France. Toutes ces négociations avaient obligé Humbert à lever sur ses peuples d'énormes impôts, qu'il réduisit bientôt dans la crainte d'encourir les censures de la cour de Rome, dont il apaisa le courroux par de riches offrandes. Il fut de tous les princes Dauphins celui qui augmenta le plus ses états, qu'il transmit à son fils aîné Jean, qu'il avait associé à l'administration des affaires, après lui avoir fait prêter serment en cette qualité. Sentant sa fin venir, il se retira dans le couvent des chartreux du Val-de-Sainte-Marie, au diocèse de Valence, et y mourut le 12 avril 1307.

JEAN II.

Jean avait été envoyé fort jeune encore à la cour de France, et il avait accompagné, dans son expédition contre les Flamands, le roi Philippe-le-Bel, sous les yeux duquel il se fit remarquer par son courage et sa bonne mine. En succédant à son père, il ne fit que continuer son œuvre, s'appliquant sans relâche à l'agrandissement de sa maison. Mais il faut convenir qu'il n'employa dans cette entreprise que des moyens toujours purs. Ce fut bien plus par la voie des négociations que par celle des armes qu'il étendit ses domaines; et les mesures prudentes qu'il avait prises, pour s'opposer à toute invasion, préservèrent ses peuples du fléau de la guerre, et déterminèrent le comte de Savoie à lui demander la paix. Sa justice et sa modération lui avaient concilié l'amour de ses peuples et la confiance de tous ses voisins qui se plaisaient à se ranger volontairement sous sa suzeraineté, et son équité était devenue si populaire, que des princes étrangers déférèrent souvent leurs différends à son arbitrage. Ce prince, qui aurait si bien mérité le surnom de justicier, mourut en 1318 à l'âge de trente-huit ans, regretté de ses peuples dont il avait fait le bonheur, et laissant de Béatrix de Hongrie, sa femme, un fils qui lui succéda sous le nom de Guigues VIII.

GUIGUES VIII.

Guigues n'avait pas hérité des qualités pacifiques de son père. Son humeur bouillante l'entraîna dans des guerres continuelles, et s'il ne fut pas le prince le plus sage et le plus modéré qui ait gouverné le Dauphiné, il est au moins celui dont le nom est resté avec éclat dans ses annales. Marié avec Isabelle, troisième fille du roi Philippe-le-Long, cette noble alliance, qui s'était célébrée à Dole avec beaucoup de magnificence, l'avait placé parmi les vassaux puissants de la couronne de France. Les hostilités ne tardèrent pas à éclater entre Guigues et son rival Edouard, comte de Savoie, et ils en vinrent aux mains dans les champs de Varey. Tout le gain de la bataille, dont nous allons emprunter le récit au naïf chroniqueur de Savoie, fut pour le dauphin. « Le dauphin et toute sa bataille se rua de telle furie sur le comte Edouard qu'il se commença une meslée de manière si estrange, que l'on n'eut ouï Dieu tonner, pour le bruit et tintamarre des tabourins, trompettes, hennissemens des chevaux, cris et lamentations des navrez et autres rabasts de bataille. Les Savoysiens se voyans pressez, se retiroyent au petit pas, tournans le dos du costé de septentrion, qui fut cause qu'ils eurent le soleil de midy aux yeux, le quel ce iour estoit fort ardant. A l'occasion de quoy facilement furent deffaits; car la lueur du soleil reverberant sur les harnois, leur esblouit les yeux de telle sorte qu'ils ne voyoient goutte, et ne se cognoissoyent les uns les autres.

» Le dauphin, à ceste raison, ne faillit à user de son advantage, et avec un esquadron de gens de cheval, entra emmi ses ennemis faisant grand massacre : ce pendant le comte Edouard fut conseillé par ses plus espéciaux serviteurs de soy retirer hors de la foule, pour se mettre à sauveté; mais ainsi qu'il se sequestroit de la presse, à petite compagnie, il fut cogneu d'un chevalier du Daulphiné, qu'on nommoit Auberion de Maleys, lequel se vint ruer sur le dit comte, et le constitua son prisonnier; mais parce qu'il ne le pouvait garder seul, le seigneur de Tournon, qui apperceut que le dit comte se combattoit avec Auberion, se voulant deffaire de lui, y acourut avec sa trouppe, et arresterent eux deux le comte prisonnier, lequel comme ils se mettoyent en devoir de le désarmer et lui oster son armet, le jeune seigneur Hugues de Bozosel, accompagné du seigneur d'Entremons, le recourut d'entre les mains d'Auberion et du seigneur de Tournon, lequel se voyant sa proye lever d'entre les mains, s'escria à haulte voix qu'on lui donnast secours, mesme envoya un trompette à messire Albert, seigneur du Sassonage, lui dire qu'il piquast hastivement avec sa trouppe, pour ayder à reconquerre le comte de Savoye, leur prisonnier, que l'on leur avoit arraché de leur puissance ; mais le seigneur du Sassonage portant fort grande amitié et benivolence au comte Edouard, fit l'oreille sourde, feignant estre empesché contre ses ennemis, dont fut recouru le comte de Savoye, leur prisonnier, et emmené à sauveté par ses gens. Or fait à entendre qu'un peu de temps auparavant le dit du Sassonage, estant ambassadeur en France, avec charge de demander une fille du roy en mariage, pour monsieur le Daulphin, son seigneur, tomba en un grand inconvénient et dangier de sa vie, pour avoir tué le seigneur d'Aigreville, grand-maistre d'hostel de France, qui avoit respondu au dit du Sassonage que le roy n'estoit délibéré de donner sa fille à un tel porceau, comme estoit le Daulphin, son maistre, pour laquelle response le dit grand-maistre avoit esté mis à mort; à ceste cause le roy indigné commanda très-expressément que punition fust faite de ce meurtre, et eust eu le seigneur du Sassonage la teste tranchée, n'eust esté le comte Edouard, de Savoye, qui lors estant en la cour de France, le fit sauver et luy donna moyen d'éviter la fureur du roy. Ainsi le seigneur du Sassonage ne voulant estre ingrat à l'endroit de celui dont il tenait la vie, donna aussi moyen au comte Edouard de soy sauver de la bataille, et n'est nul plaisir perdu entre les gens de bien et de vertu, n'y tant petit compagnon qui, quelquefois, ne fasse bien besoin aux grands princes. Ainsi a Dieu permis pour l'entretennement des petits avec les grands. La fin de la bataille fut que le comte Edouard, avec toute son armée, qu'il estimait invincible, fut chassé et deffait, toutes ses riches tentes et tout le bagage pillé et butiné. Le daulphin Guigues estant au-dessus de ses affaires par le moyen de ceste grosse victoire et ayant fourni le chasteau de Varey de vivres et garnison, se retira en ses pais avec grand nombre de prisonniers (1). » Peu de temps après cette bataille, dont les résultats donnèrent au dauphin une supériorité incontestable sur son rival, Guigues conduisit ses troupes en Flandre, au secours du roi de France, son suzerain. Il commanda à la bataille de Cassel la septième ligne de l'armée à douze bannières et prit une part active au gain de la journée. Le roi, pour lui témoigner sa reconnaissance, lui fit don d'un hôtel sis sur la place de Grève, à Paris, et connu sous le nom de Maison-aux-Piliers.

« La victoire que le dauphin avait remportée à Varey lui avoit enflé le cœur, et c'estoit chose désordonnée et par trop insolente des façons de faire et vie qu'il

_____

(1) *Chronique de Savoye*, par GUILLAUME PARADIN, Lyon, Jean de Tournes, 1561, in-f°, pp. 213, 214.

mena un temps (1); » les habitants des marches de la Savoye adressèrent leurs plaintes au successeur d'Edouard, Amé V, qui après s'être assuré du concours de puissants vassaux, entra en campagne et remporta quelques avantages sur les troupes dauphinoises. Guigues voulut réparer cet échec en s'emparant du château de la Perrière, dont il fit faire le siége; mais « comme il s'efforçoit de recognoistre les endroits d'icelluy plus faciles à assaillir, fut tiré un coup de trait de la Perrière, de telle roideur, que perçant tout outre le corps du dit seigneur daulphin, le renversa par terre, dont ainsi fut porté en sa tente, en laquelle ne peut estre si tost, qu'il ne mourust soudainement; qui fut inconvénient par lequel furent les Daulphinois en telle cholère et obstination, qu'ils conjurèrent tous ensemble de tous mourir avant que faillir à prendre la place (2). » Et bien tinrent-ils parole, car ils reprirent la Perrière et le saccagèrent. Guigues n'avait que vingt-quatre ans lorsque la mort le frappa le 4 juillet 1333, sous les murs de la Perrière; il ne laissait point d'enfants, et ce fut son frère Humbert qui, en lui succédant, ne recueillit pas l'héritage de ses qualités brillantes et de sa bravoure militaire.

HUMBERT II.

A peine Humbert eut-il le pouvoir en main, qu'il se fit remarquer par l'excès de sa vanité, sa fausse grandeur, ses inconséquences et son incapacité administrative. Son premier soin fut de solliciter de l'empereur la dignité imaginaire d'archi-sénéchal perpétuel des royaumes d'Arles et de Vienne qui n'existaient plus. Il rêva la royauté, prit les titres fastueux de prince du Briançonnais, de duc de Champsaur, de marquis de Cesane, de comte de Vienne, d'Albon, de Graisivaudan, d'Embrun, de Gapençois, de Palatin, baron de la Tour, de capitaine général des armées du saint-siége; s'entoura d'officiers, de chapelains, de gentilshommes et de valets, ne fit que des sottises et se ruina; après quoi il fit la paix aux conditions les plus dures avec le comte de Savoie, Amé VI, surnommé le comte Verd.

En paix avec ses voisins, Humbert se livra à la manie qui le possédait de créer des établissements publics, religieux et universitaires. Il fit venir des pédants du comtat d'Avignon, organisa des cours de justice, pressura les financiers, dépouilla les juifs, accabla ses sujets d'impôts et de vexations, altéra les monnaies et n'en devint pas plus riche et pas plus puissant, parce que sa petite intelligence n'attachait de grandeur qu'aux futilités. Le président de Valbonnays s'est donné

(1) PARADIN, loco citato, p. 218.
(2) PARADIN, loco citato, p. 223.

beaucoup de peine pour faire systématiquement un grand homme de ce prince incapable; et comme il arrive ordinairement lorsqu'on outre une proposition, la multiplicité de petits faits sans importance qu'il a minutieusement rapportés, prouve clairement que son héros n'était qu'un sot. Réduit aux expédients les plus honteux pour se procurer de l'argent afin d'acheter la paix et de subvenir aux frais de ses voyages, il prit le parti d'aliéner sa principauté en faveur de Philippe-le-Valois, pour une somme de quarante mille écus d'or et une rente annuelle de dix mille livres.

Mais cet argent fut loin de suffire à l'accomplissement des desseins qu'il méditait. Sa vanité venait de lui suggérer le projet de se mettre à la tête de la croisade que le pape Clément VI faisait prêcher en 1345, et pour extorquer de ses sujets obérés l'argent nécessaire à l'exécution de cette entreprise, il fit annoncer, dans tous ses domaines, qu'il vendrait, aux communautés bourgeoises et rustiques et à bon marché, les priviléges les plus étendus. L'évêque de Grenoble et ses serviteurs lui firent en vain les plus sages remontrances; tout fut inutile, et glorieux d'avoir obtenu le commandement d'une expédition dont il était incapable d'être le chef, il cingla vers l'île de Negrepont, où quatre vaisseaux armés par le pape et deux autres par les chevaliers de Rhodes vinrent le joindre. La campagne s'ouvrit, en 1346, par une bataille près de Smyrne, dans laquelle les infidèles furent défaits. Au lieu de poursuivre ses succès, entraîné par l'inconstance de son caractère, Humbert s'empressa d'accepter la trève que lui demandait le général ennemi, et revint à Rhodes jouir puérilement de ses triomphes. Peu de mois après, il était de retour à Grenoble occupé à rédiger un règlement pour l'administration somptuaire de sa maison, et à torturer ses sujets qui, n'ayant plus d'argent à lui donner, attendaient avec impatience l'instant où ils passeraient sous la main d'un maître moins absurde et moins impitoyable.

Humbert ayant perdu sa femme, Marie des Baux, demanda la main de Jeanne de Bourbon, l'obtint, et au moment où la rédaction du contrat allait mettre le sceau à cette alliance, il retira sa parole, en annonçant le projet d'embrasser la vie monastique. En effet, il abdiqua peu de jours après en faveur du roi de France, prit l'habit de saint Dominique, dans le couvent de Beauvoir, et se fit appeler frère Humbert.

Cet accès d'humilité fit place bientôt à sa vanité naturelle. Il se rendit à Avignon, où, dans un seul jour, il fut promu à tous les ordres ecclésiastiques, et peu de mois après le pape le créa administrateur perpétuel de l'archevêché de Reims, dont les revenus et les droits lui furent dévolus par la mort du titulaire Hugues d'Arcy, et le sacra patriarche d'Alexandrie. Son avidité et son ambition n'étant pas satisfaites de tant d'honneurs et de dignités, il sollicita du roi Jean l'évêché de Paris, lorsqu'enfin la mort l'ayant surpris le 22 mai 1355, à Clermont, vint mettre un terme à toutes les inconséquences qui avaient été le fléau des peuples dont le ciel lui avait confié le gouvernement. Les actes émanés de la chancellerie d'Humbert II sont fort nombreux, et il a pris la peine lui-même de faire des règlements sur le menu de ses dîners, les gages de ses cuisiniers, la forme, la couleur et le prix de ses culottes; c'est, qu'à vrai dire, il avait le génie des petites choses, disposition d'esprit qui, chez les princes, est le résultat d'une incapacité plus funeste aux peuples que ne le serait la domination d'un maître sévère, mais éclairé.

Un mot maintenant sur les portraits qui accompagnent ces courtes notices biographiques, et hâtons-nous de déclarer qu'il ne faut pas voir en eux l'image fidèle des honorables personnages dont ils rappellent le souvenir. Vers la fin du seizième ou au commencement du dix-septième siècle, le ciseau d'un artiste orna le palais de justice de Grenoble des bustes des anciens princes souverains de la province. Son imagination seule fit les frais de cette création, dont la reproduction serait digne de trouver place à côté des nomenclatures iconographiques de nos rois, et parmi les milliers de bustes et de portraits apocryphes qui peuplent la prétendue galerie historique de Versailles. Ce sont ces bustes que l'on a été forcé, en l'absence d'effigies plus authentiques, de reproduire dans ce recueil; monuments certes aussi respectables et aussi sincères que les portraitures du roi Pharamond et de ses glorieux successeurs, qui ont illustré jusqu'ici nos annales nationales. L'histoire est pleine de mensonges de ce genre (1).

DIE.

La petite et rapide rivière qui donne son nom au département de la Drome roule ses eaux capricieuses dans une vallée dont les divers bassins offrent tour à tour le tableau mouvant des aspects les plus pittoresques et les plus nobles par le luxe de la végétation, l'élégance et l'harmonie des lignes de l'horizon, et des sites

(1) M. Pilot a publié une curieuse dissertation sur les bustes des Dauphins et leur découverte dans le tome VI de la *Revue du Dauphiné*.

les plus sévères, par la rigidité et le déchirement des roches et des hautes montagnes qui enclosent la vallée. Lorsque, parcourant la route poudreuse de Lyon à Marseille, vous êtes arrivé au bourg de Livron, arrêtez-vous sur le beau pont construit sur la Drome, vers la fin du siècle dernier, et du haut de cet observatoire laissez planer vos regards à l'est sur l'admirable perspective que présente le paysage. A votre droite courent, en s'amoncelant avec grâce sur la rive gauche de la Drome, les collines boisées de Briant et de Chabrillant, qui vont se rattacher aux petites chaînes des Alpes, tandis qu'à votre gauche se dresse brusquement le coteau décharné de Brezème, dont l'aridité disparaît chaque jour sous le pampre de ses vignobles et l'ombrage de ses plantations de mûriers. A vos pieds, et sur le premier plan du bassin, serpentent dans un large lit coupé de bancs de sable et de galets les eaux turbulentes du torrent; mais bientôt se développe une opulente et vaste plaine dont le prolongement se dérobe sous les masses touffues d'une forêt de noyers et de mûriers. Au nord, cette plaine est bornée par les coteaux d'Eurre et de Vaulnaveys, et, sur un plan plus rapproché, par celui d'Allex, dont la silhouette, dessinée par deux vieilles tours croulantes qui surmontent les habitations d'un village construit en étages, se détache nettement à l'horizon; au midi, sa limite naturelle est décrite par le cours de la Drome, au-delà de laquelle s'élèvent par assises les montagnes de Divajeu et de Roche-Colombe; au fond du bassin s'avance, à l'extrémité d'un promontoire, le formidable donjon de Crest, tandis qu'au-dessus de cette ligne, à l'est, l'horizon est fermé par les pitons de Roche-Courbe et les croupes neigeuses du Vercors.

Si maintenant vous parcourez dans ses détails cette belle plaine dont vos regards viennent d'embrasser l'ensemble, vous serez frappé à chaque pas des richesses et des ressources inépuisables que l'industrie de l'agriculteur fait surgir d'un sol conquis sur les eaux. Franchissez Crest, la vallée se resserre, mais elle étale toujours le même luxe de végétation qu'entretiennent la fraîcheur et l'abondance des eaux, tandis qu'au-delà de Saillans des montagnes roides, sèches et ravinées, se rapprochent et étreignent le cours de la Drome. La nature s'est dépouillée de sa parure pour se vêtir de formes âpres et se colorer de teintes grisâtres. A mesure que vous avancez, le sol s'élève, les montagnes se dressent avec des proportions plus colossales, et vous cheminez dans une gorge étroite au fond de laquelle la Drome se roule brusquement. Peu à peu cependant la physionomie de la contrée change d'aspect, vous franchissez brusquement la Drome, et tout à coup s'offre à vos yeux un vaste amphithéâtre, dont les murs d'enceinte sont formés par les chaînes verticales du Dyois. Au centre de cet amphithéâtre s'amoncèlent des habitations closes de vieilles murailles; c'est l'antique cité des Voconces, la ville de Die, célèbre dans les annales de l'archéologie nationale, jadis résidence épiscopale , aujourd'hui humble sous-préfecture , qui n'a conservé que d'informes et rares débris de sa grandeur passée.

Il faudrait tout un volume pour raconter l'histoire de la petite ville de Die; le peu de pages qu'il nous est permis de lui consacrer dans ce recueil ne renfermeront, par conséquent, sur elle qu'une notice bien incomplète. Ses annales se divisent en époques bien distinctes : la période romaine, la domination des évêques feudataires des rois de Bourgogne et des empereurs d'Allemagne, l'administration municipale, le récit des guerres et des discordes civiles au seizième siècle, le tableau de la polémique acrimonieuse dont elle fut le théâtre dans le siècle suivant entre les théologiens protestants et le clergé catholique. Ces éléments divers seraient féconds en développements; nous devons nous borner à les indiquer, sans aborder les détails.

Les antiquaires, suivant leur usage, n'ont pas été sobres de conjectures sur l'origine de Die; Bullet, qui voyait partout des Celtes et du celtique, n'a pas omis de dériver l'étymologie du nom de cette ville de la langue mystérieuse dont il a si doctement dressé le dictionnaire, assertion dont on ne saurait lui contester la justesse, puisqu'il est, pour ainsi dire, l'heureux inventeur de l'idiome qui a servi de base à ses découvertes aujourd'hui tombées en discrédit. Les monuments nombreux, les vestiges de plusieurs édifices et les inscriptions lapidaires qu'elle renferme dans son sein, ne permettent pas de douter que cette cité ne soit de fondation romaine, sans toutefois que l'on puisse donner une date certaine à son berceau; car les géographes grecs et latins ne la mentionnent pas dans leurs nomenclatures; elle n'est désignée avec précision que dans les documents du troisième siècle de l'ère chrétienne. Elevée au rang de colonie romaine sous Auguste, quelques antiquaires ont cru qu'elle avait été consacrée à Livie, femme d'Auguste, que l'adulation du sénat avait placée parmi les déesses. En vertu de cette consécration , elle aurait été appelée la *Déesse*, *Dea* ou *Dia*; d'autres veulent que, dédiée à Cybèle, le vocable de la mère des dieux soit l'origine de son appellation, et ils fondent leur sentiment sur le grand nombre d'autels tauroboliques construits sous l'invocation de cette déesse, qui ont été découverts dans cette ville. Les savants se sont battus à outrance à ce sujet, bien entendu sans éclaircir la question.

Principale cité des Voconces, Die fut, sans doute, le théâtre des guerres qu'eut à soutenir ce peuple pendant l'invasion romaine, et ses remparts, reconstruits à la hâte avec des débris d'édifices, des fragments de sculpture, des fûts de colonnes tronquées prouvent que cette ville a soutenu des siéges nombreux pendant les agitations du bas-empire et du moyen âge (1).

_____

(1) Les antiquités romaines de Die, qui forment une des spécialités les plus intéressantes de

Les écrivains ecclésiastiques font remonter les annales de l'évêché de Die au commencement du troisième siècle, et mentionnent son premier évêque sous l'année 220 ; mais l'incertitude la plus absolue règne à cet égard; le doute ne cesse que lorsque l'on voit apparaître le nom des prélats dans les souscriptions des actes des conciles : ainsi Nicaise, qui assiste au concile de Nicée, en 325, peut être considéré comme le premier des évêques de Die dont l'existence historique est incontestable.

Les évêques de Die furent non-seulement les pasteurs spirituels, mais encore les seigneurs temporels de leur ville épiscopale. Leur souveraineté traversa les révolutions qui agitèrent la Gaule méridionale sous la domination des Francs et des Bourguignons, s'affermit pendant le règne des faibles monarques du troisième royaume de Bourgogne, et atteignit au plus haut terme de sa puissance sous la suzeraineté nominale des empereurs d'Allemagne. Mais à cette époque une autorité rivale vient compromettre la leur. Les sires de Poitiers, comtes de Valentinois et Dyois, avaient la prétention d'étendre leur suzeraineté et leur domaine utile sur une grande partie des terres et des fiefs de l'église de Die; pour faire triompher leurs droits, ils avaient en main la force, qui en dernier résultat résout toutes les difficultés politiques, la force de l'épée, et ils la firent agir contre les évêques, leurs rivaux. Ceux-ci, à leur tour, obéissant aux mœurs et à l'humeur guerrière de leur époque, revêtus du casque et de la cuirasse, se battaient bravement à la tête de leurs vassaux et de leurs hommes d'armes. Pendant les débats sanglants que la rivalité faisait incessamment éclater entre ces petits tyrans qui appelaient sous leurs bannières tous les hobereaux de la contrée, la bourgeoisie des villes et des bourgs, et le pauvre peuple des campagnes étaient, bien entendu, foulés, pillés et grevés d'impôts; on se disputait leur propriété et leurs dépouilles. Cependant ce sot peuple s'avisa de vouloir apporter un remède à ses misères; il fit ce que les écrivains ecclésiastiques et aristocratiques du temps appellent des

l'histoire archéologique de la France, ont été recueillies dans les ouvrages suivants : *Discours historiques touchant l'estat général des Gaules, et principalement en Dauphiné*, par Aymar Du Périer, Lyon, 1610, in-8°. *Voyage à Die*, par M. Artaud, dans les *Annales encyclopédiques de Millin*, février 1818, p. 175 à 297. *Antiquités et inscriptions de Die*, par M. Martin, Orange, 1818, in-8°. *Mémoire* de Lancelot, dans les *Mémoires de l'académie des inscriptions et belles-lettres*, tom. 7, p. 231. *Statistique du département de la Drome*, par M. Delacroix, in-4°, 1835, p. 467. *Voyage littéraire en France*, par D. Durand et D. Martenne, 1717, in-4°, tom. 1, p. 264. *Magasin Encyclopédique* de Millin, 3° année, tom. 4, p. 200 et suiv. *Mémoires de la société des antiquaires*, tom. 7, p. 63. Les curieux trouveront un guide encore plus sûr que ces ouvrages, quelque estimables qu'ils soient, dans la personne du docteur Denis Long, de Die, dont la sagacité et le profond savoir égalent l'inépuisable bienveillance.

conjurations, c'est-à-dire il s'organisa en communauté, se créa ou plus tôt fit revivre d'anciennes constitutions municipales, et opposa la force de la coalition au despotisme de ses oppresseurs.

Les évêques de Die ne virent qu'avec une extrême répugnance le développement d'une commune parmi les bourgeois de leur ville; ils luttèrent d'abord contre elle et s'efforcèrent de l'étouffer; mais le mouvement insurrectionnel qui se propageait victorieusement dans toute la France, les emporta, et contraints de céder à un de ces entraînements sociaux contre lesquels la résistance est une folie, ils finirent par sanctionner les priviléges, lois et bonnes coutumes municipales de leurs vassaux (1).

Il était impossible cependant que l'union régnât entre deux puissances composées d'éléments si contraires et dont les intérêts opposés, sans cesse en contact, devaient nécessairement entraîner de continuelles collisions. Cette lutte fut souvent violente, et les annales de l'église de Die rapportent qu'en 1222 l'évêque Humbert fut tué dans une insurrection populaire sur le seuil de son église.

L'union de l'évêché de Die à celui de Valence, faite en 1275, dans le but de placer entre les mains d'un seul évêque des moyens plus énergiques pour repousser les agressions des comtes de Valentinois, transféra au chapitre la rivalité exercée par les prélats contre la municipalité; mais celle-ci ne tarda pas à prendre une supériorité qu'elle conserva jusqu'au transport des comtés de Valentinois et de Dyois en 1404, époque à laquelle elle perdit, sous l'autorité royale, la liberté et la force populaire, dont elle ne conserva plus que les formules.

Victime des guerres cruelles que se firent pendant si longues années les comtes de Valentinois et ses évêques, Die le fut aussi au seizième siècle des discordes civiles que firent éclater les dissidences religieuses et politiques. Placée dans une contrée que sa configuration topographique rendait éminemment propre à la guerre de partisans, cette ville devint tour à tour la proie des catholiques et des protestants, et le centre des opérations du parti victorieux. Montbrun, que son influence et sa bravoure avaient placé à la tête du parti protestant dans le Bas-Dauphiné, tenta vainement de s'en emparer en 1573; mais en 1577 cette place tomba entre les mains des réformés qui y commirent tous les excès qu'inspirent le fanatisme et l'animosité politiques. Elle leur fut arrachée en 1581, ainsi que la plupart des petites places fortes du Dyois, par le gouverneur de Dauphiné, Maugiron; mais en 1585 ils s'en rendirent maîtres de nouveau et rasèrent la citadelle par ordre de Lesdiguières.

_____

(1) Les chartes municipales de la commune de Die, octroyées ou plus tôt homologuées par les évêques de Die, sont nombreuses; elles sont inédites, mais il en existe plusieurs copies, une entre autres entre les mains du rédacteur de cette notice. Elle forment un volume in-4°.

L'avènement de Henri IV au trône et l'édit de Nantes firent cesser, à Die, les hostilités dont elle avait été le théâtre sanglant pendant la période des guerres civiles, mais ils ne mirent pas un terme aux hostilités auxquelles les pédants et les docteurs se livrèrent à coups de plume. L'académie protestante qui y avait été fondée et dont la suppression fut le résultat de la révocation de l'édit de Nantes devint un foyer de discussions acrimonieuses entre les ministres protestants et les prêtres catholiques. Nous citerons, parmi les principaux pamphlets que fit éclore la bile théologique de ces messieurs, l'*Apologie en faveur des mariages contractés après le vœu illicite du célibat monachal*, par Gaspard Martin, ouvrage dirigé contre les jésuites (1); *Marseille sans miracles*, volume condamné au feu par le parlement de Grenoble (2). Les jésuites, car ils avaient le monopole de ces sortes de discussions, tinrent bravement tête à leurs adversaires et leur répondirent sur le même ton. Le chef-d'œuvre des libelles qu'ils échangèrent dans cette polémique est, sans contredit, le *Mercure réformé*, production qui, par son ironie grossière et ses invectives haineuses, se place parmi les productions excentriques de la presse (3).

Les annales littéraires de la ville de Die nous apprennent qu'à ces discussions, fomentées par l'intolérance et la doctrine méconnue du christianisme, s'en joignirent d'autres en 1672 d'un genre moins grave, mais non moins aigre. Deux pédants, les sieurs Terrisse et Terrasson, s'étaient épris des eaux d'une petite fontaine auxquelles ils attribuaient des propriétés curatives phénoménales. L'un et l'autre, dans une série de libelles auprès desquels le langage de Vadius et de Trissotin est un modèle d'urbanité et de bon ton, se déchirèrent avec la plus incroyable bouffonnerie pour l'amour de la science et de la médecine (4). La

(1) Voyez l'*Album du Dauphiné*, 1re année, pag. 152, note 2.

(2) *Marseille sans miracles, ou véritable récit de la conférence tenue en Provence entre les sieurs Rollin, pasteur de l'église réformée de Veyne, en Dauphiné, et le sieur Bizot, jésuite prédicateur, le 21 et 24 août dernier, touchant les prétendus miracles du feu évesque de Marseille et les miracles en général, avec un traicté qui monstre que les miracles ne sont point une marque de la vraye église, et pour quoi nous rejettons ceux dont l'église romaine se vante*. A Die, par Ezéchiel Benoît, imprimeur de l'académie des églises réformées de France, 1644, in-8° de 167 pages. Les professeurs de l'académie de Die, Blanc et d'Yse, furent ajournés devant le parlement de Grenoble pour avoir approuvé cet ouvrage, qui fut condamné au feu par arrêt de la cour. Voyez l'*Histoire de l'édit de Nantes*, par Elie Benoît. Delft., 1693-95, tom. 3, pag. 20.

(3) Voyez plus haut, page 79, note 2.

(4) Voyez l'histoire bibliographique de cette dispute dans la *Revue du Dauphiné*, tome 1, page 327.

114

dispute de ces diafoirus est un épisode très-curieux de l'histoire, si variée des sottises et des impertinences humaines.

Die n'a pas donné le jour à un grand nombre d'écrivains distingués. Les bibliothécaires nous ont transmis quelques noms obscurs, aujourd'hui complétement oubliés; ainsi, au commencement du treizième siècle, le chanoine Artaud s'y était fait la réputation d'un légiste habile; Jacques Avond, protestant converti, est l'auteur d'un poème ridicule sur le vœu de la virginité (1); Blaise Volet était un bel esprit du seizième siècle; le dominicain Jean Reynard a laissé un traité de morale ascétique, intitulé : *De peregrinatione generis humani;* enfin, il paraît que Die a été la patrie d'Antoine Rambaud, cet homme si peu connu et cependant si digne de l'être, dont la vie entière fut consacrée à la défense des intérêts populaires, et qui, dans le procès mémorable qu'eut à soutenir à la fin du seizième siècle et au commencement du dix-septième, contre le clergé et la noblesse du Dauphiné, le tiers-état de cette province, produisit, en faveur de cet ordre, des mémoires remarquables par la raison, le sens, le courage et l'énergie.

Ces rapides souvenirs, consacrés à une ville dont le patrimoine historique est riche en développements, sont assurément fort incomplets; mais force a été de nous circonscrire en d'étroites limites. En terminant cette notice, nous rappellerons, dans l'intérêt de la science, aux curieux, aux érudits et aux artistes, que les annales de la ville de Die sont écrites dans la mémoire du docteur Denis Long, et que c'est à cette source féconde qu'ils doivent puiser leurs renseignements (2).

OLLIVIER Jules.

GRIGNAN.

IL est certainement peu de châteaux en France placés dans une situation plus pittoresque et mieux faite pour jeter dans l'ame cette émotion profonde qu'éveillent les grandes scènes de la nature, que celui de Grignan, et cependant, à son

(1) Voyez *Album du Dauphiné*, 1re année, pag. 158, note première.
(2) L'histoire de Die ne peut être dignement écrite que par cet antiquaire distingué dont le silence est un larcin commis au préjudice de la science.

aspect, l'esprit subjugué par des souvenirs plus puissants reste insensible au charme des beautés naturelles dont le spectacle se présente avec une rare magnificence. C'est que là, parmi ces ruines maintenant si froides et si dévastées, règne dans son immortalité le nom de cette femme célèbre dont la plume naïve, gracieuse et facile, a tracé ces lettres « d'une importance inappréciable pour l'étude de notre langue, pour la connaissance de ses tours, de ses délicatesses et de ses libertés. » Qui ne sait que Mme de Sévigné est venue mourir dans ce château de Grignan, si cher à ses affections, jadis théâtre de tant de fêtes et de splendeurs, et dont les ruines aujourd'hui empruntent une grandeur plus réelle aux souvenirs du génie? De combien de pèlerinages ne sont pas incessamment l'objet les débris qui furent autrefois la noble résidence de la femme la plus aimable du siècle le plus poli et le plus spirituel! Hommage glorieux rendu par l'admiration de la postérité à la plus indestructible des puissances, celle de l'intelligence.

Le château de Grignan s'élève sur une roche isolée, jetée au-dessus de la surface d'une vaste plaine par un énergique soulèvement. Pour y parvenir, il faut d'abord traverser le bourg dont les habitations se groupent humblement à ses pieds, et gravir une rampe roide, terminée jadis par un fossé sur lequel s'abaissait un pont-levis remplacé plus tard par un arceau en pierre grossièrement construit. Au-delà du fossé, ou plutôt du petit pont en pierre, se présente le portail de la première enceinte du château que flanquent deux tourelles, dont le style révèle la manière du quatorzième siècle. Ces tourelles existaient assurément lorsqu'en 1395 Guillemin-le-Normand s'empara traîtreusement de la forteresse de Grignan (1). Après avoir franchi le portail, se développe une vaste cour d'honneur, au fond de laquelle s'élève une façade de la plus noble ordonnance, dont les beautés architectoniques brillent encore malgré les mutilations cruelles qui la déshonorent. A chaque flanc de cette façade, s'appuient de hautes tours du meilleur style, dont l'une renfermait les appartements particuliers de Mme de Sévigné; d'une tour à l'autre règne un large escalier qui sert à pénétrer dans l'intérieur de l'édifice. A l'est s'étend l'imposante façade que le coadjuteur d'Arles et l'évêque de Carcassonne, tous les deux de la maison de Grignan, faisaient construire en 1689; construction vraiment royale, qui est restée inachevée, et dont les lenteurs excitaient les plaintes et les regrets de Mme de Sévigné : « Une chose qui m'afflige véritablement, écrivait-elle à sa fille, c'est l'état affreux de votre château, et par le désordre des vents et par la fureur de monsieur le coadjuteur, aussi préjudiciable que le tourbillon. Quelle rage est la sienne! quoi! bâtir et *débâtir*, comme vous

_____

(1) La relation originale de cet événement est imprimée au tom. 2e, pag. 361 et suiv. de la *Revue du Dauphiné*. Guillemin-le-Normand était le chef d'une compagnie franche.

dites justement qu'on voit faire aux petites filles à qui on donne un morceau de
canevas. Il fait tout de même, il met votre maison sens dessus dessous, il en fait
un petit camp de Maintenon, dont l'air ne sera pas moins mortel (1). » C'est à
cette construction qu'est restée le nom de *façade des prélats*.

L'ample terrasse, recouverte de larges dalles, sur laquelle est assis le château,
est une conception aussi hardie qu'élégante; elle se dresse verticalement à plus de
cent pieds au-dessus des habitations du bourg, s'étend sur une longueur de cent
cinquante et sur une largeur de soixante et quinze environ; elle règne sur les
combles d'une fort belle église, dont la voûte se trouve ainsi engagée dans sa
masse. La vue que les regards embrassent du haut de cette terrasse est ravissante,
et l'immense panorama qui se déroule circulairement offre les plus admirables
aspects, sur lesquels le soleil du midi verse les flots de sa chaude et magique
lumière. Au midi, sur chaque point culminant, se dessinent avec leur allure
mauresque Chamaret, Valreas, Grillon, Suze, Montségur, petites places fortes
construites pendant la domination des papes à Avignon; au nord, une vaste zone
de forêts de roures et de chênes verts étend ses tapis de velours sur les collines qui
courent à l'horizon, tandis qu'à l'est se dressent avec majesté la croupe formidable du mont Ventoux et les sommets coniques des montagnes de la Lance.

Pénétrez maintenant dans ce manoir si splendide jadis, et orné de toutes les
créations du luxe, de l'opulence et de l'orgueil : que sont devenus, dans cette
longue galerie, les portraits en pied des Adhémar avec leurs armures de fer et leur
ondoyante chevelure? ces blasons, ces effigies armoriées, ces arabesques peintes
et sculptées avec tant de profusion, dont les capricieuses images se multipliaient
fantastiquement dans le cristal des glaces de Venise; ces tentures somptueuses,
où tout cela est-il? Et cette existence princière, si abondante, si fastueuse, si luxu-
riante dont Mme de Sévigné nous a laissé le tableau dans la lettre suivante, qu'est-
elle devenue? « J'ai reçu plusieurs de vos lettres, écrivait-elle à son cousin de
Coulanges, le 9 septembre 1694; il n'y en a point de perdues, ce serait grand
dommage, elles ont toutes leur mérite particulier, et font la joie de toute notre
société; ce que vous mettez pour adresse sur la dernière, en disant adieu à tous
ceux que vous nommez, ne vous a brouillé avec personne : *Au château royal de
Grignan.* Cette adresse frappe, donne tout au moins le plaisir de croire que dans
le nombre de toutes les beautés dont votre imagination est remplie, celle de ce
château, qui n'est pas commune, y conserve toujours sa place, et c'est un de ses
plus beaux titres : il faut que je vous en parle un peu, puisque vous l'aimez. Ce
vilain degré par où l'on montait dans la seconde cour, à la honte des Adhémar,

---

(1) *Lettres de Mme de Sévigné.* Paris, 1818, in-12; lettre du 14 février 1689, tom. 10, p. 62.

est entièrement renversé et fait place au plus agréable qu'on puisse imaginer; je ne dis point grand, ni magnifique, parce que ma fille n'ayant pas voulu jeter tous les appartements par terre, il a fallu se réduire à un certain espace où l'on a fait un chef-d'œuvre. Le vestibule est beau, et l'on y peut manger fort à son aise; on y monte par un perron; les armes de Grignan sont sur la porte; vous les aimez, c'est pourquoi je vous en parle. Les appartements des prélats, dont vous ne connaissez que le salon, sont meublés fort honnêtement, et l'usage que nous en faisons est très-délicieux. Mais puisque nous y sommes, parlons un peu de la cruelle et continuelle chère que l'on y fait, surtout en ce temps-ci; ce ne sont pourtant que les mêmes choses que l'on mange partout : des perdreaux; cela est commun, mais il n'est pas commun qu'ils soient tous, comme lorsqu'à Paris chacun les approche de son nez en faisant une certaine mine, et criant : ah? quel fumet ! sentez un peu; nous supprimons tous ces étonnements; ces perdreaux sont tous nourris de thym, de marjolaine, et de tout ce qui fait le parfum de nos sachets; il n'y a point à choisir; j'en dis autant de nos cailles grasses, dont il faut que la cuisse se sépare du corps à la première secousse; elle n'y manque jamais, et des tourterelles toutes parfaites aussi. Pour les melons, les figues et les muscats, c'est une chose étrange : si nous voulions, par quelque bizarre fantaisie, trouver un mauvais melon, nous serions obligés de le faire venir de Paris; il ne s'en trouve point ici : les figues blanches et sucrées, les muscats comme des grains d'ambre que l'on peut croquer, et qui vous feraient fort bien tourner la tête si vous en mangiez sans mesure, parce que c'est comme si l'on buvait à petits traits du plus exquis vin de Saint-Laurent. Mon cher cousin, quelle vie ! vous la connaissez sous de moindres degrés de soleil; elle ne fait point du tout souvenir de celle de la Trappe » (1).

Oh! oui, quelle vie de délices, de mollesse et de plaisirs! Que d'heureuses destinées se sont voluptueusement écoulées dans ce séjour enchanté, au sein de l'opulence et de la galanterie. Mais ce que n'ajoute pas Mme de Sévigné, c'est qu'à côté de toutes ces joies si largement dispensées à une société privilégiée, gémissaient la pauvreté et la souffrance. Apercevez-vous là-bas, dans la fange, au pied du manoir superbe des Grignan, ces humbles cabanes où habite l'indigence. Ce sont les tristes hôtes de ces réduits dont les sueurs et les privations alimentent la table de leur seigneur de ces *perdreaux nourris de thym,* et de toutes les friandises de cette *cruelle et continuelle chère*, tandis qu'eux, la nuit venue, courbés de fatigues et de labeurs, mangent à peine un peu de pain noir qu'ils trempent de leurs larmes. Mais Mme de Sévigné, qu'une migraine remplit de désolation, qui se pâme à la vue d'une piqûre d'épingle, dont la sensibilité s'exhale en cris lamentables pour des

(1) *Lettres de Mme de Sévigné*, tom. 11, pag. 319.

frivolités, ne se doutait pas de ces misères, la grande et noble dame qu'elle était ; et d'ailleurs, à ses yeux, ces misères n'étaient-elles par le partage légitime de ces viles créatures, de ces « animaux farouches, dont parle La Bruyère, mâles et femelles, répandus par la campagne, noirs, livides et tout brûlés du soleil, attachés à la terre qu'ils fouillent et qu'ils remuent avec une opiniâtreté invincible ; ils ont comme une voix articulée, et quand ils se lèvent sur leurs pieds, ils montrent une face humaine, et en effet ils sont des hommes. Ils se retirent la nuit dans des tanières où ils vivent de pain noir, d'eau et de racines ; ils épargnent aux autres hommes la peine de semer, de labourer et de recueillir pour vivre, et méritent ainsi de ne pas manquer de ce pain qu'ils ont semé » (1). Mais attendez encore un peu de temps, bientôt il va se faire d'étranges changements. Voilà que la providence fait souffler le terrible vent de 93, qui, d'une seule haleine, emporte les châteaux et leurs heureux possesseurs, tandis que les *animaux farouches*, à leur tour, *se lèvent sur leurs pieds*, et, devenus hommes enfin, vont écraser leurs oppresseurs avec le fer de leurs chaînes brisées. Un pèlerin ne trouverait pas aujourd'hui où abriter sa tête dans le palais des Grignan ; plus de lambris dorés, plus de créneaux, plus de tours orgueilleuses ; la pluie du ciel tombe en liberté dans ces appartements parfumés qu'habitait une génération dédaigneuse et musquée ; le souffle mordant du nord déchire ces murailles, qui ne seront plus qu'un peu de terre qu'emportera l'orage. Ne pleurez pas sur ces ruines, car c'est la vengeance de Dieu qui les a faites, mais cherchez-y plutôt les enseignements redoutables que le passé offre au présent. L'histoire d'une époque grande et terrible est écrite sur les décombres de cette grandeur écroulée, et il faudrait plaindre les cœurs insensés qui resteraient sourds à ses leçons pour se livrer à des colères impuissantes et à d'inutiles doléances.

La terre et la seigneurie de Grignan appartenaient à l'antique maison des Adhémar de Monteil, famille illustre dès le dixième siècle, dont les annales particulières se trouvent intimement liées aux principaux événements de notre histoire nationale. En 1164, Giraud Adhémar fait hommage à Raymond-Béranger II, de sa baronnie, qui devint ensuite un fief de l'empire et successivement de tous les princes à qui les révolutions firent échoir la Provence en partage. En 1669, François Adhémar de Monteil, comte de Grignan et lieutenant général du roi en Languedoc, épousa en troisièmes noces Françoise Marguerite de Sévigné, fille de la femme illustre qui nous a laissé ses lettres inimitables ; il mourut en 1714, le dernier de sa race (2), obéré de dettes contractées pour subvenir aux dépenses

---

(1) La Bruyère, chap. 11, *de l'homme*.
(2) Son fils, le marquis de Grignan, était mort en 1704.

énormes qu'avait exigées la construction de son château et à l'entretien ruineux de sa maison. Aussi, en 1732, le château et la terre de Grignan, avec tous les droits et titres en dépendant, furent-ils vendus pour la somme de 290 mille livres, à la poursuite de nombreux créanciers, au maréchal Félix Dumuy, qui les transmit à son neveu le général Félix Dumuy. Entre les mains de ses nouveaux maîtres, le château de Grignan était encore le séjour de la magnificence et des plaisirs, lorsqu'en 1793 l'administration du district de Montélimar ordonna, par un arrêté, qu'il serait livré à la spoliation comme bien d'émigré, quoique le général Dumuy, qui en était alors le propriétaire, fût au service de la république. L'avidité et les instinctives hostilités, qui pendant si longtemps avaient fermenté dans les cœurs blessés, exécutèrent rigoureusement cet arrêté; en peu de jours la spoliation fut complète, et l'on peut voir encore, en parcourant les ruelles de Grignan, de petites habitations ornées grossièrement des dépouilles arrachées à l'ancien tyran de la contrée.

Qui se souvient aujourd'hui de la famille de Grignan, de ses grandeurs et de ses vanités? A peine prononce-t-on son nom, en parcourant les ruines de son château, tandis que celui de Mme de Sévigné est dans toutes les bouches. C'est l'empire du génie qui survit aux vaines illustrations de la naissance et de l'orgueil. N'oubliez pas, lorsque vous ferez un pèlerinage à Grignan, de visiter la belle église où reposent les restes de cette femme, qui, dit Saint-Simon, « par son aisance, ses grâces naturelles, la douceur de son esprit, en donnait, par sa conversation, à qui n'en avait pas extrêmement. » Vous lirez sur un marbre noir cette inscription qui ne pouvait être éloquente et digne de celle dont elle consacre le souvenir, que par sa simplicité même :

CY GIT

MARIE DE RABUTIN CHANTAL,

MARQUISE DE SÉVIGNÉ,

DÉCÉDÉE LE 18 AURIL 1696.

Mme de Sévigné était venue au château de Grignan pour y donner ses soins à la santé de sa fille, lorsqu'atteinte d'une petite-vérole maligne, elle succomba à l'âge de soixante-neuf ans un mois et vingt-deux jours (1).

Le pays est plein de ses souvenirs; la municipalité de Grignan conserve, dans

(1) On a cru pendant longtemps que la sépulture de Mme de Sévigné avait été violée pendant la révolution, et l'on a dit là-dessus de fort jolies choses en vers et en prose; cette particularité est débattue avec beaucoup de détails dans la notice historique imprimée au commencement du 1er volume des *Lettres de Mme de Sévigné*, Paris, 1818, in-12.

un registre de l'état civil, l'acte de célébration du mariage du marquis de Simiane avec l'intéressante et jeune Pauline de Grignan, et montre avec orgueil la signature de Mme de Sévigné, dont cet acte est revêtu. Plus loin vous remarquerez la grotte de *Roche-Courbière* où se dirigeaient les promenades de Mme de Grignan et de sa mère; enfin, un pont récemment construit sur le Lez a reçu le nom de Sévigné.

Il serait assez inutile maintenant de parler du bourg de Grignan, dont l'histoire présente les mêmes vicissitudes que celles de toutes les petites villes de la contrée. Nous nous bornerons à dire, pour l'édification des touristes, qu'ils trouveront dans l'hôtellerie du lieu, où on loge *à pied et à cheval*, un *cicerone* qui leur parlera de Mme de Sévigné comme s'il avait eu l'honneur d'être son valet de chambre, et, ce qui vaut mieux encore, d'excellents perdreaux et des truffes noires du plus haut goût.

Ollivier Jules.

FRANÇOIS DE BEAUMONT,

BARON DES ADRETS.

Il est peu d'hommes qui aient laissé des traces plus sanglantes dans l'histoire des guerres civiles du seizième siècle que le terrible Baron des Adrets; il en est peu dont le nom ait été plus universellement flétri par les contemporains et la postérité. Son impitoyable cruauté a jeté dans les souvenirs populaires de si durables empreintes, que la tradition, souvent inexacte dans l'application de ses récits, mais juste dans ses inspirations, en lui attribuant les actions les plus atroces, a chargé sa mémoire d'une exécration désormais indestructible.

Raconter tous les détails de la carrière militaire du baron des Adrets, dire la part active qu'il prit aux événements politiques de son temps et surtout aux agitations de la province du Dauphiné, serait une tâche intéressante sans doute par ses développements dramatiques, mais dont les proportions trop étendues ne sauraient être admises dans ce recueil; nous nous bornerons à rappeler en peu de mots les traits principaux de la vie de cet homme qui « surpassa en cruauté M. de Montluc, dit Brantôme, et que l'on craignoit plus que la tempeste qui passe par de grands champs de bled, jusques là que dans Rome on appréhenda qu'il armast sur mer, et qu'il l'a vînt visiter, tant sa renommée, sa fortune et sa cruauté vollaient partout (1). »

François de Beaumont, baron des Adrets, de l'illustre famille de Beaumont, dont l'origine se perd dans les ténèbres du onzième siècle, naquit en 1513, au château de la Frette, en Dauphiné. Son enfance, au lieu de s'écouler au sein des douceurs du toit paternel, grandit au milieu des camps, sous le patronage de son oncle Guiguel Guiffrey, plus célèbre dans les mémoires du temps sous le nom du brave chevalier Boutières. A dix-neuf ans, après avoir fait ses premières armes en Italie et en Piémont, il était reçu dans la première compagnie des cent gentilshommes ordinaires de l'hôtel de François Ier. Après la mort de ce prince, la guerre s'étant rallumée en Allemagne et en Italie, le maréchal de Brissac, général de l'armée de Piémont, lui fit donner le titre de colonel des légions de Dauphiné, de Provence, de Lyonnais et d'Auvergne, et l'employa spécialement dans les entreprises hardies qui convenaient à l'impétuosité de son courage. Il se distingua à la défense de la Mirandole et de Beine, et à la retraite de Vercell; mais il ne fut pas aussi heureux au siége de Moncalvo. Chargé de défendre cette place contre les Espagnols, le gouverneur d'Ailly de Pecquigny, soit par lâcheté, soit par impéritie, l'abandonna au moment où l'ennemi montait à l'assaut, et le contraignit à se rendre. Outré de colère, des Adrets accusa Pecquigny devant François II, et, réclamant l'application des anciennes lois du royaume sur le combat judiciaire, supplia le roi de lui permettre de soutenir son accusation les armes à la main. Cette démarche produisit une grande sensation à la cour; mais les princes de Guise, tout puissants alors, firent rendre un arrêt qui déchargeait Pecquigny de l'accusation portée contre lui, avec défense aux deux champions de désobéir aux ordres du roi. Dans sa colère, des Adrets jura de se venger, non de Pecquigny qu'il avait flétri en face de toute la cour, mais des princes de la maison de Guise, dont l'influence avait été si favorable à son adversaire. Les partis commençaient alors à se dessiner nettement en France : les catholiques avaient à leur tête MM. de Guise ; des Adrets se jeta parmi les réformés pour avoir l'occasion d'assouvir sa haine.

Catherine de Médicis, dont la politique s'efforçait d'élever son pouvoir sur les ruines des deux partis qui déchiraient la France, profitant des dispositions de des Adrets, lui écrivit une lettre pressante dans laquelle elle l'excitait à sou-

(1) OEuvres complètes de Brantôme, Paris, Foucault, 1823, tom. 3, pag. 41, 42.

lever le Dauphiné contre le duc de Guise. Le baron saisit avec avidité une occasion qui promettait d'être favorable à sa haine et à son ambition : en peu de semaines il se trouva à la tête d'une partie de la noblesse du bas Dauphiné, et bientôt il fut en mesure d'entamer ces nombreuses campagnes militaires, pendant le cours desquelles sa prodigieuse activité, sa hardiesse, son intrépidité et la terreur que son nom semait partout, lui firent accomplir des entreprises qui paraîtraient incroyables, si elles n'étaient attestées par les plus graves historiens. Le parti politique qu'il venait d'embrasser l'entraînait dans les rangs des réformés; il devint protestant avec toute la violence d'un caractère passionné et sans frein.

Sa nouvelle carrière s'ouvrit par la prise de Valence (1562) et le massacre de Lamothe-Gondrin, lieutenant du duc de Guise, qui y commandait. Ce meurtre le mit dans la province en possession d'une autorité sans bornes, qu'il prétendait, disait-il dans le protocole de ses ordonnances, n'exercer que *pour le service de Dieu, la liberté et la délivrance du roi et de la reine-mère;* il fit de Valence le siége de ses opérations, et fomenta partout le soulèvement des protestants : bientôt il s'empare de Tournon, de Vienne et de Lyon, faisant impitoyablement massacrer les prêtres catholiques, brûler les monastères et piller les églises. Il apprend que le parlement de Grenoble ose résister à ses volontés, il lui ordonne de chasser ceux de ses membres qui lui sont suspects, et nos seigneurs du parlement se traînent lâchement au prêche en tremblant dans leurs robes.

Tandis qu'il rendait le parlement de Grenoble responsable de l'insubordination des habitants, il apprend que les troupes du pape se sont emparées d'Orange et d'une grande partie des petites places du bas Valentinois et du comtat Venaissin : aussitôt, avec une étonnante rapidité, il se rend sur le théâtre de la guerre, chasse de partout l'ennemi, et se livre aux plus cruelles représailles; puis, avec la même célérité, il retourne à Grenoble, dont les catholiques s'étaient rendus les maîtres, culbute en passant le lieutenant de roi Maugiron, le force à fuir honteusement en Savoie, et rentre à Grenoble, où il rétablit l'ordre, sans avoir commis d'excès. De là, il vole à Montbrison, dont il fait le siége, s'en empare, se baigne dans le sang des habitants et y commet les plus affreuses atrocités. C'est là que, par forme d'ébat, il fit précipiter, du haut d'une tour, la garnison vaincue, et qu'un des soldats lui fit cette réponse qui lui valut la vie. Impatienté de lui voir reprendre son élan : « Eh! par Dieu, il n'est besoin d'y aller à deux fois. — Ma foi, monseigneur, répondit le soldat, je vous le donne en dix. »

Les sanglantes exécutions, les massacres, le vol et le carnage, dont chaque ville prise d'assaut ou réduite à merci par le baron des Adrets était le théâtre, avaient excité contre ce farouche capitaine une réaction générale. Les catholiques

se soulevaient en armes de toutes parts, et les protestants eux-mêmes suppor-
taient impatiemment la tyrannie de ses caprices et de ses fureurs. Cependant, si
l'on jette un regard sur les mœurs de cette triste et terrible période de nos discordes civiles, le caractère sanguinaire du baron des Adrets sera loin de nous apparaître comme une monstrueuse exception. La plupart des hommes de guerre de la
même époque se livraient à des excès semblables. Qui ne sait que, parmi les catholiques, le maréchal Blaise de Montluc, honoré de la bienveillance royale, et
que Brantôme appelle insoucieusement un bon vieillard, avait réduit l'art de la
guerre en boucherie, et qu'il s'est récréé avec complaisance à nous laisser dans ses
mémoires le récit des chefs-d'œuvre de sa cruauté.

Le chef du parti protestant, le prince de Condé, ayant senti la nécessité, dans
l'intérêt de sa cause, d'écarter le baron des Adrets, avait, à son exclusion, confié
le commandement de Lyon à Jean de Parthenay, seigneur de Soubise, homme
d'un caractère modéré. Cette tendance de défaveur n'échappa pas au baron, et dès
lors il forma secrètement le dessein d'abandonner une bannière sous laquelle son
ambition était déçue. Le duc de Nemours, sur ces entrefaites, ayant remporté sur
lui quelques avantages dans le Lyonnais et le Viennois, acheva de l'ébranler
par d'adroites négociations; car, dit Castelnau, « il connaissait son humeur,
sachant qu'il n'avait pas tant d'affection à la religion des huguenots qu'à son
profit particulier, soit qu'il vît qu'il n'y avait plus de calices ni de reliques à
prendre, ou qu'il se faschât de ce party, soit pour acquérir de la reputation du costé
des catholiques, ou bien pour se venger des injures qu'il avait reçues des huguenots. » Avant de se rendre, des Adrets voulut affaiblir ce que sa désertion avait
d'odieux, en expliquant les motifs de sa conduite passée, et en invoquant les
subterfuges auxquels ont toujours eu recours les ambitieux en changeant de parti
politique. Il écrivit au duc de Nemours qu'il n'avait fait la guerre que pour
défendre et maintenir la liberté du roi et des protestants contre la violation des
édits royaux, et que si l'on voulait remettre le roi en liberté, il s'engageait à se
démettre de ses fonctions de gouverneur de Dauphiné. Ces démarches, que des
Adrets tenta de faire approuver par les états de la province, furent dépeintes aux
yeux du prince de Condé comme une trahison. Des Adrets essaya de se justifier;
mais les deux principaux chefs des protestants du Valentinois, Mouvans et Montbrun, avertis par Soubise, l'arrêtèrent à Romans, au moment où il méditait le
dessein de livrer adroitement au duc de Nemours Valence et Romans (10 janvier
1563). Traduit à Nîmes devant une commission protestante, il repoussa avec
fermeté tous les chefs d'accusation dirigés contre lui, lorsque l'édit de pacification,
signé à Amboise le 19 mars 1563, le mit en liberté *sans absolution ni condamna-
tion*, suivant l'expression de Théodore de Bèze.

Ce fut là le terme de la carrière politique du baron des Adrets : jusques-là, il avait joué le premier rôle; désormais il n'eut plus à remplir que le second, en butte à la méfiance de tous les partis. « Il ne fit jamais si mal, dit Brantôme, pour sa réputation, que, puisqu'il s'estait mis en ceste dance, bonne ou mauvaise, qu'il ne la continuast jusqu'au bout sans changer de party et se revolter à l'autre; et la fut la diffinition de sa reputation, car depuis il ne fit jamais si bien pour le party catholique comme pour le party protestant (1). »

Après une année de retraite dans ses terres, les troubles s'étant rallumés en France, des Adrets offrit ses services au roi en qualité de colonel de l'infanterie de Dauphiné. A la tête d'un corps de trois mille hommes, il recommença ses courses dans la province, combattant cette fois contre ses anciens compagnons d'armes, avec l'acharnement et la cruauté qu'il avait déployés contre les catholiques; mais cette démonstration fut loin de paraître une garantie de la sincérité de ses convictions. Le juste mépris qu'avait inspiré sa défection, en le plaçant dans un abandon flétrissant, avait achevé d'aigrir son caractère et de le rendre universellement odieux. Puis, accusé bientôt d'entretenir des intelligences secrètes avec les protestants, il fut arrêté par les ordres de la cour et détenu prisonnier au château de Pierre-Encise, sous la garde d'un officier qu'il avait lui-même fait incarcérer cruellement. Traduit devant une commission, il échappa une seconde fois encore aux poursuites judiciaires dirigées contre lui, par le bénéfice de la paix de 1571. Mais l'orgueil froissé du baron lui fit repousser l'humiliation de l'amnistie qui lui était offerte; il se rendit à Paris, et là, admis en présence de Charles IX, il déclara, devant son conseil, qu'il était venu pour rendre compte de ses actions pendant les premiers et les seconds troubles; qu'il n'entendait point invoquer en sa faveur le bénéfice des édits de pacification, dans le cas où il serait démontré qu'il se fût écarté de la fidélité qu'un sujet doit à son roi, ou qu'il eût commis quelque faute durant son service; que d'ailleurs il était prêt à soutenir, soit par-devant les juges délégués par son souverain, soit les armes à la main, qu'il avait été faussement et méchamment calomnié et accusé. Le roi lui répondit que le bien de son service avait exigé, d'après les soupçons qui planaient sur sa tête, qu'il fût mis en arrestation, mais qu'à cette heure il était bien content et satisfait des informations qu'il avait prises, le tenant pour homme de bien et fidèle serviteur. Cette réparation solennelle fut consignée authentiquement dans les registres du parlement de Grenoble.

De retour en Dauphiné, des Adrets fut chargé par le roi de lever des troupes, à la tête desquelles il réprima les entreprises du duc de Savoie sur le marquisat de

(1) Brantôme, *loco citato.*

Saluces. Ce fut pendant cette campagne, qu'ayant appris la mort de ses deux fils, l'un massacré à la journée de la Saint-Barthélemi, l'autre tué au siége de la Rochelle, il demanda son rappel, et se retira dans son château de la Frette. Devenu vieux et morose, brisé de fatigues, chargé de la haine publique, dédaigné de tous les partis pour lesquels il n'était plus bon à rien, il s'éloigna du monde qui l'avait abandonné, et ensevelit dans la solitude une vieillesse chagrine et flétrie, qu'il prolongea jusqu'au 2 février de l'année 1586, époque de sa mort.

Comme nous l'avons dit au commencement de cette courte notice, l'indignation générale, provoquée par la cruauté du baron des Adrets, a fait méconnaître quelquefois la vérité, en multipliant les actions odieuses qui rendront à jamais exécrable la mémoire de cet homme si tristement célèbre. C'est ainsi qu'on l'accuse d'avoir, au mépris des capitulations, fait précipiter du haut des remparts les garnisons de Mornas et de Pierre-Late, tandis que le témoignage des plus graves historiens contemporains, entre autres du président de Thou, détruit cette assertion. Cette atroce mesure, qu'il fit exécuter au siége et à la prise de Montbrison, a servi de canevas à la plupart des récits de la même nature transmis par les traditions populaires, sans que deux siècles et demi aient affaibli l'horreur qu'inspirent de semblables souvenirs.

Le burin d'un artiste contemporain nous a conservé les traits du baron des Adrets; son portrait gravé se trouve parmi les collections iconographiques du cabinet des estampes de la bibliothèque royale. L'historien de Thou l'a dépeint aussi avec beaucoup d'énergie en peu de lignes; il le vit à Grenoble en 1571, peu de temps avant son expédition contre le duc de Savoie; il « était alors fort vieux, dit-il, mais d'une vieillesse encore forte et vigoureuse, d'un regard farouche, le nez aquilin, le visage maigre, décharné et marqué de taches de couleur de sang noir, tel que l'on nous dépeint Sylla; du reste, il avait l'air d'un véritable homme de guerre(1). » Enfin, l'ame du baron des Adrets se retrouve tout entière dans la devise qu'il s'était choisie : *Impavidum feriunt ruinæ.*

Il sera facile de suppléer à tout ce que cette brève notice a d'insuffisant, en recourant aux sources originales et en consultant les biographies bonnes ou mauvaises du baron des Adrets. Sa vie a été écrite par Guy-Allard; Grenoble, Nicolas, 1675, in-12; et par M. Martin; Grenoble, Peyronard, 1803, in-8°, avec un supplément, 1804. Une nouvelle histoire du baron des Adrets, publiée depuis peu de temps, Paris (*Union et propagation catholique*) 1838, in-18, ne renferme que ce que l'on savait déjà : faisons remarquer toutefois que le manipulateur de ce petit ouvrage,

_____

(1) *Mémoires de la vie de de Thou*, au tome 1, pag. 10 de l'*Histoire universelle*, par de Thou, trad. 1734, in-4°.

maladroitement écrit sous l'influence d'un système exagéré, a eu l'art de ménager un parallèle ridicule entre le baron des Adrets et Napoléon, et de flétrir, avec sa petite voix impuissante, le plus étonnant génie des temps modernes. Il faut surtout consulter la *Vie du baron des Adrets*, imprimée au tom. 1, pag. 261 et suiv. de l'*Histoire généalogique de la maison de Beaumont*, par Brizard; Paris, impr. du cabinet du roi, 1779; excellent morceau, remarquable par l'exactitude des recherches.

OLLIVIER Jules.

PIERRE-LATE.

PENDANT les guerres du moyen âge, un petit tyran du diocèse de Saint-Paul-Trois-Châteaux s'avise de construire son castel sur une roche qu'une violente dislocation géologique a roulée, d'une manière bizarre, dans la plaine qui s'étend sur la rive gauche du Rhône. Autour de la résidence féodale se groupent bientôt les humbles manses des vassaux, et là, pendant plusieurs siècles, s'accomplit cette longue période d'oppression et de servitude qui remplit si fatalement les annales de l'humanité. Puis le vent de la liberté tout-à-coup vient à ébranler les masses, le peuple se lève, s'arme de sa vengeance, et les châteaux s'écroulent, tandis que les habitations vassales s'aggrandissent de leurs ruines. Ces habitations forment aujourd'hui le bourg de Pierre-Late, où, du château qui jadis opprima la contrée, apparaissent à peine quelques débris sur lesquels a passé le souffle régénérateur des révolutions modernes.

Celui qui, le premier, eut fantaisie de donner à ces habitations la dénomination caractéristique de la roche autour de laquelle elles sont construites, a joué un bien mauvais tour aux antiquaires, en rétrécissant le champ de leurs savantes et inutiles conjectures, car il est difficile de voir, dans la formation logique de Pierre-Late, d'autre origine étymologique que *pierre large* ou *pierre apportée* (1). Cependant, il ne faut jurer de rien avec des étymologistes qui ont le loisir de

---

(1) Pierre-Late, *Petra-Lata*, dans la basse latinité : entre *pierre large* ou *pierre apportée*, le choix appartient au lecteur bénévole; l'un vaut l'autre.

fouiller dans les mines de la tour de Babel, pour y découvrir les origines nationales de notre vieille France.

Jamais le bourg, ou mieux encore la ville de Pierre-Late, car il ne faut froisser la dignité ni des personnes ni des choses, n'a fait autant de bruit que depuis quelques années, à l'occasion de ses démêlés avec la ville de Saint-Paul-Trois-Châteaux. Fière de ses souvenirs, orgueilleuse d'avoir, pendant l'invasion romaine, reçu les étrivières de la main des soldats de César, et d'avoir possédé, jusqu'en 1790, un évêque qui pouvait, dans une matinée, faire le tour de son diocèse sur sa mule, l'antique et microscopique cité de Saint-Paul-Trois-Châteaux s'est posée la rivale de Pierre-Late, médite sa ruine et son ignominie, et depuis trente-cinq ans s'agite pour lui ravir l'honneur de renfermer dans ses murs un juge de paix, son greffier et une paire d'huissiers. Pierre-Late, qui ne veut pas qu'on lui ravisse son juge, repousse énergiquement à son tour les aggressions de son antagoniste. De là, duel à mort entre les deux cités qui sont entrées fièrement dans la lice, l'une pour conquérir, l'autre pour conserver. Des deux parts on a pris les armes, ou plutôt on a pris la plume, et le combat s'est vidé et se vide encore à coups de mémoires, de factums et de libelles. Pierre-Late a confié le soin de sa défense à cet avocat du barreau de Paris, immortalisé par les trois hommes d'état du *Charivari*, depuis le procès d'avril, le digne M. Menestrier, qui a pris la peine de prouver ennuyeusement, dans ses mémoires longs et diffus, que l'on écrit aussi mal à Paris qu'en province. Saint-Paul-Trois-Châteaux a choisi un défenseur indigène, dont la plume féconde a prouvé que la verve d'un avocat de province est aussi intarissable que celle d'un avocat de la capitale. Suivant les usages du palais, les deux champions ont démontré, tout en se traitant avec très-peu de révérence, toujours suivant lesdits usages, qu'ils avaient l'un et l'autre *évidemment* raison, *évidence* qui n'a pas eu le sens commun aux yeux du conseil général du département, dont l'arrêté, appuyé sur des motifs *évidents*, a été modifié par une décision non moins *évidente* de la chambre des députés (1). A Saint-Paul-Trois-Châteaux sont échus le juge, le greffier et les huissiers; quant aux justiciables, quelle que pût

(1) Entre autres mémoires publiés au sujet de cette contestation, voyez : *Demande en rétablissement, à Saint-Paul-Trois-Châteaux, du canton de Pierre-Late, réponse aux quelques mots de M. le maire de Pierre-Late*, par M. Payan-Dumoulin; Valence, Borel, 1834, in-8°. *Mémoire pour la ville de Saint-Paul-Trois-Châteaux*, signé Terras, maire; Valence, Borel, 1834, in-8°. *Mémoire de la commune de Pierre-Late contre la commune de Saint-Paul-Trois-Châteaux*, par Menestrier; Paris, Malteste, 1836, in-8°. *Mémoire de la ville de Saint-Paul-Trois-Châteaux* (en réponse au précédent), par Payan-Dumoulin; Valence, Marc-Aurel, 1836, in-4°. *Réplique de la ville de Pierre-Late au Mémoire responsif de la commune de Saint-Paul-Trois-Châteaux*, par Menestrier; Paris, Malteste, in-8°.

être l'issue du combat, ils ne devaient espérer autre chose que les écailles de l'huître.

La part que les historiens ont faite à la ville de Pierre-Late se réduit à peu près à un seul fait important : la prise d'assaut qu'elle eut à essuyer pendant les guerres civiles, au mois de juillet de l'année 1562. « Le baron des Adrets, rapporte le président de Thou, homme dur et cruel, et qui ne cherchait que des prétextes pour répandre le sang, d'ailleurs grand capitaine et aussi brave que vigilant et laborieux, irrité au-delà de tout ce qu'on peut dire de la manière dont on traitait les protestants, partit de Grenoble et en laissa le gouvernement à Brion, gentilhomme de Trièves en Dauphiné, grand homme de guerre. Il marcha avec quatre enseignes vers Montélimar, où il arriva le 7 de juillet. Ayant ramassé en chemin d'autres troupes, avec la garnison de Serignan, il vint à Pierre-Late, place située dans une plaine et éloignée de plus d'une lieue des montagnes. Il y a seulement derrière la ville un rocher escarpé de tous côtés, sur lequel on a bâti ce château, où l'on monte par un chemin très-étroit et très-rude. La brèche étant faite, des Adrets monta à l'assaut. La garnison, étonnée d'une attaque si imprévue, n'osa défendre la brèche, mais se retira dans le château. Des Adrets ayant passé au fil de l'épée tous ceux qui se trouvèrent armés, marcha sur-le-champ pour ne pas donner au soldat le temps de revenir de sa frayeur et de reprendre courage. Profitant de sa bonne fortune, il força la porte. La garnison, consternée, court sans ordre de tous côtés, et ne sachant quel parti prendre, demande à capituler, mais tandis qu'on dresse les articles, ceux d'Orange, que la perte de leurs concitoyens rendaient furieux, et qui ne respiraient que la vengeance, enfoncent les portes, entrent dans le château, fondent sur la garnison, et ne font aucun quartier ; les unes sont précipités du rocher, les autres sont passés au fil de l'épée (1). »

A côté de ce sanglant épisode des troubles du seizième siècle, la tradition nous a conservé le souvenir de l'une de ces bizarres et joyeuses institutions populaires si répandues jadis en France; nous en trouvons le récit dans l'*Almanach de Dauphiné* de 1788. « Tous les jeunes gens de Pierre-Late et de son territoire se réunissaient autrefois, ayant un chef appelé l'abbé de la Jeunesse, qui était annuellement élu avec l'assistance du prieur curé de la paroisse. Cette société jouissait de plusieurs fonds de terre dont elle employait le produit à des prières, des réparations publiques ou des divertissements. Ces fonds avaient été donnés par une vieille fille, nommée Soubeyran, qui vivait dans le douzième siècle. Elle institua son héritier universel l'abbé de la Jeunesse, à condition que la compagnie ferait acquitter un certain nombre de messes pour le repos de son ame; et que, rassemblée sous son

(1) De Thou, *Histoire universelle*, liv. 31.

drapeau, elle irait chaque année sur son tombeau, le dimanche de brandon, amenant autant de filles qu'elle pourrait, ayant à la main un petit cierge rouge allumé, pour y faire la *farandoule*, en chantant : *Requinqués-vous, belles, requinqués-vous donc.* L'un des jeunes gens devait porter un romarin, orné de rubans, qui devait ensuite être brûlé sur la place publique, après avoir été arrosé de trois verres de vin, lorsqu'on chantait les paroles ci-dessus (1). » Cette institution, assurément fort inoffensive, fut dissoute par arrêt du parlement de Grenoble, qui fit défense aux habitants de Pierre-Late de s'ébattre à l'avenir.

Pierre-Late a donné le jour au juge royal Aimar qui, en 1699, a publié une *Histoire du chevalier Bayard*, réimprimée en 1700, Lyon, Poudet, in-12; et une *Histoire du marquis de Courbon*, Lyon, Amantry, 1692, in-12; et à M. Lebrun-Tasso, écrivain dramatique et auteur d'une foule de petites productions littéraires oubliées aujourd'hui (2).

OLLIVIER Jules.

(1) *Almanach général et historique de Dauphiné*, Grenoble, Giroud, 1788, p. 329; Dom Carpentier, dans son *Supplément au Glossaire* de Ducange, Parisiis, 1766, in-fol., t. 1, p. 7, fait mention d'un *abbé de la Jeunesse, ou de la Joie*, avec lequel celui de Pierre-Late avait beaucoup d'analogie. « *Abbas Juvenum, abbas Lætitiæ*, abbé de Liesse, *is ex populo, sæpe etiam inter mercatores, electus a judicibus, magistratu et burgensibus, donabatur, quasi regiminis insigne esset; crocia argenti deauratæ ponderis quatuor unciarum, quam pileo affixam gerebat eidem assignabantur officiales et ministri, inter quos recensentur* magister hospitii *et* heraldus : *vexillum ex panno serico rubri coloris, scutis earumdem societatis et urbis insignitum fimbriisque ornatum, illum præibat; maxime cum circum vicinas civitates, ipsis interdum oppidi consulibus, aut aliis ab eisdem deputatis comitatus adibat, ut ludis in iisdem agendis honorificentius interesset.* » D'après un autre passage de D. Carpentier, même tome, p. 923, l'abbé de la Jeunesse avait l'administration des charivaris dont il accordait exemption moyennant finance. « *Nubentibus fit charavaritum seu capramaritum, nisi se redimant et componant cum abbate Juvenum.* »

(2) M. Delacroix, dans sa *Statistique du département de la Drome*, Valence, Borel, 1835, in-4°, p. 587, fait naître M. Lebrun-Tossa à Pierre-Late, tandis que M. Guerard lui donne Donzère pour lieu de naissance dans sa *France littéraire*. Paris, Didot, 1833, in-8°, t. 5, pag. 37. M. Guerard a donné fort exactement la nomenclature des productions de M. Lebrun-Tossa.

TULLINS.

QUELQUES antiquités trouvées à Tullins, telles que des médailles, des vases funéraires, des tombeaux et un camée d'une belle conservation, représentant Faustine, femme d'Antoine-le-Pieux, et offrant autour la légende DIVA FAUSTINA AUG. (*augusta*), sont un témoignage suffisant de l'ancienneté de ce lieu, ou du moins de son existence au deuxième siècle de notre ère, à une époque où le vaste empire des césars était encore dans son éclat : ce témoignage est plus sûr et plus admissible que l'induction qu'on prétend tirer du rapprochement du nom de cette localité avec celui de Tullus, pour en conclure que cette même localité doit peut-être son nom et son origine à quelque centurion ou quelque tribun romain de la famille *Tullia*, envoyé en colonie dans notre contrée. Le nom latin de Tullins est *Tollianum*, *Tollinum* et *Tullinum;* de même que celui du canton ou petit pays dont Tullins était le chef-lieu est désigné, dans les titres des onzième et douzième siècles, par *Pagus tollianensis* et *tollinensis*.

Tullins, Rives et d'autres terres voisines appartenaient alors à la famille de Poitiers, riche et puissante, et qui, pendant longtemps, a possédé en souveraineté le comté de Valentinois. De cette famille était Aténulphe, seigneur de Tullins, qui vivait en 1091; il céda, cette année, à l'abbaye de Saint-Pierre-de-Vienne, du consentement de sa femme Agnès, et sur la double prière de Guy, archevêque de cette ville, et de saint Hugues, évêque de Grenoble, deux églises situées à Tullins, l'une dédiée à saint Maurice, et l'autre à saint Laurent, ainsi que la chapelle du château voisin, sous le vocable de saint Barthélemi. Tullins dépendait du comté ou archidiaconé de Salmorenc, composé de 22 bourgades qualifiées de châteaux dans les actes anciens, et dont la principale était celle de Salmorenc, faisant partie aujourd'hui du territoire de Voiron. Saint Hugues et l'archevêque Guy se disputaient la possession de ce comté; c'est pour ce motif, sans doute, qu'Aténulphe ne crut devoir agir, dans le don qu'il venait de faire, que de l'accord et sur la demande formelle de deux prélats. Le même comté ayant été ensuite partagé entre les deux évêques par le pape Pascal II, lorsque, choisi pour juge de ce différend, en 1107, il joignit la moitié de l'archidiaconé de Salmorenc au diocèse de Vienne, et l'autre moitié à celui de Grenoble, Tullins fut compris dans la portion réunie à ce dernier diocèse.

Saint Hugues, investi et assuré de la possession de Tullins, ne tarda pas, suivant l'usage et la politique du temps, à y créer un établissement religieux; il y fonda, dès l'année suivante, un prieuré de bénédictins sous la dépendance de l'abbaye de Saint-Chef, et lui soumit, par un acte solennel de donation, son église paroissiale consacrée à saint Laurent. Cet acte est daté du 5 des ides de septembre 1108; il est passé en faveur de Willaume ou Guillaume, abbé de Saint-Chef, et ratifié par saint Hugues, en présence de huit chanoines de son église; il contient également, en faveur du même abbé, une donation générale des dîmes, des prémices, des oblations et des sépultures de la paroisse de Tullins, l'évêque ne se réservant qu'un cens annuel de quinze *sols*, et un simple droit d'*hospice* pour lui, pour ses clercs et pour ses successeurs.

Outre ce prieuré et les églises précitées, on trouve à Tullins, un siècle après, sous le règne du dauphin Guigues-André, deux *recluses* auxquelles ce prince lègue, par son testament du 4 mars 1236, vingt *sols*, savoir : à chacune d'elles dix *sols* pour une tunique.

Parmi les seigneurs de Tullins, Guy ou Guigues, seigneur en même temps de Vourey, de Rives, de Beaucroissant et d'autres places, est le plus connu; il octroya aux habitants de ses terres, et particulièrement à ceux de ce dernier lieu, des lettres de franchise datées du 31 janvier 1312, et que confirmèrent Humbert II, Louis XI, dauphin, et successivement les rois de France Louis XII et Henri II. Guigues vivait encore en 1315; il ne laissa que deux filles, Jordanne et Marguerite, mariées, l'une à Girard de Roussillon, et l'autre à Guigues de Morges; Jordanne, qui était l'aînée, prit le titre de dame de Tullins.

En 1324, le dauphin Guigues VIII avait dans le château de Tullins plusieurs balistes et autres machines de guerre composant son artillerie, et qu'il faisait garder par des gens sous ses ordres, ainsi qu'il résulte d'un compte de dépenses présenté par Humbert Claret et ses coassociés. Tullins, sous le règne de nos dauphins, était aussi, à ce qu'il paraît, l'un des points ordinaires de ralliement des troupes du pays : il fut deux fois le lieu indiqué pour la réunion des milices dauphinoises; d'abord, lorsqu'après la mort de Guigues VIII l'ordre fut donné de faire une levée générale, dans la crainte d'une invasion de la part du comte de Savoie, et, quelques années après, à l'époque de la guerre qui éclata entre Humbert II et le sire de Beaujeu et ses alliés.

Jusque-là, Tullins avait formé une seigneurie considérable. Humbert, dont le but et l'intérêt étaient d'affaiblir le plus possible le trop de pouvoir et l'excessive autorité de plusieurs grands vassaux, ne manqua pas d'aviser également au moyen de réussir dans ses vues à l'égard de Tullins; il réunit, à cet effet, au domaine delphinal, la majeure partie de cette seigneurie par les acquisitions qu'il en fit des deux héritières du dernier seigneur, et d'Humélie ou Emilie, de Béatrix et de Françoise, toutes trois filles d'Aimar, frère de Guigues, et décédé avant lui, lesquelles avaient, de leur côté, des prétentions sur cette même terre. Humbert devint de plus possesseur de la moitié du *commun* du vin, c'est-à-dire des droits perçus pour la vente de cette boisson, et dont l'autre moitié appartenait aux habitants; ces derniers vendirent, depuis, leur part à Jean et à Gaspard Fléard, suivant un acte du 5 février 1530. Un autre accroissement du domaine delphinal, à Tullins, accroissement non moins important, mais purement gratuit, fut la cession que Claude de Roussillon fit de cette seigneurie au roi dauphin en 1428 : il voulut que la terre et le mandement de Tullins fussent unis à perpétuité au Dauphiné, sans en pouvoir jamais être démembrés, révoquant, dans le cas contraire, cette donation et la portant dans la famille des princes d'Orange. Cette union se fit par lettres patentes du roi enregistrées au conseil delphinal.

Plus tard, pendant les guerres de religion, Tullins, comme la plupart des villes, des principaux bourgs et des localités fortifiées du Dauphiné, fut occupé tour à tour par les catholiques et par les protestants, suivant que l'un ou l'autre de ces deux partis se trouvait vaincu ou vainqueur. En 1562, dans le mois d'avril, Lamotte-Gondrin, lieutenant général dans la province, y attira Louis Gay, châtelain de la Côte-Saint-André, qu'il fit arrêter comme un séditieux et un partisan de la réforme, et qu'il fit pendre, quelques jours après, à Romans, aux fenêtres de son logis, avec deux autres personnes accusées de complicité, acte du despotisme le plus révoltant qui excita une émeute à Valence où Lamotte-Gondrin fut tué et pendu, à son arrivée dans cette ville, et qui devint le signal de la première guerre civile en Dauphiné. En 1564, ce furent des catholiques de Tullins, qualifiés de *papistes* dans un manuscrit, qui s'emparèrent, sur les religionnaires, du château de Saint-Quintin où ils mirent quelques troupes. En 1580, Lesdiguières s'assura de Tullins, d'Iseron et d'autres lieux voisins, lorsqu'après la prise de Moirans, par l'armée royale, il protégea la retraite de ceux des malheureux habitants de cette ville qui purent échapper au carnage. En 1594, il se tint à Tullins une assemblée convoquée dans le but de travailler à la réconciliation des trois ordres du pays, divisés par de longs ressentiments. A cette assemblée assista Lesdiguières, mais l'on ne put rien conclure à cause de l'opiniâtreté du clergé et de la noblesse à ne vouloir rien relâcher de ce qu'ils appelaient leurs priviléges.

Depuis cette époque, Tullins ne figure plus dans nos annales que par la mention de ses couvents assez nombreux pour la localité, par son industrie, par son site riant au milieu d'un magnifique paysage, ainsi que par la richesse et la bonté de son sol, le plus fertile peut-être de toute la province (1).

Ces couvents étaient : une maison de minimes, fondée en 1606 par François Fléard, évêque de Grenoble, qui y mourut le 4 octobre de la même année; une maison de bernardines, fondée en 1624 sous le titre de Notre-Dame-de-Tullins, et une maison d'ursulines, fondée au lieu de Cruzilles en 1632. Il y avait aussi à Tullins une chapelle de dévotion assez fréquentée et située près de l'hôpital : cet hôpital date lui-même de 1582; il fut établi d'abord pour quatre malades, doté ensuite pour huit, et agrandi en 1653.

Quant au commerce de Tullins, il consiste en vins de bonne qualité, en chanvre, en fil et en bestiaux : les toiles, les forges et les aciéries forment son industrie principale. On y faisait, il y a peu d'années, des liqueurs ; on trouve aussi qu'il y avait, dans le seizième siècle, des fabriques d'aiguilles et d'épingles.

J. J. A. PILLOT.

BARRAUX.

Un des souvenirs les plus brillants de la carrière militaire de Lesdiguières est certainement celui qui nous rappelle la prise audacieuse qu'il fit, le 15 mars 1598, du fort Barraux sur le duc de Savoie. Le récit de cet épisode nous a été conservé dans un opuscule contemporain devenu si rare aujourd'hui qu'il est difficile de le rencontrer dans les plus riches bibliothèques. Nous le reproduirons fidèle-

(1) On n'ignore pas cet ancien dicton répandu parmi nous : *Si le Dauphiné était un mouton, Tullins en serait le rognon.* Ce pays cependant, s'il faut en croire la tradition, aurait été, dans des siècles reculés, dévasté par des amas d'eaux qui se seraient élevées au point d'y former un lac d'une grande étendue, appelé, comme celui de l'Oisans, *lac de Saint-Laurent*, et qui se serait écoulé par une ouverture entre les montagnes de Sassenage et le rocher qui domine, sur la rive droite de l'Isère, les plaines de Poliénas et de Tullins.

ment, persuadés que devenu vieil et rarissime il aura tout l'attrait de la nouveauté (1).

« *Brief discours de la prinse faicte par Monsieur de Lesdiguieres, le dimanche 15 mars 1598, du fort que le duc de Savoye avoit fait faire à Barraux en l'annėe 1597*. A Lyon, par Thibaud Ancelin, imprimeur du roy. M.DXCVIII. avec privilege de sa majesté. in-12 (2).

Le duc de Savoye (3) pour divertir l'effect des armées que le roy (4) avoit justement jettées en ses etats sous la conduite de Monsieur Lesdiguieres vers la fin du mois de juin 1597, et affin de couvrir ses dits estats du costé de Montmeillan et Chambery, fit faire un fort sur la frontière de Dauphine environ un quart de lieue dedans les terres du roy tirant vers Grenoble sur un couteau relevé au dessus du village de Barraux. Et parceque la place fut en estat de defence le 24 d'aoust en la dite année, il la feist nommer du nom de sainct Barthelemy, duquel on à accoustumé de faire memoire ce mesme jour. Ce fut avec beaucoup de parade, feux de joye par toute son armée, force coups de canon et une grande escopeterie reprinse à plusieurs foys et suivie avec un ordre qui ne se pouvoit que beaucoup estimer, et pour faire de tant plus paroistre ceste action, elle fut faicte sur l'entrée de la nuict. Beaucoup de serviteurs, les plus affectionnés à ce prince, trouverent ceste entreprinse inutile pour estre laplacée si proche et voisine d'une bien petite lieue de Montmeillan, principale forteresse de Savoye, d'ou il pouvoit aussi commodement bastir des desseins sur la ville de Grenoble, qui n'en est qu'a six lieues, que de ce nouveau fort qui ne l'avoisine de plus que d'une petite lieue. Aussi ne pouvoit-on attribuer ceste entreprinse qu'a une pure vanité, accompagnée du desir que le duc de Savoye à tousjours eue d'enjamber sur les estats du roy, lesquels il devore par esperence, comme si ce n'estoit qu'un poinct en la circonference de

(1) En faisant cette réimpression, nous n'avons pas cru devoir reproduire servilement l'orthographe et les abréviations du texte.
(2) La bibliothèque de Lyon possède un exemplaire de cet opuscule d'après lequel est faite cette réimpression. Cet exemplaire est inséré dans un recueil factice, dit *Recueil vert*, tom. 25; il est inscrit sous le n° 25501-160 du catalogue manuscrit, section Histoire, tom. 5. Le même récit se trouve consigné au tom. 6, pag. 572 à 578 des *Mémoires de la ligue* (édition de l'abbé Goujet). Amsterdam, 1758, in-4°, et au livre CXX de l'*Histoire universelle* de De Thou.
(3) Charles-Emmanuel 1er, duc de Savoie, né à Rivoli le 12 janvier 1562, succéda, en 1580, à son père Emmanuel-Philibert, un des plus grands princes qu'ait eus la Savoie.
(4) Henri IV avait fait recommencer les hostilités contre la Savoie en juin 1597. Lesdiguières y était entré à la tête de six mille hommes d'infanterie et de cinq cents chevaux.

son ambition. Tant que le travail de cette fortification dura il l'a favorisa avec tout le corps de son armée, cependant que celle du roy estoit campée à une canonade de luy, la riviere de l'Izere entre deux. Et quelque temps après qu'il jugea que la place estoit hors de danger de surprinse il y establit gouverneur le sieur de Bellegarde, gentilhomme de Savoye (1), avec sept compagnies de gens de pied : y mit de l'artillerie et des munitions de guerre et de bouche, et en somme l'ayant laissée bien pourveue, delogea sa dite armée pour la faire rafraichir par les garnisons. Ceste nouvelle place mit en nouvelle jalousie Monsieur de Lesdiguieres et les serviteurs du roy, qui en sont voisins, en une nouvelle aprehension, spécialement ceux de Grenoble, siege de la cour de parlement et autres officiers tant de la justice que des finances de sa majesté, et ny avoit celuy qui ne desirast avoir ceste espine hors dupied, craignant quelle engendra une apostume qui en fin causa leur perte avec celle de la ville de Grenoble. Considerant mesme que le duc de Savoye faisoit tant estat de la place que la fortification en continuoit de jour en jour avec une incroyable diligence. Cependant le dit sieur de Lesdiguieres retiré à Grenoble ayant dispercé l'armée du roy, pour la faire vivre en attendant le temps et les moyens de luy faire rendre nouveau service, bastissoit des entreprinses et intelligences sur ce fort de sainct Barthelemy : plusieurs soldats qui en sortoyent luy rapportoyent de temps en temps l'estat de la place. L'estat de la garnison aujourd'hui formoit un dessein, demain l'autre : puis se resolvoit de l'attaquer par siege, ce qu'il eust faict, s'il eust autant eu de moyens que de necessité, qui à toujours accompagné les affaires que le roy luy à commises depuis dix mois en ça que l'armée de sa majesté est sus pied. Mais si ceste entreprinse se monstroit facile, l'execution l'esloignoit beaucoup de ceste facilité, à cause du manquement de toutes les choses qui y estoient nécessaires. En ceste extremité, sollicité de son devoir, esmeu de la misère des subjects du roy assubjectis par ceste nouvelle tyrannie, et pressé des justes prieres des principaux tant de la justice que de la police du pays de Dauphiné, mesme du commandement, que à leur instance sa majesté luy avoit faict d'aviser aux moyens d'assiéger ceste place, il l'envoya par plusieurs foys recognoistre à la faveur de la nuict. Ceux qu'il commist à cest effect rapporterent que la place se pouvoit emporter par escalade à l'endroict d'une tenaille qui en faict le coing, sur la main droicte, en y allant de Grenoble ; et que depuis ceste tenaille, jusqu'au bout du dict fort, à la face qui regarde l'Izaire, il

(1) Videl, *Histoire de Lesdiguières;* Paris, 1638, in-f°, pag. 199, et table, v° *Bellegarde,* a confondu ce gentilhomme avec Roger-de-Saint-Lary de Bellegarde, maréchal de France en 1574, qui avait été au service du duc de Savoie. Mort en 1579, il ne pouvait être gouverneur de Barraux en 1598.

y avait mesme facilité pour n'estre le terrain que de deux toises et demy de hauteur par tout : mais que pour entrer dedans le fossé, il falloit passer fort près du dict coing, parcequ'il y avoit une bresche à la contrescarpe, pour donner commodité aux pionniers d'en sortir la terre, et que c'estoit par la qu'il falloit passer plus aisement, d'autant mesme que cest endroict estoit couvert d'un pan de muraille, qui avoisinoit la dicte contrescarpe, et que derriere ceste muraille on pouvoit estre à couvert et reprendre alaine, après avoir remonté le coutaut ou le dict fort est assis. La chose ainsy recognue et rapportée par ceux mesme qui avoient touché le terrain de ceste tenaille et à peu près recogneu sa hauteur, le dict sieur de Lesdiguieres faict approcher de luy les troupes de cheval et de pied qui estoient les plus voysines de Grenoble, les faict passer sur le pont de Grenoble par dedans la ville, faignant que tout le reste feroit le mesme passage pour aller vers la Morienne ou estoit le duc de Savoye avec son armée. Et cependant faict faire fort secretement et diligemment trente eschelles de la force et hauteur qu'il les falloit. Estant toutes choses disposées la veille des Rameaux qui estoit le samedy 14 mars de ceste presente année 1598, il faict mettre les eschelles dedans un bateau et remonter sur la riviere avec quelques petards qu'il jugea necessaires pour ceste execution, et dont il se servit comme il sera cy apres dict. Il donna en mesme temps ordre de faire reposer les troupes sur les bateaux qui estoient preparés pour cest effect ; à quoy la nuict d'entre le samedy et du dimanche fust employée pour oster la cognoissance à ceux du fort que ces troupes fussent de leurs costé, cequi les eut tenu en cervelle et peut estre demandé des soldats à Chambery ou à Montmeillan. Les choses ainsy disposées, le dict sieur de Lesdiguieres part de Grenoble le dimanche 15 du dict mois à six heures de matin et estant au village de Lumbin sur les huict ou neuf heures, joignit tout cequi estoit preparé pour ceste execution, faisant environ trois cents chevaux et mille ou douze cents hommes de pied, et sur le mesme lieu appelle les chefs à part pour leur dire la resolution qu'il avoit faicte d'attaquer le fort la nuict ensuyvant par escalade, à l'endroict qu'il leur monstra sur le plan qu'il en avoit faict pourtraire ; et pour favoriser ceste escalade faire donner l'alarme partout, et mesme tous les petards aux portes afin de donner tant de besongne en un coup à ceux qui estoient dedans, qu'ils ne seussent de quel costé entendre. Cela faict, il distribua les billets de ceste execution ou estoyent nommés ceux qui avoyent la charge des eschelles et de quelle façon ils devoyent estre accompagnés, ce qui est à propos de sommairement desduire en ce discours. La troupe qui devoit faire le premier attaquement portoit huict eschelles ; Monsieur de Morges (1) qui l'a conduisait en faisoit porter trois : Monsieur de la Buysse

(1) De Morges, neveu de Lesdiguières.

une, Monsieur de Saint-Jurs deux, et à chascune eschelle dix hommes choisis sur les compagnies des dits sieurs, armés de cuirasses, sallades, de pistolets et d'espées : Messieurs de Montalquier et de Sainct-Bonnet avec chascun vingt arquebusiers des gardes estoyent avec cette troupe et avoyent charge de chascun une eschelle; la seconde troupe conduite par Monsieur d'Hercules, lieutenant de la compagnie des gens d'armes de Monsieur de Lesdiguieres portoit six eschelles, dont le dict sieur d'Hercules avoit charge de trois : Monsieur de Montferrier, guidon des cheveaux legers de Monsieur de Lesdiguieres et Monsieur de Rosans d'une avec des arquebusiers choisis. La troisieme troupe conduite par Messieurs d'Auriac portoit trois eschelles : Monsieur de Beauval, lieutenant de Monsieur du Passage en avoit une et Monsieur Du Buisson, lieutenant de Monsieur le viscomte de Chamais, deux. La quatrieme et derniere troupe conduite par Monsieur Marvieu, enseigne de la compagnie de Monsieur de Sainct-Jullien, portoit trois eschelles, dont deux sous la charge de Monsieur de Marignieu et la troisième de Monsieur de Serres, premier capitaine du regiment de monsieur d'Auriac, et toutes les trois dernieres troupes accompagnées et armées à la forme de la premiere, et à chacune sa guide pour luy faire tenir le droict chemin du lieu de l'execution. Le capitaine Bimar eut charge de faire jouer un petard à la fausse porte du dict fort, qui regarde à Grenoble, et le capitaine Saige un autre à la porte principale qui est posée vers Montmeillan. Il fust aussi ordonné à une troupe d'infanterie, conduite par le sieur de Sainct-Ferreol, de donner l'alarme par tous les endroits du dict fort, tant que l'execution dureroit, et que cependant tout le reste demeureroit en gros à une mousquetade de la. Et quant à la cavalerie, la ou la plutpart des membres estoyent demeurés, le sieur Bar eust charge de la faire passer outtre au dessous du fort, par le village de Barraux, aussitot que l'alarme se commenceroit, et la conduire jusques hors le bois de la Servette, dedans la plaine de Chapareillan, parcequ'on avoit eu advis qu'il devoit venir de ce costé la cent maistres de l'ennemy courir dedans la vallée, au mesme chemin que tenoient les troupes du dict sieur de Lesdiguieres. Les choses ainsy disposées on marche en l'ordre tel que dessus, jusque au lieu ou les eschelles se devoyent rendre : mais avant que d'y arriver il fallut faire alte pour laisser passer une heure ou deux du jour, de peur d'arriver de trop bonne heure sur le lieu de l'execution. A l'entrée de la nuict les eschelles et petards furent distribués et avant que toutes choses fussent rangées, que les gens de cheval destinés à l'execution eussent pied à terre et que l'infanterie eust passée quelque ruisseau, il fust dix heures; ce fust à la mesme heure qu'on marchat droict au fort, dont on n'estoit qu'a un quart de lieue, et en l'ordre cy dessus on arriva auprès du fort justement à unze heures de nuict, favorisés de la lune, qui estoit sur son neuviesme jour. Tout cest appareil ne pouvoit marcher sans

4   18

alarme. Ceux dedans l'avoyent aussy prinse plus de demy heure devant, pour avoir veu plus de cent feux que les indiscrets valets laissés aux chevaux avoyent allumés aussitot que leurs maistres furent partis : et encore que ceux destinés à l'execution veissent et ouyssent la rumeur de ceste alarme ne layssent d'aler la ou ils devoyent planter leurs eschelles, ce qu'ils feirent avec une resolution incroyable, et ce pendant les petards jouerent. L'alarme se donnant partout, comme il avoit esté ordonné et cela si à propos que ceux de dedans ne sçavoyent de quel costé entendre, ils renverserent quelques eschelles aussitost redressées, sans que ceux qui avoyent charge s'esmeussent des arquebusades tirées de dessus les tenailles et des guerites, qui sont sur chascune poincte : si bien qu'ayant gaigné le dessus du terrain et estant aux mains avec ceux de dedans, il fallut que le foible cedast au fort. La place ainsi forcée les ennemis se voulurent rallier, mais après quelque foible resistance, il en fut tué une centaine et le reste sauta par dessus le terrain et ou il n'y avoit point d'alarme. Voila comment il à pleu à Dieu benir ceste entre-prinse; la gloire lui en doit donc estre rendue et l'honneur à tous les gentils hommes qui ont si librement exposé leurs vies. Il ne s'y est perdu qu'un sergent des gardes, le sieur Du Buisson blessé d'une arquebusade au visage vers les machoires et bien peu d'autres blessés. Des sept drapeaux qui estoyent dedans il s'en est gaigné cinq, qu'on envoie au roy et les autres deux se sont perdus : le sieur de Bellegarde prisonnier et quelques autres ; on y à trouvé neuf pièces d'artillerie montées sur roues, dont il y en a six de batteries et trois de campaigne, deux cents quintaux de poudre, bonne quantité de plomb, beaucoup de mesches et environ cinq cents charges de bled. Si le dessein de ceste fortification est une fois en sa perfec-tion la place sera meilleure que Montmeillan et donnera beaucoup d'avantage aux entreprinses que le roy voudra bastir de ce costé la : elle couvre Grenoble et luy sert de frontière, comme à tout le reste du pays. »

Les autres documents que les archives historiques du pays pourraient nous fournir sur Barraux sont d'un intérêt secondaire, et d'ailleurs les limites de cette notice ne nous permettent pas de les énumérer.

LAFFREY.

LORSQUE, dans vos pèlerinages d'artiste, au milieu des montagnes dont les croupes élevées séparent le département de l'Isère de celui des Hautes-Alpes, vous serez parvenu sur les bords des lacs tranquilles de Laffrey, arrêtez-vous sur ces rives silencieuses, et demandez à l'histoire qu'elle vous rappelle les souvenirs de gloire et d'éternels regrets dont elles furent le théâtre. Là, parmi ces pelouses encloses de rochers et qui se baignent au bord des eaux, s'est accompli un des derniers actes du grand drame de ce glorieux empire au pied duquel se sont abaissés tous les trônes de l'Europe, et dont les traditions vigoureuses, quoique déjà lointaines, protégent dans son abaissement la France veuve de son empereur.

L'Europe vaincue pendant cette brillante période de nos annales nationales, dont les prodiges rappelleront un jour à l'admiration incrédule de nos petits-enfants les merveilles des âges héroïques, s'était enfin, par un dernier effort, levée toute entière contre un seul homme et un seul peuple, Napoléon et la France. On sait que, dans cette lutte inégale, les armées étrangères n'obtinrent la victoire que par l'appui que les traîtres donnèrent aux ennemis de leur pays. Après avoir gagné, à force de courage et de génie, à Chaumeil, à Champ-Aubert, à Montmirail, à Vaux-Champs, à Montereau, à Craone, les plus célèbres batailles dont les fastes militaires aient conservé le souvenir, Napoléon succombait enfin sous les efforts des armées étrangères composées de plus d'un million de soldats, et allait ensevelir dans une île obscure la gloire de son nom et celle de la France.

Tout à coup une nouvelle étrange répand la terreur au château des Tuileries : les princes se transportent en calèche à la tête de divers corps d'armées; les ministres expédient des courriers aux puissances alliées pour les supplier d'envahir une seconde fois la France.... Napoléon venait de débarquer près d'Antibes avec quelques centaines de soldats.

Sa marche à travers les Alpes fut aussi rapide que hardie. Les sympathies populaires, affaissées d'abord sous le poids des calamités qu'avait entraînées l'invasion, et comprimées par les violences d'un gouvernement imposé, se réveillèrent bientôt aux accents de sa voix et bien plus encore par la puissance des souvenirs nationaux :

l'enthousiasme fut au comble au milieu des populations agrestes et énergiques du haut Dauphiné. Mais là aussi se présentaient bien des obstacles à vaincre : les défilés étroits des Alpes, au milieu desquels il s'était engagé avec sa petite troupe, pouvaient être victorieusement défendus, et l'empereur ne se dissimulait pas que le succès de ses desseins dépendait de l'issue qu'allait avoir la résistance organisée contre lui. En effet, après avoir quitté Gap, il apprit que des troupes étaient parties de Grenoble pour défendre le pont de Ponthaut près de la Mure et s'opposer à son passage. Sur-le-champ il distribua sa petite armée, forte de onze cents hommes environ, en trois colonnes : l'une, commandée par le général Cambronne, formait l'avant-garde; la seconde marchait avec l'empereur; la troisième, composée du bataillon corse, servait d'arrière-garde. Ces dispositions prises, le colonel Laborde fut détaché sur la Mure avec quatre-vingts hommes pour y établir le logement de la première colonne des troupes de l'empereur.

En arrivant à la Mure, le colonel s'y rencontra avec un adjudant qui, de son côté, venait faire le logement d'un bataillon du 5ᵉ régiment d'infanterie de ligne que le général Marchand avait fait partir précipitamment de Grenoble pour arrêter Napoléon dans sa marche. L'adjudant ayant signalé la présence du colonel, le bataillon prit position à une portée de fusil de la Mure. Au même instant survint le général Cambronne, qui établit un poste des troupes impériales à portée de pistolet du bataillon du 5ᵉ de ligne, et tenta vainement de s'aboucher avec l'officier qui le commandait pour l'engager à pactiser. Puis, instruit que ce bataillon s'ébranlait et semblait disposé à tourner la Mure pour faire sauter le pont et couper ainsi le passage à l'empereur en l'isolant d'une partie de ses forces, il sortit brusquement de la Mure et s'empara lui-même du pont, à la tête de sa colonne. A l'issue de cette manœuvre, le bataillon du 5ᵉ rétrograda de trois lieues sur Grenoble.

Informé de ce qui venait de se passer, l'empereur était le lendemain 7 mars, à neuf heures du matin, sur le pont de Ponthaut, à la tête de ses troupes. Ses dispositions prises, il ordonna de marcher en avant : la tête de sa colonne était commandée par le colonel Mallet, tandis que sa marche était protégée, à droite, par les lanciers polonais sous le commandement du colonel Jermanoski, et à gauche par les officiers sans troupes sous celui du major Pacconi. La route que Napoléon allait parcourir en quittant la Mure se déroule, à gauche, sur les flancs d'une chaîne de montagnes pendant l'espace de plusieurs lieues; à droite, au contraire, s'ouvre dans le même prolongement le bassin d'une vallée alpestre; mais, après avoir dépassé le village de Pierre-Châtel, ce bassin est occupé successivement par les trois lacs de Laffrey : la route est alors fort resserrée, et au delà du hameau de Petit-Chat, sur les rives du troisième lac, elle se dessine sur un plan incliné assez raide qu'il faut franchir pour arriver au village de Laffrey.

Parvenu au point culminant de cette rampe, Napoléon vit devant lui les troupes royales dont la position lui interceptait le passage. C'est dans cet étroit passage qu'allaient s'agiter les destinées de la France. L'empereur, avec cet instinct qui le trompait rarement, entrevit sur-le-champ les résultats funestes d'une collision ; aussitôt il fait donner l'ordre aux grenadiers de mettre l'arme sous le bras gauche, la baïonnette au bout du canon; il met lui-même pied à terre, et fait continuer tranquillement la marche; puis, au bout de quelques minutes, par un mouvement dirigé sur la droite, il prend position dans une prairie à peu de distance de l'ennemi. Jamais Napoléon ne s'était montré plus grand, plus maître de lui et des circonstances que dans ce moment suprême où, dédaignant le rôle d'un partisan obscur, il se présentait à ses anciens soldats, armés contre lui, pour les subjuguer par la seule force de son ascendant.

Le théâtre sur lequel allait s'accomplir une des scènes les plus dramatiques de la vie de l'empereur était bien fait pour imposer. L'aspect du paysage au milieu duquel s'élève le petit village de Laffrey est sauvage et saisit l'âme par la tranquillité de ses lignes; mais, en ce moment, l'attente des événements qui se préparaient ajoutait encore à la solennité triste dont la nature a imprimé le caractère à ces contrées. Les hauteurs étaient couvertes des habitants de Laffrey, qui avaient abandonné leurs demeures, et de paysans qui faisaient retentir les airs du cri de *vive l'Empereur !* On les voyait s'agiter avec inquiétude : quelques-uns d'entre eux avaient pénétré dans le camp des troupes royales et distribué aux soldats des proclamations napoléoniennes.

Cependant l'empereur avait continué sa marche pacifique, et il était à peine à une portée de pistolet du bataillon ennemi, lorsqu'un aide de camp du général Marchand commanda *le feu.* Les soldats hésitèrent, et instantanément le centre des troupes impériales s'ouvrit; alors un Homme dont le visage était calme et méditatif s'avança seul, et ouvrant sa redingote : *Soldats!* dit-il d'une voix forte, *je suis votre Empereur, ne me reconnaissez-vous pas? S'il en est un parmi vous qui veuille tuer son général, me voilà!* et il leur montrait sa poitrine nue. L'aide de camp répéta une seconde fois le même commandement qui fut étouffé sous l'explosion des cris de *vive l'Empereur !* Les soldats du 5ᵉ, jetant leurs fusils, se précipitèrent en larmes aux pieds de l'empereur, baisant ses mains qui les avaient si souvent conduits à la victoire; les paysans agitaient des rameaux, distribuaient des vivres; l'enthousiasme était au comble. Lorsque l'effervescence se fut calmée, l'empereur ayant fait former en bataille le bataillon du 5ᵉ lui adressa ces paroles : « Soldats! je viens avec une poignée de braves, parce que je compte sur le peuple et sur vous. Le trône des Bourbons est illégitime, parce qu'il n'a pas été élevé par la nation; il est contraire à la volonté nationale, puisqu'il est contraire aux intérêts de notre pays, et qu'il n'existe que dans l'intérêt de quelques familles. Vos pères sont menacés du retour des dîmes, des priviléges, des droits féodaux et de tous les abus dont nos succès les avaient délivrés. N'est-il pas vrai, citoyens »? en s'adressant à un immense rassemblement qui s'était formé autour de lui. L'enthousiasme se manifesta par de nouveaux cris de *vive l'Empereur!*

Au milieu de l'effusion générale, survint à franc étrier un noble jeune homme qui avait donné naguère à l'empereur des témoignages du plus généreux dévouement, M. Dumoulin : il venait l'assurer, en lui offrant sa fortune et son bras, de la fidélité et des bonnes dispositions des Grenoblois. Sur cette assurance, Napoléon se remit en marche, et le soir même, Grenoble, dont la garnison devait lui opposer une victorieuse résistance, lui ouvrit ses portes.

On raconte qu'en traversant le village de Laffrey, pressé d'une soif ardente, Napoléon entra chez une vieille femme qui, ne le connaissant pas, lui parla de l'empereur avec amour : Si du moins je pouvais le voir avant de mourir, lui disait-elle, lui baiser la main et lui dire de nous ôter les droits réunis. Cet hommage si touchant, émané d'un cœur simple et dévoué, émut vivement l'empereur; il essuya quelques larmes, et déposa dans la main de cette pauvre femme trois ou quatre pièces d'or.

Par quel charme secret cet homme, dont le joug a été pesant, il faut le dire, avait-il conquis si énergiquement les sympathies populaires, que son nom désormais est un des souvenirs les plus vivants de l'orgueil national? C'est qu'il avait admirablement compris le génie français : il savait qu'à un peuple fier et généreux, qui dédaigne les instincts mesquins et sans élévation, il faut de la grandeur et de la gloire militaire; et certes il sut à l'une et à l'autre de ces nobles exigences faire mesure pleine. Que reste-t-il de sa gloire passée à cette France impériale devant laquelle s'est inclinée l'Europe tremblante? Hélas! il ne lui reste plus que le souvenir de celui qui, par son génie, l'avait placée au plus haut période de puissance et de force, dont les annales de l'humanité raconteront un jour le phénomène comme une épopée des âges héroïques; souvenir impérissable que les humiliations actuelles font grandir chaque jour, et qui brille d'un éclat d'autant plus vif que l'obscurité du temps présent est plus profonde !

———

RUINES DU CHATEAU DE BRESSIEUX.

———◆———

La terre et le château de Bressieux, deux souvenirs qui se rattachent à l'histoire du moyen âge du Dauphiné, au temps où cette contrée, démembrée et divisée après la chute du second royaume de Bourgogne, vit se former plusieurs principautés usurpées par autant d'oppresseurs, rappellent également le nom d'une famille puissante, qui, elle aussi, à l'exemple de ses voisins devenus souverains, s'accommoda de quelques paroisses près de Saint-Etienne-de-Saint-Geoirs et qu'elle trouva à sa convenance. Ces paroisses furent celles de Notre-Dame, de Saint-Pierre, de Saint-Michel et de Saint-Siméon, formant l'ancien mandement de Bressieux. Bournon, qui vivait en 1040, en est regardé comme le premier seigneur.

A cette époque, le château de Bressieux, nommé dans les vieux titres *Castrum Brissiacum* ou *de Bressiaco*, comme fief de l'ancien comté de Salmorenc, relevait de l'archidiaconé de ce lieu, dépendance du diocèse de Grenoble dont les limites s'étendaient jusqu'à Viriville, Ornacieux et la Côte-Saint-André. Ce château devint ensuite un objet de litige entre saint Hugues et Guy, archevêque de Vienne; il fut occupé à main armée par ce dernier prélat, et réuni à son diocèse, en 1107, par le pape Pascal II, lorsqu'il partagea ce même archidiaconé entre les deux évêques.

Les seigneurs de Bressieux se reconnurent, dès ce moment, vassaux de l'église de Vienne pour leur château et ses dépendances. Des ruines considérables de ce château existent encore; elles consistent en trois tourelles ou portions de tourelles, en quelques pans de murailles et en une porte d'entrée principale surmontée de sa galerie et d'un mâchecoulis.

Ces seigneurs de Bressieux ont porté, pour la plupart, le nom d'Aimar.

Aimar, seigneur de Bressieux, fonda en 1164 l'abbaye de Laval-de-Bressieux pour des religieuses, en vertu d'une bulle du pape Alexandre III du 15 mai de cette année; à laquelle abbaye il donna le territoire de Laval, avec *la seigneurie, domination, droits et justice* qui en dépendaient, ainsi que la faculté de *pâquerage* dans l'étendue de ses terres, et une pleine et entière exemption de la *leyde* dans tous les marchés et les foires tenus dans son mandement; donation et priviléges qu'accrurent et confirmèrent Hugues, son fils, les papes Innocent III et Jean XXII, les dauphins, d'autres princes et Louis XI. Cette abbaye a subsisté jusqu'au seizième siècle qu'elle fut abandonnée, à cause des guerres de religion; on la transféra de Laval à la Côte-Saint-André en 1633.

Un autre Aimar, seigneur de Bressieux, étant en guerre avec Aynard, seigneur de Clermont, s'assura de l'alliance du dauphin Humbert Ier dont il rechercha l'appui en se déclarant son vassal pour quelques fiefs : on trouve aussi une reconnaissance du 1er octobre 1314, passée par le même Aimar en faveur du dauphin Jean II, pour tout ce qu'il possédait, en propre, situé dans la terre de Chatte.

Il y avait à Bressieux une maladrerie et sa chapelle qui furent données, en 1318, à l'abbaye de Bressieux.

La terre de Bressieux, qui était l'une des principales seigneuries du Dauphiné, avait anciennement le titre de baronnie, titre inhérent à cette terre et auquel était attaché, en la personne du seigneur qui la possédait, le droit de *député né et perpétuel des états* du pays. Les autres barons *nés des états* étaient ceux de Clermont, de Sassenage et de Maubec; ce dernier alternait avec Montmaur; ils siégeaient tous les quatre (le baron de Bressieux le troisième) à la tête de la noblesse et assis sur des fauteuils, tandis que tous les autres députés du même corps prenaient place confusément et sans ordre sur des bancs, quels que fussent leurs rangs et leurs titres particuliers; règle qui a été observée jusqu'en 1628, époque de la suppression des états en Dauphiné. L'érection même d'autres terres en duché, en marquisats, en comtés et en vicomtés, n'a jamais apporté le moindre obstacle à l'exécution de cet usage : lorsque le parlement et la chambre des comptes procédaient à la vérification des lettres patentes de ces nouvelles érections, c'était toujours pour le nom seulement, et sous la clause expresse : *sans préjudice des droits des quatre barons anciens de la province.*

Le seigneur de Bressieux était aussi l'un des quatre *barons nés de Saint-Antoine*, et, en cette qualité, il jouissait du privilége de porter la châsse de ce saint, lors de la procession qui, chaque année, se faisait à Saint-Antoine en Viennois, le jour de l'ascension. Son rang était ici le quatrième; les trois autres barons devaient être le seigneur de Château-Neuf, le duc de Milan et le vicomte de Vintimille. Tous les quatre étaient appelés à haute voix par un héraut d'armes dès qu'on commençait la cérémonie à laquelle, comme on peut le croire, le duc de Milan et le vicomte de Vintimille ne durent point assister souvent. En leur absence, le corps du saint était porté par quatre principaux seigneurs des environs, ou par quatre notables du lieu, qualifiés de *barons* ce jour-là. Il est possible que le titre de baronnie, donné autrefois à la terre de Bressieux, n'ait jamais eu d'autre origine.

Cette terre est restée dans la même famille jusque vers la fin du quatorzième siècle, qu'elle passa en celle de Grolée par le mariage d'Alix de Bressieux, héritière du nom de cette seigneurie, avec Guillaume Grolée, seigneur de Neyrieu, et successivement dans celle de Labaume-de-Suze, par la mort de Louis Grolée-de-Meuillon; c'est en faveur de ce Louis que cette même terre fut érigée en marquisat en 1612; lequel marquisat comprenait Bressieux, Notre-Dame-de-Cossineu, Saint-Pierre, Saint-Michel, Saint-Georges, Saint-Siméon, Châtenay et Marnans, dans les cantons actuels de Saint-Étienne-de-Saint-Geoirs et de Roybon.

J. J. A. Pilot.

CHAMPIONNET.

Le 24 mai 1762 naissait clandestinement à Valence un pauvre enfant que l'illégitimité de sa naissance frappait de réprobation à son arrivée en ce monde. Son père était un M. Grand, maître de poste, conseiller à l'élection et même avocat, qui, à son lit de mort, épousa la paysanne qu'il avait séduite et rendue mère. A l'âge de quatorze ans, une lâche plaisanterie sur la tache de son origine gonfle le cœur de cet enfant : il s'expatrie, s'engage dans les gardes-wallones du régiment de Bretagne, et, compagnon de la Tour-d'Auvergne, va faire le siége de Gibraltar sous le commandement du duc de Crillon. Le duc les faisait combattre à ses côtés, « parce que, disait-il militairement, les bâtards sont heureux à la guerre ». Ce fut là tout ce que gagna dans sa première campagne le jeune Championnet : il revint simple soldat dans sa ville natale.

Cependant une nouvelle ère s'était levée pour la France; mais ce n'était pas sans secousses et sans déchirements, et l'Europe, alarmée au bruit de cette terrible dislocation, venait en armes menacer le pays qui en était le théâtre. Aussitôt la nation s'émeut de toutes parts, le patriotisme enfante des soldats. Dans toutes les villes, dans les plus petits villages, des volontaires vinrent offrir leurs bras, et chaque district fournit son bataillon. Celui de Valence avait été formé par les soins de Championnet, et la reconnaissance de ses concitoyens lui en donna le commandement : il avait trente ans.

Dès son début dans la carrière militaire, Championnet déploya ce caractère d'humanité et de modération dont la vie des camps offrait des exemples si remarquables et si opposés à la violence des passions sanguinaires qui déchiraient l'intérieur de la France. Chargé par le comité de salut public, en 1793, d'exterminer dans le Jura les adversaires de la convention, il éluda les ordres impitoyables qu'il avait reçus, apaisa l'agitation publique sans faire répandre le sang d'un seul citoyen, et ne signala sa terrible mission que par une bienveillance inépuisable. Il eut bientôt occasion de déployer son courage pour une plus noble cause. Envoyé à l'armée du Rhin, il prend une part active aux affaires de Brumpt, de Bischweiller, de Haguenau, de Weissembourg, pénètre le premier dans Landau débloqué, s'empare de Spire, de Worms et de Frankenthal. Hoche, remplissant le vœu de l'armée dont ces brillants faits d'armes avaient conquis l'admiration, le nomme général de division sur le champ de bataille, et dès ce jour devient son ami.

Au printemps de l'année 1794, les armées de la Moselle et de Sambre et Meuse, commandées par les généraux Kléber, Moreau, Bernadotte, Colaud, Montaigu et Championnet, se concentrent, sous la direction du général Jourdan, pour attaquer les alliés réunis sous le prince de Cobourg et les généraux de Beaulieu, Kray, Mack et Clairfait. Déjà Championnet s'était emparé des positions prises par l'ennemi dans le bois de Silengen, et après avoir réduit Arlon, avait fait passer la Meuse à sa division à Dinan, lorsqu'enfin les deux armées s'avancèrent l'une contre l'autre dans les champs de Fleurus (26 juin 1794). Les Français comptaient dans leurs rangs 90,000 hommes ; ils avaient à lutter contre 110,000 alliés; mais on sait au prix de quels prodiges de valeur et de manœuvres savantes et hardies la supériorité du nombre fut vaincue dans cette célèbre journée. La coopération de Championnet fut glorieuse. Six de ses escadrons furent d'abord attaqués par le prince Kaunitz qu'il parvint à écarter bientôt en manœuvrant de manière à le tourner et à le séparer du reste de son armée; puis, après avoir soutenu le feu de l'artillerie ennemie pendant quatre heures, à la tête de sa division qu'il avait appuyée à une redoute de dix-huit pièces de canon, trompé par un faux avis, il allait faire un mouvement rétrograde, lorsqu'un ordre de Jourdan le tire de son erreur : alors il se précipite à la tête de ses escadrons et contribue puissamment au gain d'une bataille plus décisive que celle que, cent ans auparavant, le maréchal de Luxembourg avait remportée aux mêmes lieux sur le prince de Valdeck.

De Fleurus, l'armée victorieuse s'étendit sur les rives de la Roër jusqu'au Rhin : Championnet s'empara de Juliers; Cologne lui ouvrit ses portes, et partout où le conduisit la victoire, il sut adoucir par sa bienveillance les rigueurs de la conquête.

Cependant le comité de salut public avait formé le dessein de porter la guerre au cœur de l'Allemagne, et les généraux Pichegru et Jourdan recevaient l'ordre de passer le Rhin. Jourdan combina les mesures stratégiques nécessaires au succès de cette opération que rendaient si difficile la présence de l'armée ennemie, sur la rive opposée, et la formidable artillerie qui garnissait les murs de Dusseldorff; puis, se méfiant avec raison des lenteurs de Pichegru, il confie à Kléber la périlleuse entreprise de franchir le fleuve en face même de Dusseldorff. Championnet était spécialement chargé de cette expédition, sous la direction de Kléber. Il sentait de quelle importance était la prise de Dusseldorff, puisque, pour exécuter les mouvements du général en chef et couper la retraite à l'ennemi, il était impérieusement nécessaire de s'en rendre maître, ou de vive force, ou par une prompte capitulation, afin d'éviter que l'aile droite, séparée du reste de l'armée française, fût culbutée dans le Rhin et écrasée par les forces ennemies. Tandis qu'il parcourait les bords du fleuve pour reconnaître les postes autrichiens, il aperçoit un héron immobile au milieu des eaux, vis-à-vis de l'embouchure de la rivière d'Erfft : ce fut un trait de lumière qui, en lui faisant reconnaître l'existence d'un banc de sable de cent toises de longueur en cet endroit, le força de faire remorquer ses nacelles vers une rivière affluente au Rhin, près de Grimlinghausen, à deux lieues au-dessus de la position qu'il avait choisie avant cet incident. Dans la nuit du 4 au 5 septembre 1795, il fait conduire sur les bords du fleuve l'artillerie nécessaire pour protéger son débarquement, veille à ce que les roues et les agrès en fer soient empaillés, et fait défiler en silence ses soldats vers les bateaux, à six heures du soir. « Demain, leur dit-il, nous entrerons au soleil levant dans Dusseldorff, ou nous serons morts glorieusement pour la patrie! Sous peine de mort, que personne ne fasse feu pendant la traversée ». Onze heures venaient de sonner, et la lune brillait au ciel, lorsque les bateaux à peine détachés de la rive gauche du Rhin sont aperçus par l'ennemi. Le feu de toutes les batteries autrichiennes est aussitôt dirigé sur la flottille, tandis que l'artillerie française à son tour foudroie les bataillons ennemis. Le croisement des feux, les clartés soudaines de l'artillerie auxquelles succédaient les ténèbres de la nuit, une navigation lente sur un fleuve rapide, tout se réunissait pour jeter le désordre parmi les petits bateaux dont se composait la flottille. Plusieurs déjà, dans cette traversée périlleuse, avaient été engloutis dans les eaux, lorsqu'enfin deux vont aborder au rivage. Les soldats alors ne sont plus maîtres de leur impatience, ils se jettent dans les flots, prennent pied, et déjà, aux cris de *vive la république!* ils ont enfoncé les bataillons autrichiens et pénétré jusque sur les glacis de Dusseldorff. L'ennemi, épouvanté d'abord de tant d'audace, reprend la défensive à l'aide des renforts qu'il vient de recevoir, et le feu de la mousqueterie durait depuis une heure, lors-

qu'arrive Championnet : son intrépidité fait redoubler les efforts , et les rangs des
Autrichiens sont rompus. Tandis que l'ennemi fuit de toutes parts, Dusseldorff,
bloqué et canonné, capitule à cinq heures du matin , et les deux mille hommes
de troupes palatines qui l'occupaient mettent bas les armes et défilent devant
sept cents grenadiers français. Les annales militaires offrent peu de faits d'armes
plus brillants et plus terribles par la rare intrépidité de ceux qui l'exécutèrent et les
circonstances périlleuses au milieu desquelles il fut accompli. Kléber et Jourdan
en attribuèrent hautement la gloire à Championnet. L'extrême pénurie à laquelle
était réduite l'armée de Jourdan , par suite des combinaisons perfides de Pichegru,
le força bientôt à faire une retraite qui fut aussi honorable pour lui que ses
triomphes. Kléber et Championnet la favorisèrent de tout leur courage. Kléber,
en confiant à celui-ci la défense du plateau de Bendorf, qui devait protéger un
pont qu'il faisait jeter sur le Rhin, lui dit ce peu de mots : « Mon ami , vaincre
ou mourir ! Si l'ennemi nous attaque, point de coups de fusil , la baïonnette en
avant ». Le pont s'acheva, et la retraite put s'opérer avec sécurité. Un armistice
de quelques mois, proposé par Clairfort et accepté par Jourdan , suspendit les
hostilités, et les armées de Sambre et Meuse et de Rhin et Moselle entrèrent en
cantonnements.

L'année suivante , la campagne s'ouvrit sous des auspices plus favorables, et au
moment de la rupture de l'armistice (30 mai 1796), Championnet était cantonné
avec sa division dans le Hundsruck. La part qu'il prit aux opérations prélimi-
naires de la campagne fut très-active, mais elle eut un caractère d'individualité
beaucoup plus prononcé dans les suivantes. Jourdan , obligé de faire franchir une
seconde fois le Rhin à l'armée de Sambre et Meuse, jette de nouveau les yeux
sur Championnet auquel il adjoignit Bernadotte. Le passage s'effectua à Neuwied,
en plein jour, aux éclats de la musique militaire, et Neuwied est emporté au pas
de charge, malgré la résistance de l'ennemi épouvanté de cette fougueuse attaque.
Maître de la rive droite du Rhin, Championnet dégage Dusseldorff, défait à Seltz
une division de cavalerie, s'empare de Wurtzbourg et marche sur Bamberg, où,
à la tête de ses escadrons, il taille en pièces les Autrichiens qui écrasaient un
corps de cavalerie française. Après l'action, il allait camper dans les belles plaines
de Francfort, lorsque le spectacle des misères qu'entraînera la destruction des
riches moissons qui se déroulent sous ses yeux s'offre à sa pensée et le dissuade
de son dessein. Ses soldats, brisés de fatigue, se remettent en marche et vont
bivouaquer plus loin.

La rapidité des événements ne permet pas d'analyser dans ses détails la coopération de Championnet; on ne peut la constater qu'en termes généraux : ainsi,
après s'être emparé du fort de Kœniagtein, réuni à Bernadotte et à Kléber, il

écrase les Autrichiens à la bataille de l'Aich, les bat une seconde fois, et pousse ses reconnaissances jusqu'aux portes de Ratisbonne.

La première partie de la campagne d'Allemagne avait été féconde en triomphes; la seconde fut signalée par des revers; mais, si l'agression avait été glorieuse, la retraite ne le fut pas moins pour l'armée et ses généraux. A la suite d'une manœuvre savante combinée par Jourdan pour protéger la retraite de son corps d'armée, il écrivait à Championnet : « Arrêtez-vous, tout mon espoir est en vous pour sauver le parc et les équipages ». « Les ennemis ne passeront pas», répondait Championnet, et prenant aussitôt ses positions sur les hauteurs du défilé, dans lequel il était engagé, il fait face de partout aux Autrichiens, les repousse sur tous les points, et sauve l'artillerie et les bagages. La journée de Wurtzbourg fut loin d'être aussi favorable (3 septembre 1796). Jourdan, pour dégager cette place, lutta avec seize mille hommes contre quarante mille Autrichiens commandés par le prince Charles et le général Wastensleben; mais le courage et la science de la tactique furent obligés de céder devant la supériorité du nombre. La retraite des deux armées d'Allemagne fut le résultat de cet échec.

Fatigué de lutter sans cesse contre les inconséquences du gouvernement directorial, Jourdan venait de se démettre du commandement d'une armée qu'il avait pendant deux ans conduite à la victoire et sauvée par d'habiles retraites. Kléber et Lefèvre avaient pris le même parti, de sorte que la responsabilité d'une armée affaiblie, désorganisée et sans ressources échut en partage à Championnet. Il céda bientôt ce fardeau au général Hoche que ses victoires avaient rendu célèbre à vingt-quatre ans.

Appelé à commander en Hollande les forces de la république et à coopérer à l'invasion de l'Angleterre, méditée par le directoire, Championnet eut à signaler son courage à Ostende, en repoussant victorieusement les Anglais qui avaient débarqué dans le dessein de rompre les écluses de Schilikens; mais ce ne fut là qu'un aliment éphémère donné à son activité, qui allait bientôt trouver l'occasion de se développer sur un plus vaste théâtre. Il venait d'être nommé général en chef de l'armée de Rome.

Le roi de Naples, aidé des subsides de l'Angleterre, avait rompu la paix, entamé les hostilités, et ses troupes, commandées par le général Mack, avaient envahi le territoire romain. Les instructions données par le directoire à Championnet portaient de se replier, dans le cas d'une attaque de la part de l'armée napolitaine, jusque sur les frontières de l'armée cisalpine, afin de venir s'appuyer à l'armée commandée par le général Joubert; mais il crut devoir éluder un ordre dont la pusillanimité lui semblait déshonorante. Il se borna à évacuer Rome dont la défense était impraticable avec le peu de forces qui étaient à sa

disposition, et laissa dans le château Saint-Ange une garnison à laquelle il promit
solennellement de revenir vainqueur au bout de vingt jours. Tandis que Championnet effectuait sa retraite pour être en mesure de rentrer bientôt dans la lice
avec avantage, le roi de Naples et le général Mack venaient jouir à Rome de leur
triomphe d'un jour.

La position de Championnet était d'autant plus critique que ses forces étaient
disséminées, et que d'ailleurs elles étaient, comparativement à celles de l'ennemi,
d'une extrême infériorité; mais il sut trouver dans son courage et son activité des
ressources qui allaient être le gage de ses succès. Après avoir pris toutes ses dispositions, il attendit que l'ennemi s'avançât pour le combattre. Le général Mack,
peu habitué à la pratique de la guerre, et dominé par des préoccupations systéma-
tiques qui frappaient d'impuissance ses combinaisons stratégiques, avait dirigé
les 40,000 hommes de la gauche de son armée en cinq colonnes contre les troupes
françaises, et, sur tous les points, il avait été battu honteusement par six mille
hommes à la tête desquels se trouvait le général Macdonald (5 décembre 1798).
Ces revers, auxquels on devait si peu s'attendre, avaient singulièrement rebuté le
général Mack; cependant il forma le projet d'enfoncer le centre de l'armée française et de couper ses communications; mais Championnet s'empressa de concentrer ses troupes, afin de paralyser les efforts de son adversaire et de le combattre avec avantage. Le général Mack, chargé de tourner la division de
Macdonald, vint, après un premier échec éprouvé à Magliano, occuper Otricoli
avec des forces considérables. Sa position était formidable; mais Macdonald, sans
lui donner le temps de profiter de son opportunité, le fait attaquer audacieusement
par le général Mathieu, qui le culbute victorieusement en peu d'instants et le
poursuit la baïonnette aux reins jusque sous les murs de Calvi dont la garnison
est obligée de se rendre à discrétion. Démoralisé par des revers si imprévus,
Mack ne songea plus à prendre l'offensive; mais, abandonnant tous ses projets
d'agression, il ordonna une retraite générale et se porta en toute hâte sur Rome,
laissant derrière lui une forte arrière-garde pour le protéger. Mais les rôles étaient
changés : l'armée française n'avait plus à se défendre, elle attaquait sans relâche.
Tandis que le corps d'armée du général Mack touchait aux murs de Rome, la
division de Macdonald, qui était à sa poursuite, y pénétrait aussi. Ainsi se réali-
sait la promesse faite naguère par Championnet à la garnison du château Saint-
Ange. Les troupes françaises rentraient dans Rome le 15 décembre 1798, après
dix-huit jours d'absence, pendant lesquels elles avaient détruit plus de quinze
mille Napolitains, pris quarante pièces de canon, vingt drapeaux et presque tous
les équipages d'une armée pourvue avec luxe de tous les approvisionnements de
guerre.

Après avoir expulsé l'armée napolitaine des états romains, Championnet conçut le dessein hardi d'envahir le royaume de Naples; mais, avant d'entrer en campagne, il donna ses soins à la réorganisation du gouvernement républicain, à Rome, et prit des mesures pour faire cesser les abus scandaleux dont la population romaine était la victime. Mais il était plus facile de vaincre les ennemis de la France que de lutter contre les hordes de spéculateurs qui venaient, à la suite de nos armées, recueillir le bénéfice de la victoire et souiller des exactions de l'avarice la gloire de la conquête. Ces misérables, que l'on retrouve à la suite de toutes les révolutions dont ils exploitent les résultats à leur profit, avaient réduit, par leurs déprédations, la belle et riche Italie à la plus affreuse désolation. Championnet signala au directoire la conduite de ces hommes cupides qui, en rendant odieuse aux peuples conquis la domination française, paralysaient les conséquences de la victoire. Il donna la plus grande publicité à ses plaintes, mais les hommes qu'il flétrissait avec énergie trouvaient un appui scandaleux auprès du directoire, qui, comme tous les gouvernements faibles et sans moralité, s'entourait d'agents méprisables avec lesquels il partageait les fruits de la fraude et de la spoliation.

L'accomplissement des projets de conquête formés par Championnet sur le royaume de Naples était entouré d'obstacles devant lesquels on eût reculé dans des circonstances moins entraînantes. Les forces napolitaines abondamment approvisionnées étaient numériquement bien plus considérables que la petite armée française, et les populations au milieu desquelles on allait s'engager, cruelles et perfides, avaient été excitées par leur prince à se livrer au massacre le plus impitoyable. Les troupes françaises, au contraire, se trouvaient dans le dénûment le plus complet, et les places occupées manquaient des munitions de guerre nécessaires à leur propre défense. Telles étaient les conjonctures au milieu desquelles Championnet commençait ses opérations.

Ses premières manœuvres furent dirigées contre Capoue qu'il fit investir le 3 janvier 1799 par les généraux Macdonald et Mathieu, qui forcèrent intrépidement le camp du général Mack et le contraignirent à se retirer avec ses troupes dans l'intérieur de la ville. Mais les insurrections populaires qui éclataient de toutes parts et les assassinats commis à chaque instant par les paysans napolitains avaient rendu la position de Championnet si critique, qu'il ne lui restait d'autre ressource que le désespoir du courage, lorsque la garnison de Capoue, intimidée par l'attitude menaçante des assiégeants, capitula le 10 janvier, abandonnant tout le matériel militaire de la place qui était immense. Un armistice fut le résultat de cette capitulation qui, tout honorable et avantageuse qu'elle fût pour la France, fut cependant improuvée par le directoire qui avait été aigri en secret contre Championnet par ses ennemis.

La capitulation de Capoue faisait évanouir sans doute une partie des obstacles qui s'opposaient au succès des projets de Championnet; le roi de Naples, qui n'avait pas eu le courage de mourir en défendant sa couronne, s'était retiré loin du théâtre de la guerre; l'armée de 70,000 hommes avec laquelle il était entré en campagne était anéantie; le général Mack venait de perdre par son inhabileté et ses fautes nombreuses la réputation militaire dont il jouissait chez les puissances liguées contre la France; mais restait la formidable insurrection des classes pauvres, des paysans et des bandits montagnards, provoquée par un prince qui n'avait pas rougi, dans sa faiblesse, de faire un appel à l'assassinat en ordonnant le massacre général des Français. Cet appel n'avait que trop bien allumé la haine et la vengeance d'une partie de la nation conquise contre les troupes conquérantes qui étaient plus cruellement diminuées par les assassinats et les massacres qu'elles ne l'avaient été par les milices régulières du général Mack. Aussi le premier soin de Championnet, après la reddition de Capoue, fut-il de réduire ces bandes d'assassins dont le principal chef était un ancien voleur, fameux dans le pays par des meurtres nombreux. Par ses ordres, le général Rey les attaque à Traëta et à Castelforte, et les taille en pièces; les généraux Monnier et Duhesme ne furent pas moins heureux dans leurs expéditions contre elles.

Avant d'attaquer Naples, les armes à la main, Championnet prépara les moyens qui devaient faire éclater dans le sein de cette ville une révolution favorable à ses desseins. Il entama avec les patriotes napolitains des communications dont le dénoûment fut hâté par la propre faute de ses adversaires. Le peuple de Naples, exaspéré par la capitulation de Capoue, accusait de trahison les officiers de la couronne et se livrait contre les citoyens riches ou paisibles aux menaces les plus terribles, tandis que les milliers de lazzaronis dont cette ville est remplie, armés par les ordres du roi, se disposaient à se livrer aux plus affreux excès. Au milieu de la conflagration des esprits, le commissaire français, chargé de recevoir la contribution stipulée par le traité de Capoue, entre à Naples avec un sauf-conduit; mais sa présence met le comble à l'irritation populaire, et il n'échappe au fer d'un assassin que par le dévoûment d'un patriote qui meurt percé de coups. Ce meurtre devint le signal de l'anarchie, et les deux partis qui se divisaient Naples se dessinèrent alors nettement. Les patriotes, qui partageaient les vues politiques des conquérants, appelèrent dans leurs rangs la partie saine et laborieuse de la population qui voyait enfin que ses plus chers intérêts étaient liés au triomphe des armées françaises; tandis que les lazzaronis, égarés par le fanatisme religieux le plus grossier, menacèrent d'incendier le palais du vice-roi, qui eut le temps à peine d'échapper à leur fureur, et se jetèrent dans l'hôtel du général Mack pour l'assassiner. Proclamé naguère le libérateur de l'Italie, Mack ne trouva

d'autre asile que dans le camp de ses ennemis où Championnet l'accueillit avec
la plus noble générosité. Sa fuite exaspéra les lazzaronis qui le considéraient
comme l'artisan des désastres publics, et dès cet instant ils se portèrent aux plus
extrêmes violences; enfin, ayant fait une sortie, ils attaquèrent un des avant-
postes français qui, surpris d'abord, finit par les repousser. Cette agression était
une infraction au traité de Capoue, qui autorisait le général en chef de l'armée
française à s'emparer de Naples; mais, s'il était facile de balayer en rase campagne
un peuple immense sans frein et sans discipline, le combattre dans les rues d'une
vaste cité devenait une entreprise aussi périlleuse qu'imprudente. Heureusement
les patriotes de Naples et les habitants paisibles qui avaient adopté leurs vues
s'engagèrent à s'emparer du fort Saint-Elme et à le livrer aux assiégeants au
moment où ils donneraient l'assaut.

Toutes ces mesures prises, le 20 janvier, Championnet fait avancer les divisions
commandées par les généraux Dufresse, Kellermann, Duhesme et Rusca, qui
s'emparèrent des villages de la banlieue et des faubourgs de Naples, après avoir
battu les lazzaronis sur tous les points. Pendant les deux jours suivants, l'armée
française continua à se rendre maîtresse des positions importantes et à refouler
dans les murs de Naples les insurgés qui avaient déployé un courage que trahis-
sait l'indiscipline. Enfin le 23, Championnet, prévenu que ses partisans, après
s'être emparés du château de Saint-Elme, n'attendaient plus qu'un signal pour
diriger le canon de ce fort sur la ville, ordonne une attaque générale. Les lazzaronis, retranchés dans les maisons, se défendaient avec une rare énergie, et, pour
pénétrer dans les rues, il fallut marcher sur leurs cadavres amoncelés. Les soldats
français, de leur côté, si inférieurs en nombre, déployèrent la plus incroyable
intrépidité. La lutte animée par le désespoir et la vengeance fut terrible, surtout
dans le quartier habité par les lazzaronis où les flammes de l'incendie éclairèrent
un effroyable massacre. Sur tous les points, cependant, la victoire couronnait
l'audace de l'armée française, lorsque son général en chef pénètre jusqu'à la place
Del Pigni, au milieu des flots de la population paisible qui invoque sa générosité.
Championnet lui adresse la parole avec douceur, promet de pourvoir à la subsistance
du peuple et d'apporter un remède à ses souffrances, s'il met un terme à sa résistance; puis, flattant avec adresse ses sympathies superstitieuses, il s'engage à faire
respecter l'église et les reliques de saint Janvier, patron de la ville de Naples, et
promet la protection aux ecclésiastiques. A ce langage inattendu, émané d'un
homme que les préventions avaient dépeint, aux yeux des vaincus, comme le
propagateur ardent du jacobinisme et de l'irréligion, une révolution soudaine
s'opère parmi ce populaire en fermentation, et lorsque, sur la demande de l'un
des chefs des lazzaronis, une garde d'honneur fut placée à la porte de l'église de

Saint-Janvier, la joie fut au comble, les Français sont reçus avec allégresse, et leur général proclamé le libérateur de la ville de Naples.

Telle fut l'issue d'une campagne qui valut à Championnet la plus brillante réputation militaire, et pendant le court espace de laquelle quinze à vingt mille Français chassèrent de ses états, pour y fonder une république, un monarque sans courage, victime de son incapacité et de la lâcheté de ses courtisans.

Dès cet instant, Championnet devint le maître du royaume de Naples; il se hâta de désarmer les lazzaronis et de rétablir l'ordre. Après avoir, conformément aux intentions du directoire, proclamé son armée *Armée de Naples*, il donna ses soins à l'organisation du gouvernement républicain destiné aux pays conquis. Vingt-un citoyens furent choisis pour composer provisoirement la représentation nationale de la nouvelle république à laquelle fut donné le nom antique de *république parthénopéenne*. Les représentants furent investis de l'autorité législative et exécutive; mais Championnet, pensant avec raison que l'autorité civile serait impuissante à comprimer les éléments perturbateurs qui devaient tendre nécessairement à ébranler son œuvre, se réserva la sanction des lois et maintint par conséquent la suprématie du régime militaire. Cette mesure, commandée par les circonstances, éveilla l'inquiétude du directoire qui, dans son agonie, tremblait, à chaque instant, que l'indépendance de ses généraux ne précipitât sa chute, et les dispositions violentes que Championnet prit bientôt contre les agents de l'administration civile achevèrent d'attirer sur sa tête l'animadversion du gouvernement. Il est vrai de dire que, si les abus contre lesquels nous allons le voir se prononcer avec énergie étaient flagrants, il usa avec immodération d'une omnipotence dont l'exercice illimité était une grave infraction aux lois de la subordination.

A la suite de l'armée de Naples avait marché cette bande de spéculateurs effrontés qui avaient commis de si honteuses spoliations à Rome, et que Championnet avait en vain signalés à la justice du directoire. Naples était une proie offerte à leur avidité; mais le rigorisme et la probité du général en chef étaient des obstacles qu'ils ne pouvaient renverser qu'en provoquant la chute de celui qui réclamait leur expulsion. Ils éveillèrent facilement la jalousie du directoire en le dépeignant à ses yeux comme un factieux toujours prêt à méconnaître ses ordres, et dont l'indépendance était redoutable pour l'existence du gouvernement. De tous les ennemis de Championnet, le plus dangereux était le commissaire civil près l'armée de Naples, Faypoult, homme investi d'une grande autorité et contre lequel le général en chef dirigeait surtout ses attaques.

L'avidité des agents de la commission civile excita bientôt dans Naples des plaintes universelles; non-seulement les édifices publics et leurs trésors étaient devenus leur proie, mais les propriétés des riches citoyens n'étaient pas à l'abri de leur rapacité. Le directoire, forcé, par la publicité des plaintes de Championnet, de sévir contre les coupables, l'avait autorisé à les traduire devant un tribunal militaire; mais les excès commis par les dilapidateurs devinrent si flagrants, et l'arrêté publié sur ces entrefaites par le commissaire civil était si hostile envers le général en chef et l'armée dont l'honneur et la probité étaient également incriminés, que, dans son indignation, Championnet expulsa de Naples la commission civile et ses agents. Cette mesure énergique fut accueillie avec faveur par l'armée et les vaincus qui espérèrent que la loyauté militaire les traiterait avec moins de rigueur et d'avarice. Mais le directoire, à moins d'abdiquer son autorité déjà chancelante au profit des généraux, ne put tolérer cet acte d'insubordination, charmé d'ailleurs de trouver un motif légitime de se débarrasser d'un homme dont l'indépendance était blessante et que ses ennemis dépeignaient, aux yeux d'un pouvoir tremblant et soupçonneux, comme un ambitieux redoutable. Au lieu de sévir ouvertement, il eut recours à un de ces subterfuges misérables qu'invente la pusillanimité. Le 25 pluviôse (13 février 1799), il prend un arrêté qui ordonne au général en chef de l'armée de Naples de se rendre à Milan, auprès du ministre de la guerre Scherer, pour rendre compte de sa conduite. Championnet obéit : à son arrivée à Milan, il y est arrêté pendant la nuit pour être traduit devant une commission militaire.

Les témoignages les plus flatteurs d'estime et de reconnaissance prouvèrent au vainqueur de Naples que les sympathies populaires le suivaient dans son exil. Le gouvernement provisoire de Naples lui adressa l'expression publique de ses regrets, et le consulat romain lui fit hommage d'une armure d'honneur.

Championnet fut remplacé dans le commandement de l'armée de Naples par l'homme dont il avait eu tant à se plaindre, Macdonald. Après avoir été détenu à Turin, il fut enfin transféré à Grenoble où s'instruisit son procès; mais, tandis qu'il était absous aux acclamations unanimes de ses concitoyens, l'intrigue du 30 prairial modifiait ce directoire qui se mourait d'incapacité et de *pourriture*, selon l'expression de Bonaparte dont la main allait l'étreindre et lui faire rendre le dernier soupir. La tendance réactionnaire qui fut le résultat de cette modification rappela au pouvoir les hommes qui en avaient été écartés naguère. Bernadotte fut appelé au ministère de la guerre, Joubert eut le commandement de l'armée d'Italie, et Championnet fut nommé général d'une nouvelle armée destinée à protéger les grandes Alpes, et qui reçut le nom d'*Armée des Alpes*.

Championnet s'empressa de se rendre à Grenoble où il réunit en peu de jours la plus grande partie des soldats qui devaient former son armée. Le plan de la nouvelle campagne projetée par le directoire était vaste et surtout éminemment national, il s'agissait de lutter contre les puissances coalisées qui menaçaient nos frontières. L'armée austro-russe avait reconquis la plus grande partie de l'Italie. Ferdinand IV, naguère honteusement chassé de Naples, y était rentré sans gloire pour y assouvir avec lâcheté les plus affreuses vengeances; Macdonald s'était laissé battre à la Trebbia, et Joubert, défait par le général russe Suwarow à la malheureuse journée de Novi, était mort sur le champ de bataille.

Le but que Championnet s'était proposé, à son entrée en campagne, était de se joindre à l'armée d'Italie dont les restes, depuis la mort de Joubert, avaient été confiés à Moreau, tout en faisant un mouvement offensif sur les frontières de Piémont; mais, tandis qu'il dirigeait ses manœuvres pour arriver à ce résultat, de grands changements venaient de s'opérer dans les dispositions des alliés. Suwarow, mécontent des Autrichiens dont il avait éveillé la jalousie, avait abandonné l'Italie pour combattre nos troupes dans la Suisse, et se retirait plein de rage et de confusion avec les débris de son armée vaincue et dispersée par Masséna, à la suite d'une des plus belles opérations dont l'histoire de la guerre fasse mention. Sur ces entrefaites, Moreau rappelé à Paris afin de s'entendre avec le ministre de la guerre, avant de se rendre sur le Rhin pour y diriger les mouvements de l'armée d'observation organisée par le général Muller, laissait à Championnet le commandement de l'armée d'Italie.

Championnet se trouvait à la tête d'un corps d'armée de 25,000 hommes, qui se consumait dans des combats partiels sans résultat. Afin de sortir de cette fausse position, il résolut de tenter les chances d'une bataille décisive, d'éloigner l'ennemi de Coni, en forçant le général Melas à combattre dans une position désavantageuse. Mais ses desseins furent pénétrés et déjoués par son adversaire dont les habiles manœuvres triomphèrent à la malheureuse journée de Fossano (5 novembre 1799).

Ce fut le terme de la carrière militaire de Championnet. Après la bataille de Fossano, il ne lui restait plus qu'un faible corps d'armée divisé en trois parties que la misère, le dénûment le plus complet et les maladies décimaient chaque jour. Cet état de souffrances, dont les écrivains contemporains nous ont laissé le tableau le plus triste, exploité par des traîtres, entraîna le mécontentement et la désertion. Profondément découragé à la vue des misères sur lesquelles il appelait vainement la sollicitude du directoire agonisant, Championnet fut atteint, à son tour, par l'affreuse épidémie qui moissonnait ses soldats. Transporté à Antibes, il y rendit le dernier soupir le 9 janvier 1800. Son cœur porté à Valence fut solennellement déposé, le 7 septembre 1800, dans l'ancienne église de Saint-Ruf, qui servait alors de salle décadaire.

Championnet n'était pas simplement un soldat courageux dont la bravoure ait fait l'avancement militaire : si le ciel ne lui eût donné en partage que l'effervescence de l'intrépidité, il n'eût jamais été appelé à commander des corps d'armée considérables, à concevoir et à diriger des plans de campagne dont l'exécution réclame plus de force de tête que de force de bras. Mais son intelligence avait grandi avec les grandes circonstances au milieu desquelles le jetèrent les événements. Son éducation militaire, commencée dans les rangs inférieurs de l'armée, s'était perfectionnée par la méditation et l'étude des plus habiles tacticiens, et s'acheva sur les champs de bataille. Aux qualités qui en firent un des généraux habiles d'une époque qui en produisit en si grande quantité il joignit toutes celles qui rendent l'homme privé digne de l'affection et de l'estime de ses concitoyens. Doué d'une grande générosité de cœur, sa bienveillance sut toujours adoucir, dans le cours de la carrière militaire, les rigueurs de la conquête et les violences de la guerre. La probité sévère et le désintéressement dont il donna de si nobles exemples dans une position si pleine de séductions et d'entraînements, le placent parmi les hommes qui ont le plus honoré l'humanité.

OLLIVIER Jules.

SAINT-DONAT.

Le bourg de Saint-Donat, d'après l'appellation que lui donnent des actes et des diplômes du neuvième siècle, est sans doute d'origine romaine (1) ; mais les mêmes documents nous apprennent aussi qu'à la même époque un vocable

(1) On lit dans un diplôme de Louis III, dit l'Aveugle, fils de Boson, roi d'Arles et de Provence : *Est autem ipsa ecclesia (sancti Donati) sita in comitatu viennensi, in Vico Jovinziaco.* Ce diplôme est à la date du 11 août 893. Il est le vingt-septième acte du premier cartulaire de saint Hugues. Voyez la *Notice historique et bibliographique* publiée sur ce cartulaire par M. Ollivier (Jules) ; Valence, Borel, 1838, in-8°, pag. 27. Les antiquaires prétendent qu'un temple dédié à Jupiter a donné à ce bourg la dénomination de *Vicus Jovinziacus.*

chrétien avait été substitué à sa dénomination païenne. Ce vocable est celui sous l'invocation duquel une église fut consacrée à Saint-Donat. Le bourg a gardé le nom du patron.

Quelques écrivains, dont les récits ne reposent que sur de fausses interprétations historiques, ont prétendu que le bourg de Saint-Donat a été, pendant deux cent quarante ans, l'asile dans lequel les évêques de Grenoble se réfugièrent pour échapper au glaive des Sarrasins, qui s'étaient emparés de leur diocèse. C'est là tout simplement une de ces fables dont l'histoire n'offre que trop d'exemples (1); un seul épisode de ce roman est vrai, c'est celui qui se réfère à l'évêque Isarn. Vers l'année 940, la Gaule méridionale avait été envahie, en grande partie, par les Sarrasins qui surtout s'étaient jetés avec succès dans les régions alpestres. L'anarchie dans laquelle la décadence carlovingienne avait plongé les peuples fut extrêmement favorable à leurs envahissements, et en 954 ils firent une irruption dans les plaines du Graisivaudan et s'emparèrent de Grenoble. L'évêque Isarn, emportant les reliques des saints et les trésors de son église, se retira dans l'archi- diaconé de Salmorenc, au prieuré de Saint-Donat, que les diplômes du roi Boson et de Louis, son fils, avaient distrait du diocèse de Vienne, pour en faire cession à l'évêché de Grenoble (2). Mais les vaincus reprirent courage, et, en 965, la population de la vallée de Graisivaudan s'étant levée en masse, à la voix de son évêque, chassa les infidèles. Après avoir expulsé les Sarrasins, Isarn se hâta de reconstruire l'église de Grenoble, et comme son diocèse avait été presque entière- ment dépeuplé, il fit un appel aux étrangers, tant nobles que simples paysans, leur distribua des châteaux et des terres, en se réservant néanmoins sur eux tous les droits de suzeraineté. Telle fut l'origine du pouvoir temporel des évêques de

---

(1) Chorier, le premier, a fait mention de cette prétendue émigration des évêques de Grenoble, bien entendu sans citer des autorités à l'appui de cette version. MM. Martin (*Histoire chrono- logique de Saint-Donat*; Valence, 1812); Delacroix (*Statistique de la Drome;* Valence, 1835, in-4°, pag. 499); Gras-du-Villard (*Histoire de la pieuse bergère du Mont-de-Parménie;* Gre- noble, 1764, pag. 13 et 21); Dochier (*Mémoires sur la ville de Romans*; Valence, 1812, pag. 11), ont copié Chorier en ajoutant des amplifications à un texte dont ils n'ont pas soup- çonné l'infidélité. On trouvera la preuve de la fausseté de ce récit dans la *lettre à M. Reinaud de l'Institut sur le séjour des Sarrasins en Dauphiné*, par M. Ollivier (Jules); Paris, Dondey- Dupré, 1837, in-8°.

(2) Ce diplôme confirmatif est le plus ancien monument paléographique qui ait conféré la propriété du bourg de Saint-Donat aux évêques de Grenoble; il est à la date du 11 août 893. Il est, comme nous l'avons déjà dit, la vingt-septième pièce du premier *cartulaire de saint Hugues*. Il est imprimé dans BALUZE, *Miscellanea*, tom. 2, pag. 156; dans CHORIER, *Estat politique du Dauphiné*, tom. 2, pag. 59; dans le *Recueil des historiens des Gaules*, tom. 9, p. 675.

Grenoble ; telle est aussi l'origine de quelques maisons nobles du Dauphiné, qui eurent part à cette espèce de croisade et à ce partage de terres (1).

La donation que les rois Boson et Louis avaient faite aux évêques de Grenoble du bourg de Saint-Donat et de son territoire était importante et de nature à exciter des convoitises rivales, aussi cette possession leur fut-elle vivement disputée par les archevêques de Vienne. Un grave litige s'éleva à ce sujet, en 1094, entre Guy, archevêque de Vienne, et saint Hugues, évêque de Grenoble. On prit les armes de part et d'autre, et ce ne fut qu'après plusieurs années de débats et avec la médiation du saint siége et de plusieurs conciles, que la contestation fut résolue en faveur de l'église de Grenoble (2). Depuis lors les droits de cette église ne furent plus contestés, d'ailleurs ils furent de nouveau confirmés, en 1168, par l'empereur Frédéric Ier, et en 1238, par l'empereur Frédéric II.

Tels sont, en peu de mots, les souvenirs que l'histoire nous a transmis sur Saint-Donat. Il est à regretter qu'elle ait gardé le silence sur d'autres particularités dont la révélation eût jeté de vives lumières sur la physionomie d'une époque si différente de celle où nous vivons par ses mœurs et ses formes sociales. Saint-Donat était le siége d'un chapitre qui exerçait sur les habitants une suzeraineté dont la tyrannie était la source de querelles sans cesse renaissantes; le chapitre, à son tour, était opprimé par les seigneurs voisins et surtout par les dauphins qui se prévalaient sur eux de droits féodaux excessifs. Le peuple, en définitive, était la victime de toutes les violences commises par les oppresseurs qui se disputaient ses dépouilles.

La destinée féodale de Saint-Donat a été très-variée. Après avoir été sous la dépendance tantôt des évêques de Grenoble, puis de son chapitre, la seigneurie de ce bourg échut en 1315 à Hugues, baron de Faussigny, qui la transmit au dauphin Jean II, son frère. Humbert II ayant hérité de Jean se réserva le château et la ville de Saint-Donat, dans le premier acte de transport qu'il fit de ses états à la France. Après la mort de Humbert II, la terre de Saint-Donat entra dans la maison de Saluces, alliée à celle des dauphins. Béatrix, comtesse de Genève, y résidait habituellement; elle y mourut, et son fils Amédée, cardinal, évêque de Valence, lui fit ériger un monument funèbre dans le chœur de l'église. La comtesse Béatrix avait accordé aux habitants des chartes municipales que son fils

(1) *Lettre à M. Reinaud sur les invasions des Sarrasins en Dauphiné*, par Ollivier (Jules), pag. 27.

(2) Tous les documents relatifs à ce procès sont consignés dans la notice sur les *cartulaires de saint Hugues*, par M. Ollivier (Jules), et dans la *Vie de saint Hugues*, par M. Albert du Boys; Grenoble, Prudhomme, 1837, in-8°.

ratifia. La succession d'Amédée fut vivement disputée par Louis, marquis de Saluces, et le dauphin de France. En vertu d'une transaction, la seigneurie appartint au marquis avec réserve de foi et hommage au profit du dauphin (1).

Nous avons dit que des chartes et immunités municipales avaient été accordées au bourg de Saint-Donat; nous nous abstiendrons, à cause des limites de cette notice, de donner quelques détails sur ces éléments curieux de notre ancienne législation féodale, mais nous mentionnerons un usage fort bizarre qui se trouve relaté parmi les *bonnes coutumes* de Saint-Donat.

On trouve sous l'année 1318, parmi les débris des vieilles archives du chapitre de Saint-Donat, le renouvellement de l'acte constitutif d'une fondation aumônière accompagnée de cérémonies dont le récit nous fera apprécier les mœurs d'une époque si étrangère à la nôtre. Le lundi de pâques, le premier consul de la communauté élisait un roi, nommé roi de l'Aumône, qui faisait largesse au peuple. Il était dressé acte, par-devant notaire, de cette élection, et c'est un de ces actes, passé en 1735, que nous allons mettre sous les yeux du lecteur.

COURONNEMENT DU ROI DE L'ASCENSION.

« Sachent tous présents et advenir, que cejourd'hui veille de l'Ascension de notre-seigneur, vingt-neuvième du mois de mai, année mil sept cent trente-cinq, de toutes anciennes, immémorées et louables coutumes observées en ce lieu de Saint-Donat, le premier consul doit élire et créer, le lundi de pâques de chaque année, un des plus notables habitants dudit lieu, pour roy de l'Ascension, ensuite de laquelle élection et nomination faites par ledit sieur consul, ledit jour lundi de pâques, de la personne de M. Denis Tabarin, marchand dudit Saint-Donat, pour roy de l'Ascension; lequel ayant accepté ladite royauté avait créé pour ses officiers les personnes de sieur Jean Seigneuret, son connétable; sieur Louis Pouchon, son chancelier; sieur Denis Pipard, juge; sieurs Pierre Alloy et Balthazard Regnaud, ses conseillers; sieurs François Eymard et Jean Ithier, ses capitaines et lieutenants

---

(1) *Plusieurs preuves sacrées et titrées, historiques et chronologiques, pour monstrer l'imposition du nom de Saint-Donat à l'ancien bourg-église-château de Jovinzieux*, par Charvet; manuscrit in-4° de 238 feuillets. M. Savoye, ancien notaire à Romans, a fait un abrégé également inédit de ce manuscrit sous le titre d'*Histoire chronologique de Saint-Donat;* enfin M. Martin a publié, d'après cet abrégé, son *Histoire chronologique de Jovinzieux de nos jours Saint-Donat, bourg du département de la Drome, ancienne résidence des évêques de Grenoble;* Valence, Marc-Aurel, 1812, in-8° de 39 pages.

aux gardes; sieur Jean Faure, son grand intendant; sieur Nicolas Paul, son procureur; sieur Jacques Prohet, châtelain; Jullien Eymard, procureur d'office; Paul Puel-la-Place, grand écuyer et bouffon; Christophe Rolland, son premier garde; Louis Argod, son second garde; et François Morel, du lieu de Marsas, y habitant, est resté choisi pour son huissier et sergent : tous lesquels officiers s'étant rendus à cheval cedit jour, environ les quatre heures après midi, au-devant de la maison dudit sieur Tabarin, élu roi comme dessus, ils l'auraient conduit et accompagné en cet état jusqu'à la chapelle de Saint-Anaclet, au Fauxbourg des Balmes dudit lieu, où après être descendu de cheval, suivant la coutume, sieur Pierre Brenier, premier consul dudit Saint-Donat, avait déclaré de nouveau et couronné roy de l'Ascension ledit sieur Tabarin, et en signe de possession des honneurs, droits et prérogatives qui lui sont dus, il lui avait mis sur la tête la couronne de ladite royauté, avec toutes les autres cérémonies accoutumées; ensuite de quoi, étant remonté à cheval, ledit roi avait ordonné et fait promettre à tous ses officiers de s'acquitter dûment et fidèlement de leurs charges, et en exécution avaient été faites à l'instant par Antoine Morel, sergent, à la requête dudit procureur d'office, les proclamations ordinaires et accoutumées à la place publique et carrefours dudit Saint-Donat, et particulièrement que chacun ait à accompagner le jour de demain, avec honneur et respect, le roy à la procession générale, nettoyer les rues et les tapisser de feuillages, à chacun endroit-soy, par où ladite procession doit passer, avec défense à toutes personnes de blasphémer le saint nom de Dieu, de la sainte Vierge et des saints, et aux hôtes et cabaretiers de ne donner à boire n'y à manger dans leurs cabarets pendant le service divin, sur les peines portées par les ordonnances, le tout à peine de désobéissance et de vingt-quatre livres d'amende; et après, s'étant transportés aussi, suivant la coutume, aux prisons dudit lieu et y étant entrés, ils n'avaient trouvé personne; après quoi, lesdits officiers avaient accompagné le roy jusqu'à sa maison, en attendant de s'y rendre demain pour s'acquitter le chacun des obligations de sadite charge, jusqu'à vendredi prochain à la même heure que cejourd'hui finit ladite royauté. De tout quoi lesdits roy et consuls ont requis nous Louis Jullien, notaire royal, reçu en la souveraine cour du parlement de cette province de Dauphiné, de leur octroyer acte qui a été fait audit lieu pour servir et valoir ce que de raison, ledit jour et an, en présence de sieur Marc-Joseph Le Gentil, sieur Sébastien Le Gentil, sieur Claude Salles, messire Vincent Motte, officier; sieur Paul Benoit, marchand, tous habitants audit Saint-Donat, témoins requis et soussignés avec ledit roy, ses officiers, non ledit consul, pour ne savoir de ce enquis et requis.

» Signés : De Grasse, Mottet, Papard-Le-Gentil, Salles, L. Le Gentil, D. Tabarin, roy; J. Seigneuret, connétable; Alloy, conseiller; Pouchon, chancelier; J. Ithier, lieutenant; Paul, procureur; E. Champion, fermier; J. Faure, grand guidon; Eymard, procureur, et nous recevant Jullien, notaire. Contrôlé à Tain le 12 juin 1735, payé 12 sols. Signé De Loche. »

Le jour de la solennité venu, le roi, couronne en tête, le sceptre à la main, chevauchait à la procession entouré de tous ses officiers revêtus des insignes de leur dignité; puis le cortége se rendait à la messe, et à midi le monarque distribuait aux pauvres l'aumône royale qui consistait en aliments auxquels il goûtait le premier. La journée se passait en réjouissances publiques; le lendemain la cour s'ébattait à la pêche et à la chasse dont le produit faisait les frais du banquet royal. Royauté sans liste civile et dont la durée éphémère n'était marquée que par des bienfaits! ce n'était qu'une royauté pour rire.

Saint-Donat offre à l'antiquaire des vestiges de vieux édifices fort curieux sous le rapport architectonique. L'église, construction de la fin du dixième siècle ou du commencement du onzième, mérite d'être étudiée. Un cloître maintenant en ruines présente quelques ornements de style roman fort bien exécutés à côté des productions bizarres et tourmentées du ciseau gothique. Il y aurait là un travail important de restitution à exécuter. La fureur des guerres civiles, au seizième siècle, et le temps ont porté le ravage parmi ces ruines dont l'aspect est désolé. En 1618, le clocher, monument dont il faut regretter la perte non-seulement comme œuvre d'art, mais comme témoignage historique (1), s'écroula tout à coup avec fracas. Le récit de cet événement est consigné dans une pièce de vers du temps que nous a conservée le bon chanoine Charvet. Elle rappelle un peu la manière du gazetier Lorret et n'est pas dépourvue de naïveté.

> Après les premières années,
> Et que, pour nos fautes passées,
> Le prieuré de Saint-Donat
> Fut aux enfants de Loyolat,
> Ce beau clocher, qui, contre terre,
> Fit plus de bruit que le tonnerre,
> Tomba l'an mil six cent dix-huit,
> La veille Saint-Luc, sur la nuit :
> La cause n'en fut pas connue,
> Et jamais tour ne s'était vue
> Menacer moins de succomber
> Que ce beau clocher de tomber.

(1) C'est sur ce clocher qu'était gravée l'inscription dont le texte est une preuve de l'occupation du diocèse de Grenoble par les Sarrasins; document dont ont fait usage M. Reinaud (*Invasions des Sarrasins en France; Paris*, 1836, in-8°) et M. Ollivier (Jules), dans sa *Lettre à M. Reinaud sur les invasions des Sarrasins en Dauphiné*.

Pourtant de trois parties, une
Faisant voir son dos à la lune
En diminua la largeur,
Et non tout à fait la hauteur,
Car deux côtés, moitié de quatre,
Y demeurèrent sans s'abattre;
Mais, au lieu de les rétablir,
On les fit bientôt démolir.
Las! que cette triste aventure
Nous fit bien changer de posture!
Le peuple en fut tout désolé,
Comme s'il eût été volé.
Ma femme et moi presque imbéciles
Etions comme gens inutiles,
Faibles en nos plus grands efforts,
Languissants d'esprit et de corps.
Il nous semblait que le tonnerre
Eût renversé rez pied rez terre
Le vieux château et la prison
Qui sont joignants notre maison.
Diriez-vous que les calvinistes
Paraissaient en être tout tristes,
Surtout Jean Arlande-Grollier
Et Pierre Blachon, charpentier;
Car cette troisième partie
Etait si haute et si jolie,
Qu'elle était tout l'honneur du lieu,
Comme présent venu de Dieu.
Les quatre doubles fenestrages,
Enrichis de divers feuillages
Et de mille rares beautés,
Etaient ouverts de tous côtés.
Tout au-dessus notre marmaille,
Par un escalier dans muraille,
Fort semblable à celui d'en bas,
S'en allait prendre ses ébats.
Il était fait en plate-forme,
Et la balustrade conforme,
De pierre de taille à l'entour,
Fermait cette petite tour,
Dont la cime était supportée
D'une voûte bien travaillée :
Le tout de beaux matériaux,
Tels qu'on voit aux palais royaux.

Les créneaux de la parabande,
Ainsi qu'une riche guirlande,
Couronnaient ce clocher fameux,
Le roi de ceux des autres lieux.
C'était sur cette haute cime
Que l'on chantait en bonne rime
Les noels depuis les advents,
Jusques à la fin de leurs temps,
Et puis de là l'artillerie
Saluait Jésus et Marie :
Nos canonniers, fort braves gens,
Répondaient à ceux de Romans.
Neuf choses achevaient la grâce
De cette belle et forte place,
Avant que ces loups d'huguenots
Eussent troublé notre repos :
C'était aussi la place d'armes,
Lors des périls et des alarmes,
Que nos ennemis redoutaient
Toutes les fois qu'ils la voyaient.
Enfin cette riche relique
Etait quasi comme l'unique
Des belles choses d'autrefois,
Qui ravissaient même les rois.
Ce que j'ai vu, je le puis dire,
Mais, hélas ! la douleur empire
D'avoir d'un bien le souvenir,
Sans l'espérer pour l'avenir ;
Dieu tout-puissant nous soit propice,
Et si parfois son saint service
Se manque pour nous y sonner,
Qu'il lui plaise nous pardonner,
Et qu'un jour nous voyions remise
Cette si vénérable église
En l'état où nous l'avons veu,
Seigneur Dieu ! exauce mon vœu
Et celui de toute ma race,
Qui t'en prie avec moi de grâce.

Le mérite poétique de cette petite chronique est certainement fort médiocre : elle peut donner une idée de la facture de nos vieilles annales métriques et de ces prétendues épopées nationales d'autant plus célèbres qu'elles sont moins lues et plus inconnues.   OLLIVIER Jules.

ÉTOILE.

Au sud de Valence, sur les coteaux qui courent parallèlement au Rhône, du nord au midi, s'élève le joli bourg d'Etoile qui a la prétention d'être une ville, et qui certainement serait une grande cité s'il suffisait d'inscrire sur le clocher de l'église et sur les poteaux de l'octroi : *Ici est la ville d'Etoile* (1). Quelques habitations spacieuses construites à la fin du seizième siècle et au commencement du dix-septième, et des ruines, dont il reste à peine aujourd'hui d'informes débris, annoncent cependant qu'Etoile fut jadis le siège de plusieurs familles opulentes. Ces ruines, qui n'ont plus de nom, rappellent le souvenir d'une maison puissante dont le nom s'est éteint aussi, la maison de Poitiers, qui, après avoir produit pendant plusieurs siècles de vaillants hommes de guerre, a vu ses illustrations se terminer dans la personne d'une femme célèbre dans les annales de la galanterie et de la beauté, Diane de Poitiers.

L'origine de la noble maison de Poitiers, suivant la formule ordinaire des historiographes et des généalogistes, se perd dans la nuit des temps, ce qui est le plus bel éloge que l'on puisse décerner à la vanité de la gentilhommerie, et la meilleure excuse que puisse invoquer l'impuissance de l'historien. Les compilateurs ont tourmenté le texte obscur des chroniques pour augmenter de quelques degrés la généalogie des sires de Poitiers et prouver aussi que le doute et l'incertitude sont ordinairement le résultat le plus certain de ces sortes de recherches. L'opinion la moins improbable rattache les sires de Poitiers aux comtes de Toulouse qui, eux-mêmes, remontaient aux anciens comtes de Poitiers par une branche des ducs de Guyenne. Les traditions populaires rapportent d'une manière un peu romanesque que « anciennement avoit esté une dame au pays de Valen-

---

(1) On ne rencontre nulle part un aussi grand luxe d'inscriptions qu'à Etoile. On lit en grosses lettres sur le clocher cette devise : *Non licet omnibus;* on ajoutera bientôt : *adire Corinthum,* et toutes les fontaines sont ornées d'inscriptions, véritables chefs-d'œuvre de littérature municipale.

tinois, nommée la comtesse de Marsanne, lequel lieu de Marsanne est assis ou-
dit pays; à laquelle, elle estant veuve, les evesques de Valence et de Dye firent
forte guerre. Durant laquelle il passa par la ville de Montelimart un surnommé
de Poitiers, accompagné de plusieurs gens. Auquel elle fit requerir qu'il l'a
voulsist secourir et ayder en ladite guerre. Lequel luy fit très-grand secours, et
conquist plusieurs chasteaux et villes esdiz pays de Valentinois et de Dyois. Auquel
de Poitiers, pour le recompenser des services qu'il luy avoyt faitz, elle offrit de
donner la moitié de toute sa terre, ou qu'il luy pleust la prendre toute en prenant
aussy à femme une sienne fille que elle avoit seulement. Laquelle fille il prit par
mariage et fut seigneur de toute ladite terre. Duquel mariage issit un fils nommé
Guillaume de Poitiers, qui servit par aucun temps le comte de Tolose, lequel le
reconnut à cousin et à parent et luy fit grand honneur et secours (1) ».

Il ne manque qu'une chose à ce beau récit, c'est de connaître le héros de cette
chevaleresque aventure; mais comme, en histoire, on se paye facilement de conjectures qui, répétées successivement par les annalistes, finissent par usurper les
droits de la vérité, il a été convenu de voir dans le galant défenseur de la comtesse
de Marsanne un Aymar de Poitiers, qui, en 1189, reçut de Raymond, duc de
Narbonne et comte de Toulouse, l'investiture des comtés de Valentinois et Diois (2).
C'est ce même Aymar que le fougueux Pierre de Vaulx-Cernay appelle le *mauvais* (3) et l'*ennemi de l'église*, parce qu'il était en guerre avec l'évêque de Valence,
et avait embrassé dans la croisade des Albigeois le parti du comte de Toulouse
contre Simon de Montfort.

Après avoir guerroyé pendant longues années contre les évêques de Valence et
de Die, et augmenté ses domaines à la suite des révolutions du Languedoc, Aymar
mourut en laissant un fils nommé Guillaume, sur lequel l'histoire garde le

(1) *Histoire généalogique des comtes de Valentinois et de Diois*, par ANDRÉ DUCHESNE; Paris,
in-4°, 1628, preuves, pag. 5.
(2) Les savants auteurs de l'*Histoire du Languedoc*, tom. 2, pag. 478, pensent que cet
Aymar était fils de Guillaume de Poitiers I du nom, qui avait dû recevoir, vers l'année 1165,
de Reymond V, comte de Toulouse, l'investiture des comtés de Valentinois et Diois, faite une
seconde fois à son fils en 1189. Voy. aussi *Origo prima Comitum Valentinensium ex Pictavien-
sibus*, autore CHIFFLETIO, dans ses *Opuscules;* Paris, 1676, in-4°, et une *Dissertation sur
l'origine des comtes de Valentinois*, dans le *Cartulaire du Dauphiné*, par Fontanieu, tom. 11,
manuscrit de la bibliothèque du roi.
(3) Erat præterea in partibus illis nobilis quidam potens, sed malus Adhemarus Pictaviensis.
Historia Albigensium, autore Petro, cœnobii Vallis-Sarnensis, monacho, cap. LXXV, ad
annum MCCXIII. La *Chronique des Albigeois* en vers provençaux parle du même Aymar :
N Azemars de Peitieus e sos filhs Guilhamos; Paris, imprimerie royale, 1837, in-4°, p. 272.

silence; mais son petit-fils Aymar II remplit la contrée du bruit de son nom et de ses armes.

On sait que des ruines du royaume de Bourgogne, qui lui-même s'était formé des débris du grand empire carlovingien, étaient sorties une foule de seigneuries dont la suzeraineté nominale appartenait aux empereurs d'Allemagne. Parmi les feudataires impériaux, les plus puissants étaient les évêques qui étaient devenus les maîtres de leurs villes épiscopales et qui s'efforçaient d'asseoir leur domination sur toute l'étendue de leurs diocèses. Telle a été l'origine de la puissance temporelle des évêques de Valence. Mais les évêques avaient à côté d'eux de redoutables rivaux, les barons et les comtes qui, voués exclusivement aux fatigues de la guerre, entrèrent en lutte avec eux et finirent par triompher. Telle est aussi la source des longues querelles qui éclatèrent entre les sires de Poitiers, comtes de Valentinois, et les évêques de Valence et de Die, querelles qui ensanglantèrent le pays pendant plus de deux siècles, et dont la gravité fut quelquefois si déplorable qu'elle réclama la médiation du saint-siége.

En 1224, Guillaume, de la maison de Savoie, avait été promu à l'évêché de Valence; c'était un prélat fougueux dont les violences avaient soulevé contre lui son chapitre, qui refusait de le reconnaître, et la commune de Valence, qui s'était mise en insurrection pour conquérir son indépendance municipale. La mésintelligence ne tarda pas à éclater entre lui et le comte Aymar; on guerroya de part et d'autre, c'est-à-dire que le pays fut ravagé et le peuple pillé et désolé. Les hostilités continuèrent sous les quatre successeurs de Guillaume, Boniface et Philippe de Savoie, Bertrand et Guy de Montlaur. Le pape Clément II, en choisissant Bertrand, avait pensé que sa parenté avec le comte de Valentinois assoupirait d'anciennes divisions, et il manifesta cette espérance dans une lettre qu'il adressa au comte (1).

Mais il n'en fut rien, la fureur des deux rivaux redoubla, l'évêque excommunia son adversaire qui s'empara de tous ses châteaux et le réduisit aux abois; enfin deux cardinaux députés par le saint siége, l'un évêque de Préneste, l'autre de Sabine, rétablirent la paix dont la durée fut éphémère. Elle ne tarda pas en effet à se rompre, lorsqu'André de Roussillon réunit sur sa tête les deux évêchés de Valence et de Die dont le saint siége opéra la fusion, afin de concentrer dans une seule main des forces imposantes pour lutter avec succès contre les sires de Poitiers (2).

(1) Epistolæ Clementis IV, ad annum 1267.
(2) Catellan, *Antiquités de l'église de Valence*, pag. 352. Columbi, *De rebus gestis episcoporum Valentinorum*, lib. II, tit. III, pag. 305.

Le vieil Aymar était mort en 1277 en léguant à son fils Aymar son animosité contre les évêques de Valence. Le jeune comte ne manqua pas de prétextes pour reprendre les hostilités, il reprocha à Amédée de Roussillon d'avoir dépouillé les chanoines de Saint-Augustin et ceux de Saint-Ruf de trois églises situées à Crest et dans les terres de Puysgros, que ses ancêtres avaient fondées, et dont il avait doté ces religieux. Ces églises, qui étaient de riches prieurés, avaient excité la cupidité du prélat. Aymar appréhendant que ses forces ne fussent inférieures à celles de l'évêque en appela au pape; mais Amédée de Roussillon, qui était à Crest, ayant dédaigné de recevoir son appellation, le comte le fit signifier aux soldats qui gardaient l'entrée de l'église où le prélat s'était enfermé avec son chapitre. Aymar comptait parmi ses alliés Giraud-Adhemar, sire de Monteil-Aymar, beaucoup de noblesse, les communautés de Saillans et d'Aoste, et surtout celle de Romans qui avait la réputation d'être redoutable. Les forces de l'évêque se composaient principalement des habitants du Diois, qui lui étaient dévoués. Amédée de Roussillon s'attacha à ruiner le parti du comte par des négociations qui lui détachèrent la communauté de Saillans et le sire de Monteil-Aymar auquel il promit cinq mille sols viennois pour l'hommage de sa ville. Enfin, le comte ne pouvant s'opposer aux succès des épiscopaux se soumit à la médiation du pape et du roi de France, Philippe III. Guilhaume, évêque de Langres, et Humbert de Beaujeu, connétable de France, nommés arbitres, stipulèrent que l'évêque rendrait au comte tous les châteaux pris durant la guerre et lèverait l'excommunication qu'il avait lancée, et que la ville de Crest et la terre de Divajeu seraient restituées au prélat (1).

Il serait fastidieux de suivre le cours des tracasseries qui remplirent l'existence de ces petits tyrans, et ce serait d'ailleurs reproduire une succession de faits à peu près semblables. Le tableau que les historiens de la province nous ont laissé de ces désordres est triste et peu fait pour nous faire regretter le passé. Les petites armées des comtes et des évêques, également indisciplinées, dirigées par des chefs cruels et cupides, ne pourvoyaient à leur subsistance, pendant la campagne, que par le pillage. Les aventuriers et les routiers qui venaient vendre leur épée au comte ou à l'évêque la leur faisaient chèrement payer, et, pour stipendier ces bras mercenaires, il fallait dépouiller le paysan et grever les populations des bourgs et des cités d'énormes impôts. La tactique militaire consistait à ruiner l'ennemi en affamant le pays. Dans leur misère, les peuples imploraient le patronage des dauphins de Viennois ou des seigneurs voisins. Ce patronage, toujours accordé au poids de l'or ou au prix des concessions les plus onéreuses, était une

(1) *Essais historiques sur Valence*, par Ollivier (Jules), pag. 52.

nouvelle source d'exactions; enfin, il ne restait au peuple que la révolte, trop heureux lorsqu'après avoir versé son sang pour la défense de sa liberté, il parvenait à conquérir quelques franchises municipales, qui étaient ses seules sauvegardes.

Cet état de souffrances eut un terme enfin lorsque les comtés de Valentinois et de Diois furent vendus à la France. A force de guerroyer, les sires de Poitiers s'étaient appauvris, et chaque jour leur principauté devenait un fardeau trop lourd pour leurs ressources épuisées. Enfin Louis II se voyant sans enfants mâles prit le parti de vendre sa comté au roi Charles VII, en 1419. Ce Louis, dit un document contemporain, « estoit et avoit esté par tout son temps très-avaricieux, grand exacteur de finances sur ses subjets et autres où il pouvoit, induement et sans cause. Et estoit coustumier de contraindre tous ceux qui aucunement delinquoient en ses pays, fussent religieux, d'église, ou séculiers, à luy payer grosses et excessives sommes d'argent, ou autrement il les travailloit tant par prison que autrement en plusieurs manières. Et estoit très-négligent de faire justice à ses subjets, là où il devoit faire. Et que combien quil oyst chacun jour messe, et dist ses heures devotement, comme il sembloit, et qu'il se confessast et ordonnast chacun an, toutesfois il estoit moult convoiteux et levoit plusieurs tailles sur ses subjets, qui le douttoient moult, pour ce qu'il estoit moult rigoureux et malgracieux. Et par plusieurs foys avoist osté à ses juges et officiers la cognoissance des causes criminelles pendantes pardevant eux, pour en avoir grand profit par composition ou autrement (1) ».

Les sires de Poitiers avaient fixé leur résidence habituelle au château d'Etoile dont les matériaux dispersés, depuis deux siècles, ont servi à construire les habitations des fils de ceux qui furent jadis les victimes de leur tyrannie et de leur cruauté; admirable châtiment de la providence qui, en renversant du souffle de sa colère cette race d'oppresseurs, a montré aux hommes que si la vengeance et la justice viennent tard pour l'opprimé, du moins elles sont terribles!

Ce château a retenti aussi des chants joyeux et grivois qui partout accompagnaient les pas de la dernière héritière des seigneurs de Saint-Vallier, branche cadette de la maison de Poitiers, Diane de Poitiers.

Diane était sœur de Guillaume de Poitiers, seigneur de Saint-Vallier et vicomte d'Etoile, qui mourut en 1546 sans enfants mâles. Elle avait épousé Louis de Brezé qui la laissa veuve à trente-un ans. Devenue maîtresse de la France, en devenant la concubine de Henri II, sur le faible cœur duquel elle régna toujours sans partage malgré l'extrême maturité de son âge, Diane quitta le château de

---

(2) *Histoire des comtes de Valentinois*, par M. Duchesne, pag. 52.

ses pères pour n'y plus revenir. Acquise par de nouveaux maîtres sans opulence, cette demeure tomba rapidement en ruines; il n'y a plus aujourd'hui traces de pont-levis, de tourelles et de fossés, et sur le sol où se dressait autrefois le manoir féodal s'élève maintenant une hospitalière habitation bourgeoise (1).

OLLIVIER Jules.

LE PALAIS DE JUSTICE DE GRENOBLE.

Lorsqu'on arrête ses regards sur le vieil et inélégant édifice qui sert de palais de justice à Grenoble, l'attention est loin d'être commandée par le spectacle d'une architecture mesquine et sans noblesse, mais la pensée fouillant, à son aspect, dans le passé, lui demande d'évoquer devant elle les scènes si pleines d'enseignements dont ces antiques lambris furent le théâtre; c'est qu'à vrai dire, dans cette étroite enceinte, qui n'a plus à offrir aujourd'hui d'autres émotions que celles de la procédure civile et des débats déclamatoires de la cour d'assises, se sont déroulées quelques scènes dramatiques de la vie sociale des trois derniers siècles de l'ère moderne. Ces salles, qui ne retentissent maintenant que des cris des plaideurs, ont été les confidentes des mœurs, des habitudes, des institutions, des agitations politiques de nos pères; interrogez-les sur les particularités intimes d'une société qui n'est plus et qui mérite d'être étudiée, car les souvenirs dont elles sont remplies en renferment la fidèle peinture.

Quelque diverse que soit la manière d'apprécier l'institution des parlements, que l'on blâme avec raison les vices de leur organisation judiciaire, que l'on flétrisse avec plus de raison encore leur despotisme d'autant plus odieux qu'il se couvrait des dehors d'un hypocrite dévouement aux intérêts populaires, il faut reconnaître que, par l'influence qu'elles exercèrent sur la société et par leur parti-

---

(1) Cette habitation appartient à M. Parisot dont le nom est entouré, dans la contrée, d'une juste vénération.

cipation continuelle aux affaires publiques, ces grandes compagnies sont l'image animée des époques qu'elles ont traversées. L'histoire de la province de Dauphiné, pendant le cours des trois derniers siècles qui se sont écoulés, appartient presque toute entière au parlement de Grenoble, et c'est sous ce rapport que les lieux consacrés aux séances de ce corps judiciaire sont fertiles en souvenirs.

C'est sous les voûtes du Palais de Justice qu'ont retenti les premières clameurs de l'intolérance religieuse, au seizième siècle, et qu'ont été fulminés les arrêts sanguinaires qui jetèrent aux flammes les pauvres Vaudois des Alpes et les disciples de la réforme. Le fanatisme et la cupidité de quelques dignitaires de l'église avaient découvert, dans les hautes vallées des Alpes, des peuplades agrestes, inoffensives, soumises aux lois de leur pays, et dont les vertus et les malheurs avaient obtenu de la bouche du roi Louis XII un hommage public d'admiration ; mais ces peuplades avaient conservé la simplicité des doctrines religieuses des temps antiques, et c'était là, aux yeux des hommes qui par leurs violences ont tant fait de mal au catholicisme, un crime impardonnable et le prétexte des plus barbares persécutions. Les Vaudois furent poursuivis dans leurs retraites comme des bêtes fauves et traduits devant les inquisiteurs qui les condamnèrent à être brûlés vivants. Les bûchers s'allument à Gap, à Embrun, à Valence, et consument des centaines de victimes, lorsque le parlement de Grenoble, jaloux de la gloire que les juges ecclésiastiques allaient recueillir de cette œuvre d'iniquité, charge un de ses membres, le conseiller Ponce, d'assister aux procédures, afin que les jugements sanctionnés par sa présence ne fussent pas sujets à l'appel. Quelques années après ces actes de barbarie, un des hommes éminents du pays, le président Truchon, harangue énergiquement les états de la province et les supplie, au nom de sa compagnie, de faire exterminer ces mécréants *à force ouverte et par armes*, disant *qu'il fallait repurger ce vieux et ancien levain capable d'enaigrir tout le pays de Dauphiné, s'il n'y était pourveu.*

Lorsque parut la réforme, le parlement poussé par cette haine instinctive qui, dans tous les temps, l'a mis en hostilité contre les tentatives faites dans l'intérêt de la liberté et du développement intellectuel, sévit contre elle avec une cruauté dont on ne trouve pas d'exemples dans les annales des tribunaux militaires. Le sang des enfants de Calvin ruissela par ses ordres dans les principales villes de la province. Des commissions composées des parlementaires les plus exaltés firent dresser des échafauds à Valence, à Romans, et l'on vit des conseillers assister tranquillement au supplice des victimes sur la place Grenette, à Grenoble.

Transportez-vous à une autre époque, vers les dernières années du règne de Henri IV, en 1604, et vous verrez le parlement accusant gravement un pauvre prêtre italien d'avoir fait des charmes et maléfices, et le faisant brûler comme magicien ; voyez-le enfin, alors que la civilisation coulait à pleins bords, repousser comme une innovation dangereuse l'opinion qui demandait l'abolition de la torture et de la question, et se passionnant pour le maintien de cette mesure que réprouvaient le bon sens et l'humanité.

Puis, à côté de l'odieux, le ridicule. Qui ne se souvient des questions médicales et pharmaceutiques traitées en style de Diafoirus dans les arrêts du parlement qui proscrivirent l'usage du quinquina et l'inoculation? Qui n'a lu les remontrances théologiques de nosseigneurs sur la bulle *Unigenitus ?* Et les amis de l'indépendance de la pensée ne savent-ils pas que les plus fougueux ennemis de la liberté de la presse siégeaient dans les parlements ?

Les prétentions que les parlements manifestaient, dans toutes les circonstances favorables, de s'immiscer dans les actes du gouvernement, soit en adressant des remontrances au roi, soit en entravant la marche de l'administration par la formalité de l'enregistrement; l'avilissement dans lequel était tombée son autorité judiciaire, avaient fait sentir le besoin de réformer ces grands corps et de les rappeler au but de leur institution primitive, celui de rendre la justice civile et criminelle. Mais cette réforme était une œuvre immense, parce qu'il s'agissait de détruire des abus fomentés par l'orgueil et la cupidité, et que d'ailleurs rien n'est plus sacré aux yeux des petits esprits que les abus consacrés par le temps. Cette œuvre entreprise, il est vrai, par la royauté, dans la vue de s'affranchir du contrôle d'une autorité rivale, aurait eu cependant des résultats éminemment favorables aux intérêts populaires, en détruisant de toutes les aristocraties la plus funeste, parce qu'elle fait servir les lois à son propre despotisme, l'aristocratie judiciaire. Son exécution fut confiée à un homme d'une force de tête rare, d'un grand courage, et dont l'esprit de parti a flétri le caractère et fait méconnaître les vues, le chancelier Maupeou. Malheureusement cet homme manquait de cette honnêteté de la vie privée et de cette élévation de vertu qui imposent aux passions mauvaises et aux clameurs de l'envie. Frappés de dissolution en 1771, les parlements rentrèrent en fonctions en 1774 par la légèreté du ministre Maurepas, qui commit la faute irréparable de se dessaisir de réformes utiles, dont l'odieux appartenait à une autre époque et à un homme que le temps faisait oublier.

Le parlement de Grenoble éprouva toutes les vicissitudes dont nous venons de parler en peu de mots, il avait commis toutes les fautes qui avaient exigé la dissolution des autres parlements, et, comme eux, il ne revint ni plus sage ni plus instruit de l'exil. Son premier soin, en reprenant l'exercice de ses fonctions, fut de se livrer à une hostilité mesquine et tracassière contre ceux de ses membres qui avaient donné les mains aux réformes du chancelier Maupeou, et cette hostilité devint séditieuse à l'occasion de la charge de procureur général que le roi avait conférée à M. de Moydieu. Le parlement refusa de l'installer, et il fallut que le gouverneur de la province, M. de Clermont-Tonnerre, vînt l'y contraindre l'épée à la main. Puis il reprit le cours de ses remontrances dans lesquelles se trouve un singulier mélange de servilité et de bassesse de formules unies à la pédanterie et à l'audace séditieuse.

Les symptômes d'une révolution profonde avaient commencé à ébranler la nation entière; la démocratie demandait à reconquérir les droits dont elle était privée depuis tant de siècles, et par un aveuglement providentiel, les classes aristocratiques, la noblesse, le haut clergé et la magistrature, qui devaient être les victimes du triomphe populaire, étaient entraînées fatalement à le favoriser. Les parlements surtout, par leur opposition systématique au pouvoir royal, hâtèrent l'explosion du mouvement révolutionnaire. Celui de Grenoble fut violent dans sa révolte : il avait refusé d'enregistrer des édits relatifs à la conversion de la corvée en argent, à l'administration de la justice, à la réduction des offices; ces édits furent enregistrés militairement le 10 mai 1788, et le parlement mis en vacance.

On conçoit tout ce qu'une mesure aussi violente dut éveiller d'irritations et de colères. Le parlement profita avec habileté de la disposition des esprits; il cria au despotisme, et se plaignit hautement d'être la victime de son zèle à défendre les droits nationaux et les intérêts du peuple contre les entreprises de la tyrannie. On le crut, parce qu'à aucune époque le peuple n'a su se méfier du charlatanisme de ceux qui ont abusé de son nom pour couvrir les desseins de leur ambition personnelle. Des plaintes s'élevèrent de toutes les parties de la province ; la ville de Grenoble déclara, dans un mémoire, que la suppression du parlement entraînait la ruine de son commerce; toutes les communautés réclamèrent; enfin, le 7 juin, éclata dans Grenoble l'émeute populaire connue sous le nom de *journée des tuiles.*

Cette émeute, qui fut le signal des commotions révolutionnaires qui allaient remuer la France dans ses plus profondes entrailles, jeta dans les esprits une effervescence générale. Toutes les municipalités adressaient des réclamations, et les états de la province réunis à Romans, en septembre 1788, demandèrent solennellement le rappel du parlement. Le gouvernement, qui oscillait sans cesse entre les concessions de la faiblesse et les tentatives d'une puissance mal calculée, n'était pas de force à lutter; il céda, et le parlement vint reprendre possession avec orgueil de ces siéges que le despotisme monarchique lui avait disputés temporairement et dont la colère du peuple allait le précipiter bientôt sans retour.

La rentrée du parlement à Grenoble fut une ovation insolemment orgueilleuse, qui étonne aujourd'hui, s'il ne fallait se rappeler qu'à l'aurore de la révolution

il suffisait d'attaquer le pouvoir pour se concilier la faveur populaire. On fit des
folies, et l'adulation la plus extravagante servit d'interprète à la joie publique.
Jamais on ne prodigua à un monarque adoré plus de fêtes, de caresses et d'encens
qu'au premier président, M. de Berulle. Depuis Bourgoin jusqu'à Grenoble, sa
marche fut triomphale; dans chaque ville et village on tirait des boîtes sur son
passage; les maires et les consuls le haranguèrent à genoux. A quelques lieues de
Grenoble, une garde d'honneur à pied et à cheval vint l'entourer, et lorsqu'il
entra dans la capitale de la province, il fut conduit à son hôtel au milieu des flots
d'une population ivre d'enthousiasme qui l'acclamait comme le sauveur de la
patrie. Parmi toutes les félicitations exagérées qui furent décernées au premier
président, l'adulation inventa pour lui les vers suivants :

> En vain d'un voile épais, dans sa course féconde,
> De grossières vapeurs couvraient l'astre du jour;
> Le dieu perce la nue, et son heureux retour
> Rend aux cieux leur éclat et le bonheur au monde.

Personne ne riait de ces sottises.

Lorsque, quelques jours après, le parlement fit sa rentrée solennelle, ce fut un
déluge de harangues et de félicitations dont la flatterie égale le ridicule. Toutes
les municipalités, les corps judiciaires, les maîtrises, les corporations, les ordres
religieux vinrent mettre au pied de la cour leurs hommages empressés, et la
cour, enivrée de cet encens grossier, répondit à chaque orateur par l'organe de
son président : *La cour est très-sensible... elle donnera, dans l'occasion, des preuves
de son estime et de sa protection.... elle reçoit avec un nouveau plaisir...* Veut-on
se faire une idée des bouffonneries oratoires dont le mauvais goût littéraire et la
flatterie régalèrent, dans cette circonstance, nosseigneurs du parlement, écoutons
l'honorable M. C....., maire de la ville de Montélimar :

« Messeigneurs,

» Ce fut un spectacle horrible et déchirant tout ensemble de voir les tristes
images de la justice et de la patrie éplorées, à la suite de la fortune ennemie de la
France, parcourant, les armes à la main, avec la discorde, les provinces de ce
royaume, et menaçant, d'un œil étincelant de colère, le patriotisme qui, volant
au-devant de ses coups, bravait et affrontait tous les hasards pour la repousser.
Mais, dans ces agitations violentes de la terre, c'en était un magnifique, touchant
et encourageant à la fois de se rappeler que, malgré le mauvais succès de leurs
efforts, les magistrats des cours souveraines avaient pu être vaincus, mais non
pas être forcés; de se ressouvenir qu'étant encore revêtus de la pourpre ils avaient
noblement rendu à la nation les droits imprescriptibles qui lui appartiennent,

et de les voir, après avoir été dépouillés de leurs fonctions et dispersés au gré d'une force arbitraire, rejeter néanmoins avec une dignité vraiment patricienne ce qui était faible et injuste. » Tout le reste est de la même force, et les journaux du temps admirent gravement ces balivernes.

Le parlement était encore sous le charme du triomphe, lorsque l'aspect formidable de la vérité vint dissiper les dernières fumées de son ivresse. Le mouvement dont il avait imprudemment favorisé l'essor marchait d'une manière terrible, et le peuple commençait à se lasser d'être exploité pour le compte de la vanité et de l'ambition de la magistrature. La démocratie brisait ses chaînes avec lesquelles elle allait écraser les têtes qui l'avaient jusqu'alors dominée : le parlement devait tomber sous ses coups. Dans une lettre adressée au roi le 17 juillet 1789, le parlement de Grenoble laisse percer les craintes que lui fait éprouver l'*effervescence dangereuse qui paraît avoir relâché tous les liens de la subordination*. La peur commence à paralyser l'ambition de son style, et le temps des remontrances déclamatoires est passé. Enfin l'assemblée nationale accomplissant son œuvre de régénération et de nivellement supprime, le 7 septembre 1790, tous les parlements du royaume, et le 8 novembre suivant, celui de Grenoble est remplacé par une nouvelle organisation judiciaire.

Ce parlement, naguère si adulé, dont tous les membres étaient des héros populaires, savez-vous cette fois de quelle manière fut accueillie sa dissolution définitive? Lisons un journal de l'époque : « L'installation de nos nouveaux juges s'est faite hier. Les esclaves de l'ancien régime auront regretté de n'y pas trouver ce faste et cet appareil orgueilleux, signes de la fausse grandeur et qui frappaient uniquement leurs âmes rétrécies ; mais les amis de la révolution ont été pénétrés de la noble simplicité de cette cérémonie, et l'ont jugée digne de la majesté d'un peuple libre. » Le même journal publiait encore les réflexions suivantes, parfaitement justes, et qu'il est fort curieux de rapprocher des événements de 1788 dont nous venons de parler : « Ils ne sont plus ces corps orgueilleux : ces colosses dont l'incompréhensible existence ne tenait ni du monarque, ni du sujet, et dont l'organisation monstrueuse et bizarre n'avait pu s'opérer que dans un état où tous les principes étaient ou confondus ou méconnus. J'ai vu fermer ce palais d'où, comme d'une forteresse, ils ont bravé tant de fois et la foudre et le courroux des rois; ce palais où la liberté des Français, bannie du reste de l'empire, s'était ménagé un asile, mais où elle ne protégeait plus que le petit nombre de privilégiés qui pouvaient entrer dans son enceinte. Le peuple gémissait dans un double esclavage; en vain il tournait ses regards éperdus vers ce temple auguste, en vain il levait ses mains chargées de chaînes, ses plaintes n'étaient pas entendues. Mais l'orage grondait-il, menaçait-il cette citadelle redoutable, aussitôt la triple barrière qui en défendait l'entrée tombait, et l'on se faisait un rempart menaçant de ce bon peuple que l'on feignait de protéger. Les temps sont changés : les Français ne sont plus réduits à implorer un vain fantôme, ils ont reconquis leur liberté; ils l'ont mise sous la sauvegarde, non d'une poignée d'hommes, mais de la loi; elle seule doit désormais la protéger et la défendre. C'est donc sans regret comme sans inquiétude qu'ils ont pu voir tomber ces machines antiques, ouvrage difforme de tous les abus qui depuis des siècles désolaient cet empire. Elles ont dû disparaître au moment que l'ordre a reparu. Leur composition barbare et gothique ne pouvant se courber avec la nouvelle constitution en aurait troublé le jeu et l'harmonie, l'aurait même bientôt ruinée. Accoutumés à un système de résistance nécessaire dans un état où tout ne s'entretenait que par le choc continuel des puissances opposées, les parlements ne pouvaient que devenir infiniment dangereux dans cet ordre de choses où tout se meut par une seule et même impulsion. La justice qui, chez un peuple libre, doit être facile, prompte et à la portée de tout le monde, ne pouvait s'accommoder ni des lenteurs qu'elle essuyait sous l'ancien régime, ni de la hiérarchie des tribunaux, ni de la vaste juridiction qu'ils embrassaient. »

Il y a loin de ce libre langage aux fades éloges prodigués naguère au parlement, et cependant entre ces deux époques si éloignées l'une de l'autre par la diversité des appréciations, peu de mois s'étaient écoulés; c'est que les événements marchaient plus vite que les hommes, et les chassant devant eux, renversaient et brisaient les imprudents qui, s'arrêtant dans leur course, voulaient lutter contre leur force impulsive. Telle fut la destinée des parlements. Lorsqu'on analyse les éléments de leur conduite politique et que l'on en suit la marche et les divers phénomènes, il est facile de se convaincre que ces grands corps étaient profondément hostiles aux véritables intérêts du peuple et aux principes de la liberté dont ils n'avaient que le langage. Il leur avait suffi d'escompter au profit de leur égoïsme et de leur ambition les mots magiques de *peuple* et de *liberté* pour fasciner l'opinion publique et se concilier la faveur du pays. Mais lorsqu'en reculant devant les conséquences de leurs doctrines ils laissèrent tomber le masque dont ils s'étaient couverts, alors ils devinrent odieux et tombèrent sous les coups d'une juste et trop tardive colère. La destruction des parlements est une des œuvres les plus sages et les plus salutaires de la révolution, et ce qui le prouve, c'est que leur rétablissement a été redemandé à deux époques de réaction, en 1815 et en 1830, par les insensés qui rêvaient le retour d'un régime désormais impossible.

Ces souvenirs rapidement esquissés et qui méritaient d'être traités avec de plus larges proportions ne forment qu'une bien petite partie de ceux qui arrivent en foule à l'esprit à l'aspect du Palais de Justice. Pour leur donner un développement historique digne de leur importance, il eût fallu un volume et surtout une plume plus habile. Nous avons dû nous borner à rappeler de simples réminiscences (1).

OLLIVIER Jules.

CASCADE ET CHATEAU DE CRAPONNEAU.

Cette cascade, formée par le ruisseau qui sépare, à la fois, la commune de Bernin de celle de Crolles, et le canton est de Grenoble de celui du Touvet, est l'une des chutes d'eau les plus remarquables qui existent dans la partie de la vallée du Graisivaudan, sur la rive droite de l'Isère. Son aspect ainsi que son site et la position du lieu sont assez pittoresques; elle est située près du village et du château dont elle porte le nom, et qui appartiennent l'un et l'autre au territoire de Bernin.

Bernin était déjà connu sous cette dénomination dès le milieu du onzième siècle. On trouve à cette époque un Dalmas, de Bernin, qui avait à Froges quelques fonds qu'il tenait en fief de l'église de Grenoble.

Engelbert, seigneur de Bernin, vivait en 1124; sa femme s'appelait Taulafilza; il était fils d'Ardenc 1er, seigneur d'Iseron, et allié aux seigneurs de Sassenage et de Moirans, qui possédaient alors de grands biens aux environs du Touvet et de Barraux.

(1) L'écrivain distingué à qui nous devons les notices sur Grenoble (voyez 1re année, pag. 176; 2me année, pag. 21, et 3me année, pag. 44) ayant été forcé par des circonstances indépendantes de sa volonté d'apporter des limites à son travail, nous avons cru que cette notice, qui rappelle le souvenir des principaux événements dont Grenoble a été le théâtre, pendant le cours des deux derniers siècles, lui servirait de complément. Nous exprimons avec sincérité le regret qui sera partagé par tous nos lecteurs, d'être privés des développements dont une plume aussi habile que la sienne aurait enrichi ce recueil.

(*Note de l'éditeur.*)

A Bernin était un prieuré de l'ordre de Saint-Benoît, dédié à *Notre-Dame* et sous la dépendance du prieuré de Saint-Laurent de Grenoble, auquel prieuré le chapitre de la cathédrale de cette ville abandonna, en 1244, par un acte du 13 octobre de cette année, quelques droits et des cens qu'il avait sur la paroisse et sur l'église de ce lieu.

Bernin rentra plus tard dans le domaine delphinal; il en faisait partie sous Humbert II, qui le donna en *augmentation de fief et en toute justice*, avec la paroisse de Clèmes, à Amblard, seigneur de Beaumont, son principal ministre, pour le dédommager de la plus-value des terres que ce dernier lui avait remises en échange quelques années auparavant, et contre lesquelles terres il lui avait déjà cédé celle de Montfort et son château. Ce nouvel acte du 6 janvier 1347 est daté de l'île de Rhodes où le dauphin commandait les forces de l'armée chrétienne contre les Turcs. Il contient, avec l'investiture des deux paroisses précitées, le don d'une vigne que le prince possédait, et celui de ses droits et de ses prétentions sur l'étendue du territoire cédé, depuis la *Tour-du-Collet* et le ruisseau qui descend de Manival (*a Magnival*) jusqu'à l'Isère, la rivière comprise et les limites de l'ancien mandement de Montfort. *Une justice pleine et entière, les hommes nobles et non nobles, les fiefs, arrière-fiefs et leurs appartenances* furent également abandonnés à Amblard. Le dauphin, soit qu'il eût besoin d'argent pour continuer son expédition d'outre-mer, soit pour simple forme de retour, exigea de son vassal une somme de mille florins d'or dont le même traité contient quittance.

Bernin devint ainsi une dépendance de la seigneurie de Montfort qu'avaient possédée la dauphine Béatrix, veuve du dauphin Guigues VII, et Hugues, son petit-fils, baron de Faucigny, oncle d'Humbert II.

Il y avait à Bernin un *viguier* ou *véhier*, officier chargé du recouvrement des frais de justice, des amendes et autres peines pécuniaires fixées par les statuts du lieu. Il en est fait mention dans divers actes, entre autres dans une reconnaissance du 26 juillet 1355, par laquelle Etienne Loupard, véhier de Bernin, *damoiseau* et vassal d'Amblard, rend hommage à ce seigneur pour son office qu'il exerçait dans tout le mandement de Montfort et dans la paroisse de Crolles. D'autres titres de ce genre établissent que ce véhier avait seul le droit de nommer un bannier subalterne pour la garde des champs et des vignes, au moment des moissons et des vendanges, et qu'il percevait entièrement à son profit les *petits bancs* jusqu'à *trois sols six deniers* : dans les condamnations au-dessus de cette somme, il ne prenait pour lui que le tiers. Il jouissait aussi des langues de bœufs tués dans sa *viguerie*, et du tiers de la redevance de pacage due par les étrangers qui y envoyaient des bestiaux en pâture. Le privilège de marquer les mesures pour le vin lui appartenait également; il marquait celles pour le blé et les farines conjointement avec le châtelain de Montbonnot. Bernin dépendait de cette châtellenie.

Depuis la fin du quatorzième siècle jusqu'au milieu du seizième, les possesseurs de cette *viguerie* ou *véhiérie* de Bernin, désignée également sous la simple dénomination de bannerie de Montfort, furent Guigues Reymond, une famille de Crolles appelée Chastang-Roger, Pierre de Montfort, seigneur de Châtelard, et Guigues Coct, son gendre, seigneur aussi de Châtelard.

Jean Chastang-Roger, l'un d'eux, notaire à Crolles, tenait en fief, en 1403, avec l'office de véhier, les moulins de Craponneau mentionnés dans une reconnaissance du 1er octobre de cette année, et où il est dit que ces deux moulins placés sous le même toit avaient été albergés au père de ce Roger par Amblard II, sous la redevance annuelle d'un setier de froment et autant d'avoine.

Il existait aussi à Craponneau une maison forte, citée dans un recensement des lieux fortifiés du Graisivaudan, en 1339; elle subsistait encore plus de 250 ans après, puisqu'un hommage du mois d'avril 1595 rappelle au nombre des feudataires du château de Montfort Claudine Lauras-de-Montplaisant, veuve de Louis Cognoz, seigneur de la maison forte de Craponneau. Il est inutile d'ajouter que cette maison forte a été remplacée par le château actuel qui porte le même nom.

J. J. A. Pilot.

SAINT-GERVAIS.

En suivant le cours de l'Isère, on rencontre, à six lieues au-dessous de Grenoble, un groupe d'habitations pittoresquement agglomérées sur la rive gauche de la rivière, autour desquelles, par un bizarre contraste avec leur situation champêtre, s'offrent épars çà et là de gros canons heureusement inoffensifs. C'est là qu'est le hameau du port, dépendant de la commune de Saint-Gervais, qui a donné son nom à la fonderie de bouches à feu que l'on voit étalées sur la digue qui borde l'Isère.

L'histoire est muette sur Saint-Gervais qui, après avoir fait partie de la maison de Vinay, branche collatérale de la maison de la Tour-du-Pin, passa, par droit d'alliance, à la maison de Sassenage. Les traditions populaires sont aussi sobres de détails : elles ont seulement conservé le souvenir de cette légende qui se rattache à l'invasion sarrasine, si fortement empreinte encore dans les réminiscences nationales. Une jeune fille, nommée Berthe, étant poursuivie par les païens, prit la fuite vers la montagne; mais elle allait bientôt succomber à la peine, lorsqu'élevant son âme vers Dieu, elle sentit tout à coup naître en elle une agilité miraculeuse : en quelques instants elle eut atteint la cime de la montagne où elle se jeta à genoux pour remercier Dieu de lui avoir donné assistance. Ce rocher garda l'empreinte pieuse des genoux de la jeune fille, et on la montre encore dévotement.

Saint-Gervais serait inconnu si sa fonderie n'y attirait les étrangers.

Un arrêt du conseil, du 23 juillet 1619, créa cet établissement. Il fut au compte du roi jusqu'en 1762, époque à laquelle la fabrication des bouches à feu fut interrompue; en 1774, une société travaillant pour le commerce seulement le remit en activité; elle l'abandonna en 1788.

L'état de dégradation dans lequel cette manufacture était tombée l'avait fait perdre de vue sous l'ancien gouvernement; mais, en l'an II, le comité de salut public en ordonna le rétablissement. On procéda aussitôt à de nouvelles constructions et aux immenses réparations dont les bâtiments avaient besoin. Les circonstances ne permirent pas de les achever.

Ce ne fut qu'en l'an VII que M. Bruix, ministre de la marine et des colonies, prit des mesures efficaces pour en assurer le rétablissement et lui donner toute l'extension dont il la jugea susceptible; depuis lors, d'importants travaux n'ont cessé d'y être exécutés.

Cette fonderie possède aujourd'hui deux hauts fourneaux, deux fours à réverbère alimentés par les houilles d'Allevard, et huit bancs à forer qui sont mis en mouvement par les eaux de Drevenne. Le maximum de sa fabrication peut être évalué annuellement à un produit de 500,000 kilogrammes d'artillerie de tout calibre, ou à 150 à 200 bouches à feu. Des constructions nouvelles lui donneront bientôt encore une plus grande extension.

La qualité supérieure des fontes du département de l'Isère et la situation favorable de la fonderie de Saint-Gervais pour l'approvisionnement des arsenaux de Toulon ont éveillé la sollicitude et l'attention du gouvernement (1).

_____

(1) Le département de la marine compte trois fonderies : celle de Ruelle, près d'Angoulême, sur la petite rivière de la Touvre : elle a deux hauts fourneaux, douze fours à réverbère et dix-huit bancs de forcrie; la seconde a été créée à Nevers, au commencement de la révolution : elle possède six fours à réverbère et dix bancs de forcrie; la troisième, par

L'existence de cet établissement fut gravement compromise pendant l'invasion de 1814 par un détachement d'Autrichiens; mais le courage des habitants et de quelques soldats français leur empêcha de traverser l'Isère. Le bac à traille, les bateaux et batelets furent coulés bas, et l'administration fit jeter dans l'Isère toutes les pièces d'artillerie fabriquées ou en voie de fabrication. Cette mesure sauva de l'avidité de nos ennemis un nombre considérable de bouches à feu qui furent ensuite retirées du fond des eaux.

L'importance de Saint-Gervais a été notablement accrue par la récente construction d'un pont suspendu sur l'Isère; elle sera bientôt appelée à de nouveaux développements par l'établissement d'une route de Grenoble à Romans, sur la rive gauche de cette rivière.

(Extrait des notices de M. Berriat-Saint-Prix.)

ALIVET.

Dépendance de la commune de Renage, et à peu de distance de Rives, le petit village ou hameau d'Alivet se fait remarquer par sa position pittoresque et plus encore par son heureuse situation près d'un torrent que l'industrie a su depuis longtemps rendre utile.

Là existaient, dès le onzième siècle, de belles forges et des fabriques d'acier recherché, employé à faire des épées, des lames et d'autres armes destinées aux

l'importance de ses fabrications, est celle de Saint-Gervais. Le personnel de cet établissement se compose d'un chef de bataillon de marine, directeur; d'un capitaine en premier de la même arme, adjudant sous-directeur; d'un capitaine détaché pour étudier la fabrication, et d'un sergent conducteur des travaux. L'administration compte quatre employés.

troupes des dauphins, et l'un des objets de commerce les plus importants à cette époque. Alivet doit son origine à ces forges. On dit que c'est le premier établissement de ce genre qui parut dans cette contrée, et qu'il fut d'abord dirigé par des étrangers venus du Tyrol et qui amenèrent avec eux leurs ouvriers.

En ce lieu régnait alors la solitude; de tous côtés s'étendaient des bois épais qu'on abattit peu à peu pour l'exploitation de ces forges et de celles qui bientôt après s'établirent dans les environs, bois qui tous aboutissaient à une forêt vaste et primitive recouvrant anciennement la plaine actuelle de Bièvres, et appelée, dans les titres anciens, forêt de Bièvres ou de Lemps. Cette forêt est mentionnée sous ce dernier nom et qualifiée, qui plus est, de *forêt royale* destinée aux divertissements de la chasse pour le monarque, dans un document du neuvième siècle. L'empereur Charles-le-Chauve la visita en 877, lorsque, cette année, il vint dans notre province et qu'il traversa les Alpes pour se rendre en Italie.

On n'ignore point que c'est à la suite de la dévastation d'une partie de cette même forêt, dévastation occasionnée par l'immense consommation de combustibles nécessaires à l'exploitation des forges, et à la suite aussi des nombreux défrichements qu'on y fit en même temps, principalement sous nos dauphins, que s'élevèrent plusieurs villages dans les cantons actuels du Grand-Lemps, de Rives, de Tullins et de Saint-Etienne-de-Saint-Geoirs. On peut citer de leur nombre Renage et Beaucroissant, qui formaient autrefois avec le territoire de Rives le mandement de ce dernier lieu. Leurs églises, sous les vocables de Saint-Pierre et de Saint-Georges, appartenaient également au prieuré de Rives surnommé de Dolon, et dépendance de l'abbaye de Saint-Pierre-de-Vienne, de l'ordre des bénédictins.

L'année de la construction de Beaucroissant est connue. Ce bourg, bâti au *Mollard-du-Paul* et où se tient l'une des principales foires du département de l'Isère, date de 1312, ainsi que le constate la charte même des libertés et franchises accordées à ses premiers habitants et à ceux qui seraient venus accroître leur communauté naissante; voici comment s'exprime cette charte :

Nous, Guy, seigneur de Tullins, de Rives et de Beaucroissant, chevalier, voulons faire connaître à tous et à un chacun, présents et à venir, que, eu égard au grand avantage de nos sujets, donnons, concédons et accordons, pour nous et pour nos successeurs, à tous ceux et à un chacun de ceux qui viendront habiter maintenant ou plus tard soit le château ou ville que nous entendons faire construire, édifier ou fonder au Mollard appelé Mollard-du-Paul, soit hors de la ville, dans les confins et le mandement dudit château et de ladite ville, les pleines libertés, franchises, immunités et statuts comme il suit, etc., etc..... Le nom de cette ville est Beaucroissant; les confins que nous lui donnons sont : les mandements de Tullins et de Saint-

Geoirs ; le chemin public qui tend de Rives à Moras, et celui qui conduit de Tullins à Lo-Bains-Bruniget.

Cette origine consignée dans un tel titre mérite, à nos yeux, plus de foi que celle qu'on a prétendu assigner à ce même lieu, en disant que ses premières maisons furent bâties pour des pèlerins qui, chaque année, se rendaient à l'oratoire de Parménie le 14 septembre, et dont le nombre aurait bientôt augmenté, au point, surtout après la terrible inondation arrivée à Grenoble à pareil jour en 1219, qu'il aurait fallu construire un village entier pour héberger tous ceux qui depuis lors conservèrent l'habitude d'aller visiter annuellement ce pèlerinage, afin d'y remercier Dieu d'avoir échappé à cette inondation.

On voit aussi, par le contenu de cet acte, que Renage se trouva d'abord compris dans l'étendue du territoire de Beaucroissant ou tout au moins dans celle de son ancien mandement, tels que l'un et l'autre sont confinés et décrits dans le titre qui précède (1). Ce sont, de nos jours, deux communes distinctes; Alivet fait partie de la première de ces deux communes.

Aujourd'hui Alivet et Renage possèdent encore des forges qui n'ont rien perdu de leur ancienne réputation, et d'où sortent des aciers estimés connus en France et à l'étranger sous le nom d'*aciers de Rives.* Indépendamment de ces usines, Renage vient de s'enrichir d'une papeterie créée depuis quelques années par

---

(1) Les habitants de cette nouvelle bourgade, ceux d'Alivet et de Renage eurent part également aux faveurs du dauphin Humbert II, lorsque ce prince, en 1343, par une charte datée de Grenoble du quatre janvier, leur accorda, en *emphytéose à perpétuité*, soixante mesures (*sexaginta pedas*) de sa forêt de Bièvres longeant leurs propriétés, et chaque mesure devant être du contenu de six sétérées; ladite concession faite sous la redevance annuelle d'un setier de seigle et d'une poule pour chacune de ces soixante mesures; voulant, en outre, que les *us et parcours de bûcherage, de lignage et de glanage* et autres droits de cette nature fussent communs à ces habitants avec ceux de Saint-Etienne-de-Saint-Geoirs, d'Iseaux et de Rives dans toutes les parties de la forêt de Bièvres; c'est-à-dire, comme l'exprime cet acte, qu'il devint permis dès lors à tous les habitants des mandements de ces trois localités d'user, à leur volonté, de ces droits (sauf certaines restrictions ultérieures) dans toute l'étendue du mandement de Beaucroissant, de la même manière que ceux de ce mandement pouvaient le faire eux-mêmes sur leur propre sol et sur celui des autres mandements précités. Ce n'étaient pas là, dans tous les cas, une précaution sage ni un moyen d'aviser à la conservation de cette forêt qui, deux siècles après, était déjà bien détruite.

François Ier est le dernier roi qui prit les plaisirs de la chasse dans cette forêt de Bièvres qu'il trouva encore, dit-on, la plus belle du Dauphiné, tant autrefois elle aurait été vaste et spacieuse. Le monarque n'aurait eu pareillement dans aucune forêt de la province *un aussi beau passe-temps ni plus aise chasse que en icelle forêt.*

M. Court, élève de M. Canson, d'Annonay. Tout ce que cette industrie possède en procédés ingénieux, en découvertes merveilleuses, a été immédiatement mis en application. Aussi les produits qui sortent de cette jeune fabrique peuvent rivaliser avec toutes les créations de ce genre.

Nous ne devons pas oublier de citer dans cette courte revue industrielle plusieurs taillanderies dont le roulement est considérable et une fabrique d'étoffes de soie élevée en 1834, et qui, en pleine voie de prospérité, promet de prendre sous peu un plus grand développement; on y fait principalement des crêpes qu'on expédie en Amérique. On travaille aussi, dans ce moment, à la construction d'une autre fabrique où seront tissus des velours : elle occupera le château même d'Alivet.

                                                J.-J.-A. PILOT.

FIN DE LA QUATRIÈME ET DERNIÈRE ANNÉE.

L'ÉDITEUR

AUX SOUSCRIPTEURS ET AUX COLLABORATEURS DE L'ALBUM DU DAUPHINÉ.

L'éditeur de l'*Album du Dauphiné*, en terminant une entreprise qu'il avait placée sous le patronage du plus noble des sentiments, l'amour du pays, éprouve le besoin de faire agréer l'expression de sa profonde reconnaissance aux souscripteurs qui lui ont prêté assistance, et aux hommes de lettres qui lui ont accordé le concours de leur plume. Il les prie d'accueillir l'assurance d'une gratitude bien vivement sentie.

Il se fait un devoir aussi de s'exprimer avec franchise sur le mérite littéraire d'une œuvre qui, accomplie sans charlatanisme, doit être jugée sans prévention. Sans doute elle porte l'empreinte de beaucoup d'imperfections; et, si on l'apprécie sous le point de vue de l'unité historique, on lui adressera le grave reproche de manquer d'ensemble. Mais, conçue d'abord avec des proportions très-restreintes, ses limites bientôt se sont agrandies, car le champ qui s'ouvrait devant elle était immense; et dès lors, de production purement artistique et destinée à une existence éphémère, elle a pris les formes plus vastes d'un monument historique. Si, dans cette circonstance, on apprécie le zèle, le dévouement et la sagacité avec lesquels les collaborateurs de l'*Album* ont su réunir isolément les matériaux les plus curieux et les plus importants des annales de la province de Dauphiné, on jugera plus favorablement une œuvre qui eût été remarquable si le concours des lumières et des travaux qui l'ont fait naître eût été soumis à une direction préconçue.

Ce vœu, l'éditeur de l'*Album* espère le réaliser un jour dans la publication d'un nouvel ouvrage qui pourra être cependant considéré comme le corollaire de l'*Album*. Il marchera avec d'autant plus de sûreté dans la carrière qu'il se sera tracée qu'il connaîtra les écueils à éviter. Son but est de parvenir à compléter une statistique historique et pittoresque de la province de Dauphiné, tant sous le rapport scientifique que sous celui de l'art; et, pour arriver à enrichir les annales littéraires du pays de ce nouveau monument, il ne fera pas un vain appel au patriotisme et à la bienveillance de ses concitoyens.

Table Alphabétique

DES ARTICLES CONTENUS DANS CE VOLUME.

AVIS AU RELIEUR

POUR LE CLASSEMENT DES PLANCHES.

———◆◆◆◆———

PONT SUR LA DRÔME A LIVRON.

Victor Cassien.

MOUNIER

Pl. 150.

CHAMPIONNET

Victor Cassien

VALBONNAIS.

(Isère.)

On s'abonne à Grenoble chez Prudhomme, libraire.

VOREPPE

(Isère)

ALIVET
Vallon du Furens.

On s'abonne à Grenoble chez Prudhomme Libraire.

Lith. de C. Bry

Alexandre Debelle.

LE BARON DES ADRETS.

Se vend à Grenoble chez Prudhomme, Libraire.   Lith. de C. Pegeron.

Victor Cassien.

ST JULLIEN-DE-RAZ.

On s'abonne a Grenoble chez Prudhomme, libraire.

Lith. E. Pr...

Alexandre Debelle.

DAUPHINS

1 GUIGUES I
2 GUIGUES II.
3 GUIGUES III ET MARGUERITE DE BOURGOGNE.
4 GUIGUES IV
5 ANDRÉ DE BOURGOGNE

Victor Cassien.

RUINES DU CHÂTEAU DE BRESSIEUX

(Isère)

On s'abonne à Grenoble chez Prudhomme, libraire.   Lith. de C. Pegeron.

Pl. 167.

Alexandre Debelle.

DIE
(Drôme.)

Victor Cassien

RIVES
(Isère)

On s'abonne à Grenoble chez Baratier, libraire.   Lith. C. Pigeron.

Pl. 16.

Alexandre Debelle.

DAUPHINS

6. GUIGUES **V**.
7. JEAN **I**.
8. HUMBERT **I**.

9. JEAN **II** ET BÉATRIX DE HONGRIE.
10. GUIGUES **VI**.
11. HUMBERT **II**.

Pl. 170

Victor Cassien.

LA TOUR-DU-PIN.

(Isère)

PIERRELATTE.
(Drôme)

Victor Cassien.

RÉAULMONT

Près Rives (Isère.)

On s'abonne à Grenoble chez Prudhommes libraires.

Lith. C. Pigaux.

Alexandre Debelle.

ÉTOILE.
(Drôme.)

On s'abonne à Grenoble chez Prudhomme, libraire. Lith. J. Jacquet.

CHÂTEAU DE CHAPONOT

Alexandre Debelle.

ARC ROMAIN
à Orange.

Victor Cassien. après M.ᵗ Couturier.

LE MONT-AIGUILLE
Vue prise de Clelles (Isère)

On s'abonne à Grenoble chez Prudhomme, libraire.   Lith. de C. Pageron

Alexandre Debelle.

ENVIRONS DE VOREPPE.
Ruines du vieux Château (Isère).

On s'abonne à Grenoble chez Prudhomme, libraire. Lith. de C. Pegeron.

Victor Cassien.

MOIRANS
(Isère)

On s'abonne à Grenoble chez Prudhomme libraire.

DIANE DE POITIERS

Desc. par Debelle.

Lith. de C. Pégeron.

Atelier Cassien.

LAFFREY

(Isère)

Se vend à Grenoble chez Prudhomme lib.ᵉ   Imp. C. Bajat et Cᵉ à ...

MOUNIER PRÉSIDENT A L'ASSEMBLÉE NATIONALE (5 et 6 oct.bre 1789)

Victor Cassien

CASCADE DE TRAPDNOT
(Isère)

Lith. de l'Agro.

ORANGE
Vue prise du théâtre.

Victor Cassien

ST GERVAIS,
(Isère).

On s'abonne à Grenoble chez Prudhomme, éditeur   Lith. de C. Ceyserat

ENVIRONS DE DIE

Victor Cassien

ST DONAT
(Drôme)

On s'abonne à Grenoble chez Prudhomme libraire.   Lith. de C.Pegeron

Pl. 137.

CHÂTEAU D'ALLIVET
Près de Rives-Isère.

Pl. 185.

Victor Cassien.

PALAIS DE JUSTICE.

Place St André à Grenoble.

On s'abonne à Grenoble chez Prudhomme libraire.

PLAINE DE TULLINS
Isère

Victor Cassien.

On s'abonne à Grenoble chez Prudhomme libraire.

Pl. 40.

PONSONNAS

Pic de la Mioure (Isère)

RUINES DU CHATEAU DE BEAUMONT
Tourel (Isère)
Dépendance du Baron des Adrets.

Victor Cassien.

TULLINS,
(Isère)

On s'abonne à Grenoble chez Prudhomme, libraire   lith. de C. P.

www.ingramcontent.com/pod-product-compliance
Lightning Source LLC
Chambersburg PA
CBHW070558100426

42744CB00006B/326